あたらしい
幼児教育課程総論

JN062238

岸井勇雄・横山文樹 著

同文書院

■著者紹介■

岸井　勇雄（きしい　いさお）

1932（昭和7）年　東京都に生まれる。
東京大学教育学部教育学科卒業
東京大学大学院博士課程修了
県立新潟女子短期大学教授
文部省幼稚園課教科調査官（小学校課併任）
富山大学教育学部教授　同付属幼稚園園長
昭和女子大学大学院教授　文学部長
関西福祉大学　学長を歴任

【主な編著書】
『保育のあり方をたずねて』ひかりのくに，1988
『幼稚園教育要領　用語解説』学習研究社保育事業部，1989
『改訂幼稚園教育要領の展開−基礎的実践的研究−』明治図書出版，1989
『現代幼児教育研究シリーズ（全30巻）』チャイルド本社，1984〜92
『幼児期の家庭教育−父母と保育者に贈る45章−』ひかりのくに，1991
『実践記録による保育実践の研究』チャイルド本社，1994
『子どもが主役の園生活−プランとアイデアの資料集−』学習研究社，1995
『これからの保育−幸せに生きる力の根を育てる−』エイデル研究所，1996
『幼稚園教育の進展−時代の変化に対応したあり方−』明治図書出版，1998
『子育て小事典−幼児教育・保育のキーワード−』エイデル研究所，2003
『保育・教育ネオシリーズ［1］幼児教育の原理』同文書院，2003

横山　文樹（よこやま　ふみき）

1953（昭和28年）　北海道札幌市に生まれる。
北海道教育大学卒業　上越教育大学修士課程修了
学校法人近代学園発寒幼稚園　（主任）教諭
北海道教育大学教育学部附属函館幼稚園　文部教官教諭
富山大学教育学部附属幼稚園　文部教官教諭
八商学園中九州短期大学　幼児教育学科
昭和女子大学人間社会学部初等教育学科　教授
昭和女子大学附属昭和幼稚園　副園長（兼務）
札幌サンクパール幼稚園　理事長　園長（兼務）を経て
現在　東京都大田区千束学園若竹幼稚園　副園長
　　　東京未来大学通信教育課程　特任教授
　　　日本発達心理学会保育分科会　会長

【主な著・編著・共著書】
『子どもの心　保育のこころ』同文書院，2005
『保育内容としての遊びと指導』建帛社，2005
『保育内容総論』東京未来大学，2009
『環境指導法』東京未来大学，2010
『子育て楽しんでますか？』大学図書出版，2014
『保育・教育ネオシリーズ[18]保育内容・環境』同文書院，2006
『幼児教育の原理』同文書院，2003
『保育の実践・原理・内容－写真でよみとく保育』ミネルヴァ書房，2006
『保育原理－保育者になるための基本－』同文書院，2007
『保育内容　領域「言葉」－言葉の育ちと広がりを求めて』みらい，2009
『保育内容　人間関係』（共著）北大路書房，2009
『保育内容「環境」論』（共著）ミネルヴァ書房，2010
『保育・教職実践演習』（共著）大学図書出版，2018
『保育を学ぶシリーズ①保育内容　人間関係』（共著）大学図書出版，2018
『保育内容総論』大学図書出版，2019
『はじめての育脳ドリル』主婦と生活社，2018

☆カバー・表紙の絵：ルノワール『遊ぶクロード・ルノワール』1906年頃，カンヴァス。本文中扉写真は学校法人池谷学園冨士見幼稚園（横浜），たんぽぽ保育所西新井園（東京），本文中の写真は学校法人駿河台第一幼稚園（東京），学校法人有和学園サンクパール幼稚園（北海道），江東区立第一亀戸幼稚園（東京），大田区若竹幼稚園（東京）の提供による。

は じ め に

　以前は，教育原理，保育原理，保育内容総論等でわずかに触れられるに過ぎなかった幼児教育や保育に関するカリキュラム論が，むしろ教職や保育者養成専門科目の中心的な存在としてクローズアップされてきている。教育課程といえば学校教育の教科カリキュラムをイメージして，幼児期にふさわしくない教育課程を編成したり，同じ誤解からその弊害を理由にいわゆるノン・カリキュラムの保育を行ったりした段階から，はっきりと前進する機会を得たと言ってもいいだろう。

　本書は，保育所保育を含む幼児教育についてのカリキュラム論を総括して書きまとめたものである。前半では，主として幼児期の教育と教育課程についての基礎的基本的な理念について論じ，後半では，その上に展開される具体的な教育課程の編成，指導計画の作成から実践に至るまでを述べている。この順序は重要で，教育課程の編成を単なる技術論としてではなく，幼児教育の本質に根ざすものとして考えるのでなくては，本物の幼児教育は生まれないからである。

　幼児教育の教育課程は，入園から修了までの園における生活のすべてである。入園から修了までの，登園時から降園時までの時間と空間のすべてを通して行われる幼児の生活が，全人的に幼児を陶冶するのであって，保育者は1人1人の特性や発達の課題に即したねらいと内容をこめた環境を用意して幼児期にふさわしい生活を幼児が主体的に展開するように援助するのである。

　入園から修了に至る園生活のすべてが教育課程そのものであるが，その生活の大綱を記述したものを一般的に教育課程と呼んでいる。園生活の大綱として最も重要なのは，入園時から修了時に至るねらいの流れと，それぞれの時期のねらいを達成するために経験させたい内容ということになる。指導計画は，そのねらいと内容にふさわしい環境と援助のプランということができる。

　教育課程は，各園や幼児の実態によってさまざまな形で編成され，多様に展開されるべきものである。その最も基礎的基本的な理念と方法の研究

に本書が手がかりとしてお役に立ち，豊かな実践が展開されるよう願って
やまない。

　書名が『幼児教育課程総論』であることから，あえて幼稚園における教
育課程を中心に述べた部分もなくはないが，これは，その理念においても
方法においても，保育所における保育計画としてのカリキュラムと全く共
通するものであることは，本書を読み進められるならば容易に理解してい
ただけると思う。書名を『保育カリキュラム総論』としても全く差し支え
ないものと考えている。

　有形無形にお世話になった多くの方々にあわせ，貴重な資料を提供して
いただいた文部省をはじめ県立新潟女子短期大学付属幼稚園，鳴門教育大
学学校教育学部附属幼稚園ならびに富山大学教育学部附属幼稚園の皆様に
深く感謝申し上げる。

1999 年 4 月

岸 井　　勇 雄

第二版　改訂にあたって

　本書の目的は，単に，教育課程を作成するための方法，あるいは指導案（日案）を作成するための方法を示そうというものではありません。

　教育課程の編成にあたっては，対象となる乳児および幼児の本質を知らなければならないのは当然のことです。目次を一読して頂くとわかる通り，本書は乳幼児期の本質を知ることから始まり，現代社会の保育の現場において，今何が求められているのかを幅広い見地から明らかにしています。そのうえで，教育課程の意義，指導案の必要性，評価することの意味等を示しています。

　本書のタイトルは「あたらしい幼児教育課程総論」となっていますが，その内容は，乳児保育にもかかわるものです。「保育課程論」あるいは「保育カリキュラム論」としても違和感のないものとなっています。

　乳児期まで幅広く考える必要性の第1は，乳幼児の発達の連続性です。今ある幼児の姿を知るには，乳児からの発達のプロセスを把握しなければなりません。乳児もまた，発達の目標を幼児の姿に見ることです。第2に，働く女性の増加に伴い，近年，0歳からの保育所への入所が増えていることがあります。この点から，乳児の保育・養護の充実が求められています。第3に，保育現場の多様化です。保育施設が「幼稚園と保育所」という時代を経て，「認定こども園」という新しい保育施設が法律によって設立されました。1つの園の中に幼稚園と保育所が共存するというあたらしい形が模索されているのです。第4に，幼稚園の保育所化があります。保育所に対応するための経営上の問題もあるでしょうが，「預かり保育」の時間の増加，土曜日の保育の実施，2歳児保育の開設など，これまでの幼稚園独自の形から変化しつつあります。

　これらの理由から，本書では，幼児期からの教育的側面についての記述を中心としながらも，乳児から幼児までの発達の過程を幅広くとらえながら示していることを理解して頂きたいと思います。

　今回の改訂の大きなポイントは，2017（平成29）年の幼稚園教育要領，保育所保育指針，幼保連携型認定こども園教育・保育要領の改訂（定）に

あります。この3法令の改訂（定）の大きな特徴は，それぞれに共通して「3つの資質・能力」「幼児期の終わりまでに育ってほしい10の姿」を示したことにあります。詳しい内容は本書第3章で述べてありますが，特に，「10の姿」は小学校入学までの目標として，「5領域」との関係で具体的に示されたものです。本書の改訂にあたっては，幼稚園教育要領，保育所保育指針，幼保連携型認定こども園教育・保育要領の改訂（定）の意義を踏まえながら執筆することに努めました。したがって，章立てにも前回版からいくつかの変化があります。

　教育課程，指導計画作成は，各園のおかれている状況，子どもの実態によって異なるものです。作成や評価にあたって，本書をひとつの手がかりとして頂けることを願っております。

　最後になりますが，本書の共同執筆者である岸井勇雄先生が2017年3月に逝去されました。私にとっては，単なる共同執筆者ではなく，富山大学付属幼稚園，昭和女子大学でお世話になった恩師の一人です。本書も元々岸井先生がお一人で「幼児教育課程総論」として執筆されていたものです。改訂の際に共同執筆者として声をかけて頂きました。本書の基礎的な部分には岸井先生の意思・気持ち・理念が十分に刷り込まれています。岸井先生からは「指導計画は援助計画です」「保育者は小児科のお医者さんと一緒です。子どもの症状によって接し方が違います」など，数多くの印象に残る教えを頂きました。改めてご冥福を祈らせて頂きます。

　本書の改訂にあたって，さまざまな形でお世話になった皆様に心からお礼を申し上げます。

2020年12月

横山　文樹

目　　次

第1章

幼児期の特質

1 乳幼児期の発達

　幼児教育というのは，その名前の通り，「幼児」と呼ばれる子どもたちに，何らかの教育的意図をもってかかわるということである。

　誕生からの人間の生涯は，発達に関連していくつかに区分することができる。この生涯発達の区分については，さまざまな説がある。古くは，山下俊郎が『児童心理学』（光文社，1949）において，精神発達の視点から，乳児期（出生〜1歳），幼児期（1〜6歳），児童期（6〜12，3歳），青年期（12，3歳〜）をはじめとする12段階に分けている。一方，人間の発達過程の中で，その時期に成し遂げられるべき課題があり，その課題を発達課題と呼ぶが，発達課題に添って発達区分を示したものとして代表的なのが，ピアジェ（Piaget, J.）の認知発達説である。ピアジェは，感覚運動的知能の時期（0〜2歳），前操作的思考の時期（2〜7歳），具体的操作の時期（7〜11歳），形式的操作の時期（11〜15歳）という4つの段階に分けている。

　特定の精神機能に基づく分類の中でも有名なのは，エリクソン（Erikson, E. H.）が青年期のアイデンティティを中心に，生涯を8つの発達段階に分けて示した心理社会的発達理論である。これは，自我の資質に関する理論で，学習を考える上で，妥当な発達区分として，幅広く活用されている。

　また，鈴木義昭は，『保育の本質と計画』（学術図書出版，2000）の中において，発達とは，心身の変化の過程であり，近年は上昇的変化だけではなく，老化や退化のような下降的変化も発達ととらえるようになった，と解釈している。さらに，幼児期の発達的特徴として，身体的発達（身体の発育，運動機能の発達），知的発達（自己中心性，具体性），情緒的発達，社会的発達の4つの面に分けて概観している。

　こうした発達区分は，他にも社会的習慣に基づくもの，身体的発達に基づくもの，精神構造の変化に基づくものなどがある（表1－1）。

　本書では，この時期の特徴を全般的に把握しやすく，制度とも合致する一般的な区分として，小学校就学前の時期を幼児期と総称し，広義には保育所保育の対象となる乳児期を含むとともに，狭義には幼稚園就園の対象

表 1 - 1　発達段階の区分

区分の観点	研究者	年齢(歳)による発達段階区分（0〜20歳）
社会的習慣	Meumann, E. (1913)	児童期 ／ 少年期・少女期・処女期 ／ 青年期
	Spranger, E. (1924)	児童期 ／ 中間期 ／ 少年少女期 ／ 中間期 ／ 成熟期(男)(女)
	Goodenough, F. L. (1945)	言語前期 ／ 幼児期 ／ 幼稚園期 ／ 児童期(男)(女) ／ 青年期
	Hurlock, E. B. (1924)	新生児・乳児期 ／ 児童前期 ／ 児童後期(男)(女) ／ 思春期 ／ 青年期
	青木誠四郎	新生児・乳児期 ／ 幼児期 ／ 児童期(男)(女) ／ 青年期
	文部省教育心理 (1945)	乳児期 ／ 幼児期 ／ 児童期 ／ 青年期　[注]＊＊充実期(女)＊充実期(男)
身体発達	Stratz, C. H. (1922)	乳児期 ／ 第一充実期 ／ 第一伸長期 ／ 第二充実期(男)(女) ／ 第二伸長期(男)第三＊＊(女) ／ 第三＊ ／ 成熟期
	Cole, L. (1922)	乳児期 ／ 児童前期 ／ 児童中期(男)(女) ／ 児童後期(男)(女) ／ 青年前期(男)(女) ／ 青年中期(男)(女) ／ 青年後期
精神構造の変化	Stern, E. (1923)	乳児期 ／ 未分化融合期 ／ 分化統一期 ／ 成熟前期 ／ 分化統一期
	Kroh, O. (1928)	幼児期 ／ 第一反抗期 ／ 児童期 ／ 第二反抗期 ／ 成熟期
	Bühler, Ch. (1937)	第一期 客観の時期 ／ 第二期 主観化の時期 ／ 第三期 客観化の時期 ／ 第四期 主観化の時期 ／ 第五期 客観化の時期
	牛島義友 (1941)	身辺生活時代 ／ 想像生活時代 ／ 知識生活時代 ／ 精神生活時代
	武政太郎 (1955)	乳児期 ／ 幼児期 ／ 児童期 ／ 青年期
特定の精神機能	松本亦太郎 (用筆運動)	幼児期 ／ 児童期 ／ 青年期
	楢崎浅太郎 (握力)	幼児期 ／ 児童期 ／ 少年期 ／ 青年前期 ／ 青年後期
	阪本一朗 (読書興味)	昔話期 ／ 寓話期 ／ 童話期 ／ 物語期・文学期 ／ 思想期
	Piaget, J. (物活論的世界観)(思考)	第一期1) ／ 第二期2) ／ 第三期3) ／ 第四期4) ／ 感覚運動 ／ 前概念期 ／ 直観的思考 ／ 具体的操作期 ／ 形式操作期
	Sears, R. R. (動機づけ)	基礎的行動の段階 ／ 二次的動機づけの段階 ／ 家族中心の学習 ／ 家族外の学習
	Erikson, E. H. (社会化)	基本的信頼感の段階 ／ 自律感の段階 ／ 主導感の段階 ／ 勤勉感の段階 ／ 同一性の段階 ／ 親密感の段階
	Maier, H. W. (対人関係)	一時的依存の確立 ／ 記憶の確立 ／ 意味ある二次的関係の確立 ／ 二次的依存の確立 ／ 依存と独立のバランスの達成
	Nowogrodzki, T. (唯物論)	幼児期 ／ 就学前期 ／ 学童期 ／ 成熟期 ／ 青年期

注：1) 万物に意識ありとする時期　　2) 動く物すべてに意識ありとする時期
　　3) 自力で動く物には意識ありとする時期　　4) 動物だけに意識ありとする時期

出典）森上史朗（編）『保育のための乳幼児心理事典』p.66, 日本図書センター, 2014

となる満3歳から6歳までの時期を指すものとする。また、2017（平成29）年改訂（定）の「幼稚園教育要領」「保育所保育指針」「幼保連携型認定こども園教育・保育要領」では，幼稚園，保育所，認定こども園の3施設おいて，幼児教育施設として共通して実施する事項（「3つの資質・能力」「幼児期の終わりまでに育ってほしい10の姿」）が定められた。これにより，従来は文部科学省の管轄である幼稚園での「教育課程」を幼児教育として捉える傾向が一般的であったが，今後は保育所，認定こども園における「全体的な計画」を含めた総合的な視点からの，幼児教育の考察が求められている。

　まず以下では，一般的な乳幼児の発達の特性を概観しよう。

① 乳児期

　誕生から1年前後の，歩行が可能になる時期までの子どもを「乳児」と呼ぶ。この時期は，一生を通じて最も発達的変化が顕著な時期であり，先の鈴木（2000）は，この時期を「生涯にわたる健康生活の基盤を形成する時期」と呼んでいる。

　新生児の身長はほぼ50cm，体重は約3kgであるが，生後12か月を経過すると，身長が約1.5倍，体重が出生時の約3倍に達する。4歳児では，身長が誕生時期の約2倍，体重は約5倍になる。身体の各部の成長速度は異なり，各部の大きさのバランスは次第に大人に近づいていく。

　特に，脳の重量は他の身体の部分よりも速い速度で成長していく。人間としての可能性に深くかかわる脳神経細胞は，生後増殖することができず，約140億個の数をそろえて出生するため，特に，頭部が大きいと考えられる。各細胞からは，7,000本あまりのシナプスと呼ばれる枝分かれが出て，それらが，複雑に絡み合って脳神経の回路を形成する。シナプスは，その回路の神経結合部であるが，乳児期にはその組織が不十分であるため，ある刺激に対して「ビクン」と体全体で反応することがあるのだといわれている。

　身体機能や感覚器官の発達は目覚しく，乳児の生活空間を広げ，環境との接触の中で情緒的・社会的・知的発達がうながされる。一方，この時期

は，保護者を中心とした愛着関係の形成の時期として，その後の人間関係構築のための重要な時期である。「愛着関係」「愛着行動」とは，赤津純子（『発達心理学―保育者をめざす人へ―』（樹村房，2009））によると，「人や動物が特定の対象に対して起こす強い情緒的結びつきのことを愛着（アタッチメント）という。乳児が愛着を感じる対象は，多くの場合養育者である母親である」と示されている。この根拠となるものは，ポルトマン（Portmann, A.）の生理的早産説である。他の動物と違って，人間の赤ちゃんは早産の状態で生まれ，準胎児期にある。そのため，生きていくためには，周りからの世話が必要である。その大半の部分を母親をはじめとする保護者が受けもつということである。

② 幼児期

およそ1歳ごろから6歳ごろまでを「幼児期」と呼ぶ。

これまで，自分の欲求は，保護者の援助によって行われてきたが，運動機能の発達に伴い，次第に，保護者への依存から脱し，自立が始まる。食事や排泄，衣服の着脱などの基本的生活習慣にかかわる部分，特に，身の回りのことが自分でできるようなる。保護者から離れて行動することも多くなり，危険な場所に出掛けたり，触れてはいけないものに触れたりする。

この時期は，言葉を獲得するとともに，人とかかわる力を身につけ，環境に積極的に働きかけることができるようになる。このようなことから，幼児期は，「依存から自立への時期」「社会化の始期」とも呼ばれている。

保護者との一体感をもって生きてきた子どもが，自分は自分であって保護者の一部ではないという自我の目覚めとともに，それまでいいなりであった保護者からの指示を，「いやだ」といって拒否するようになる。たとえば，大人からは「いたずら」に見える行為を，大人が「だめ」と叱ったり，止めたりすると，子どもは大人の手を払いのけたり，「いやだ」などと言って，大人の指示を拒否するようになる。これが，いわゆる「第一反抗期」である。

自我の目覚めと本格的な自主的積極的な環境への働きかけは，幼児の主体的な生活を生み出す。幼児なりに自分で考え，自分で行動し，自分で責

任をもとうとするのである。このことが適当な環境によって支えられるとき，幼児は幼児期にふさわしい生活を展開し，人間形成の基礎となる体験を十分に得ることができる。

　1989（平成元）年の幼稚園教育要領の改訂以降，「幼児の自発的な活動としての遊びは，（…中略…）遊びを通しての指導を中心として」と示されていることは，極めて，意味深いものである。なぜなら，自発活動としての遊びが幼児の発達に果たす役割には極めて大きなものがあるからである。幼児が興味・関心をもつものは，その子どもの認知的能力に即したものであり，幼児が積極的に楽しむ遊びは，ヴィゴツキー（Vygotsky, L. T.）のいう発達の最近接領域に属するものといってよい。つまり，自分なりに楽しめて，挑戦できる難しさがあることが，幼児の興味を引くのである。

　近年，ヴィゴツキーの発達理論が改めて見直されつつあるのは，心理学を中心とした発達観の変化があるのではないか，と考えられる。発達とは，今，幼児にやりたいことがあり，それが，その子の現段階における発達の状況であり，それを認めようというものである。自発活動としての遊びの条件としては，①誰にも強制されないこと，②楽しいこと，③遊び以外の目的をもたないこと，が挙げられる。

　総じてジャーシルド（Jersild, A.T.）らのいう自発的使用の原理によって，まさに発達しようとする部分を用いて力を試し，練習し，その知識・能力の活用を楽しむのである。

　こうした自発的な遊びを通しての発達を保障するためには，それにふさわしい環境が用意されなければならない。その第1条件は，応答的環境ということである。ムーア（Moore, O. K.）は，その性質を次のように挙げている。

　①子どもが自由に探索することができること。

　②行為の結果が，そのつど子どもに伝えられること。

　③子どもが一連の行為のステップを決めることができること。

　④いろいろな関係を発見するために，子どもがもっている能力をフルに活用することができること。

　⑤物理的・文化的・社会的環境について相互に関連し合った一連の発見

が，子どもにとって可能なような構造をもっていること。

　環境の中でも，人的環境は極めて重要である。大人が子どもに対して与える強制や，そのための賞罰による外的強化の学習もあるが，それ以上に大きいのが同一化（同一視ともいう）と呼ばれる働きである。幼児は愛着や有能観を感じさせる人をモデルとして，それらの人のもつさまざまな特性を自己の中に取り込んだ行動の仕方を成立させる。

　こうして幼児期は，その前後の比較的安定した時期から見ると不安定な要素をもちながらも，心身の大きな発達を遂げる。この時期の経験は，生涯にわたる人格形成の原体験としての意味が大きい。

2　幼児期の発達課題

　現行の幼稚園教育要領，保育所保育指針，幼保連携型認定こども園教育・保育要領の特徴のひとつとして，幼児期の発達特性に基づいて組み立てられていることが挙げられる。小学校以上の学校教育における教科が，学問分野の系統性によって配列されていることとの大きな違いである。それまでの教育は，「発達段階」に応じることが必須とされてきた。いわば，その時期の子どもに対するものさし，尺度が基準となり，そこには個々の発達課題は問題とされてこなかった。しかし，人生の各時期には，それぞれ果たすべき固有の課題があるのではないかと考えられるようになってきたのである。つまり，幼児が主体的に環境にかかわり，そこで，自分の世界を広げていく。そこでは，いわば危機的な場面に遭遇するかもしれない。その危機的場面に対する乗り越え方が幼児一人一人によって違う。それがいわゆる，その子の発達課題となる。発達課題とは，『発達心理学』（石井正子編著，樹村房，2009）の中の用語解説（p.195）によると，「人間が健全で幸福な発達をとげるために，各発達段階で達成しておかなければならない課題。発達課題が達成できないと，その後の発達に問題を生じ，自我の形成や，社会的適応に困難を生じると考えられる」と示されている。

　また，ハヴィガースト（Havighurst, R. J.）によれば，乳幼児期の発達課題は次の通りである。

①歩行の学習

②固形の食物をとることの学習

③話すことの学習

④大小便の排泄習慣の自立

⑤性の相違および性の慎みの学習

⑥生理的安定の獲得

⑦社会や事物についての単純な概念形成

⑧両親，兄弟および他人に自己を情緒的に結びつけることの学習

⑨正・不正を区別することの学習と良心を発達させること

　これに対してエリクソンは，成人後も人は常に環境との相互作用の中で発達を続けると考える。

　その特徴は，第1に，誕生から死までの人間の一生を「ライフサイクル」という概念でとらえ，生涯のすべてを発達の過程としていることである。第2に，人間の一生の中で，発達の過程を心理社会的危機ととらえていることである。第3に，先に述べたように，生涯を8段階に区分し，それぞれの段階における発達課題を挙げていることである（表1－2）。

　従来，発達心理学の分野では，誕生から青年期までを対象としていたのに対して，エリクソンは，青年期以降も環境とのかかわり，相互作用の中で発達し続けるととらえているのである。その顕著な例として，保護者も子どもからの影響を受けながら，保護者として発達していくという考え方である。保護者と子どもという関係をもちながら，生涯発達するのである。

　以下，主としてエリクソン『幼児期と社会』（仁科弥生（訳），みすず書房，1977）から，各発達段階の特徴を見ていく。

　「乳児期」は，8つの発達段階の第1段階にあたる。この段階の危機の望ましい方向への解決は，「基本的信頼感」の獲得である。乳児は空腹や排泄の始末を泣いて訴えるが，そのつど，保護者によってその訴えが快くかなえられることなどを通して，必要物を供給してくれる存在がいつも同じであること，連続性をもっていることなどを期待することを学ぶ。さらに自己を信頼し，さまざまな衝動に対処する自分の諸器官の能力を信頼することも含め，自我同一性の基本的感覚を準備すると考えられている。望

表1-2　エリクソンによる8つの発達段階

	1	2	3	4	5	6	7	8
Ⅷ 円熟期								自我の統合 対 絶望
Ⅶ 成年期							生殖性 対 停滞	
Ⅵ 若い 成年期						親密さ 対 孤独		
Ⅴ 思春期と 青年期					同一性 対 役割混乱			
Ⅳ 潜在期				勤勉 対 劣等感				
Ⅲ 移動性器期			自発性 対 罪悪感					
Ⅱ 筋肉肛門期		自律 対 恥と疑惑						
Ⅰ 口唇感覚期	基本的信頼 対 不信							

出典) E. H. エリクソン，仁科弥生（訳）『幼児期と社会1』（図12）p.351，みすず書房，1977

ましくない方向に解決された場合は基本的信頼感が損なわれ，「不信」が優勢になる。ただし，人間に対する絶対的な信頼感を獲得することは困難である。その一方で，完全に不信感だけをもつこともない。基本的信頼感が不信感を上回れば，人とかかわることも難しいことではない。

　この段階で得るべき徳目は「希望」であるとされている。この徳目とは，基本的にわれわれ人間がもっている，われわれを生かし，その活動を意味づけ，生き生きとさせる内的な力，いわば，人格の中核となる力を意味している。

　「希望」とは，求めれば必ず得られるという期待や，願望は達成できるという確信をもちつづける傾向のことである。希望はいったんかなえられて確かな経験となると，それは，さらに新しい希望を生み出し，次にたと

え失敗しても失望することなく，次のよりよい結果を目指す努力を促すことになる。したがって希望は，周囲の事態が変化しても，一貫して維持される。これは，人間の基本的強さ，生きていくための不可欠な徳目であり，たとえ，信頼が損なわれたとしても，希望だけは存在させなければならないものである。

　危機の解決方向や徳目獲得の可能性を左右するのは，乳幼児の保護者との関係の質によると考えられている。保護者は乳幼児の個々の要求に敏感に対応して世話をし，同時に保護者であることが現実の社会での共有概念になっているという確信に支えられた育て方をして，乳幼児の心の中の信頼感を確実なものとしていくことが大切であるとしている。

　「幼児期前期（1～3歳）」は，第2の段階にあたる。筋肉が急速に発達し，言語・識別力が増し，「自律」性を獲得する段階である。幼児は自律性の感覚の獲得によって，自分に「できる」ことを「意図する」ようになり，「強制された」から，「意志した」と感じることができるようになる。これは，自分の衝動を生かす判断力や決断力，すなわち，「何を意志することができるか」を見分ける力が増大してきたことを示す。

　この段階の徳目は，自由な「意志」の感覚である。それは，自尊心を伴った自己制御感から生まれてくる。したがって，厳格すぎる訓練というような外的制御が過剰であったり，あるいは，逆にしつけが少なすぎたりして不適切であると，幼児の自由意志による自己統制の意欲や自己統制感が失われてしまい，この状態が続くと退行症状が生まれる。自律性を育むためには，保護者は「独立したい」という子どもの欲求を励ますと同時に，保護者自身が自律的存在としての威厳を保ち，また，個人の意志を制度的に保証する法と秩序の原則に対して敬意を払うという分別が必要である，とエリクソンは主張している。

　「幼児期後期（4～5歳）」は，第3の段階にあたる。幼児は遊びの中で，仮の方向づけをしたり，気まぐれな活動に熱中したりして，目的性の萌芽とたわむれる。幼児の性的衝動と目的的なエネルギーは，初めは保護者に向けられ，やがて，現実的な目的物へと向けられていく。また，家庭の外に関心を向け，大きくなることに夢を結び，なりたいと思う人物や大人の

仕事に同一化しはじめ，新しい目標を心に描きはじめる。

この段階の課題は「**自発性**」の獲得である。自発性が芽生えると，周囲の人々と競争をするようになる。そして，それが子どもの罪悪感や不安の原因となる。また，計画した目標や，やってしまった，あるいは始めてしまった，あるいは単に想像しただけの行為に対しても罪の意識を感じるようになる。このとき保護者は，どこで遊びが終わり，やり直しのきかない非可逆的な目的性がどこで始まるのかを，子どもに示す必要がある。また，空想が，もはやそれほど自由に許されず，学ぶべき現実がいっそう強く迫ってきていることも知らせなければならない。こうして保護者の声とイメージは，内的な声として子どもの心に内在化され，強くて，しかも厳格すぎることのない良心に罪の感覚が統合されていく。

幼児は，この活発な良心の発達によって，何が学びで，何が空想で，何が2度とくり返すことのできない出来事であるかを識別していく。さらに重要なことは，家族的目的追求のために目的的に統合されている家族を1つの倫理的なモデルとして，子どもは良心の中に取り入れていくということである。

したがって，この段階の徳目は，「**目的**」性である。それは，子どもが空想の挫折や罪悪感や，罰を受けるかもしれないという不安などによって無力化されることなく，価値ある目的を心に描き，実際にそれを追求する勇気でもあると定義している。そして，目的性は行為のひな型であり，家族を見本として生まれる，とするのである。

5，6歳からの「**児童期（学童期）**」には，子どもは大きな好奇心によって，学びたい，知りたいという強い欲求をもつ。そして，「ものを作る情熱」に支えられ，社会の基本的原則や技術を学びとろうとする。この段階の課題は，「**勤勉**」という強さの獲得であるが，それは，「何かものを上手に作ることができる」という感覚であり，「自分には能力があるのだ」という感覚である。この段階の徳目は，「**有能感**」であるとされる。

ハヴィガーストとエリクソンの理論は，それぞれ独特のものであるが，発達課題というとらえ方には共通なものがある。

それは，まず，人間の発達は先行経験に支配されるということである。そして，人生の各時期にはそれぞれ固有の発達課題があり，それを省略したり，飛び越えたりすれば，以降の発達にゆがみや行き詰まりや退行が生じるということである。また，その時期の発達課題をクリアするためには，その時期にふさわしい生活を十分にすることが大切であって，けっして背伸びをさせることではないということである。また，先行経験は個人によって異なるものであり，一人一人，その時期その時期にふさわしい発達課題があり，それを踏み固めていかなければ幸福な人生を送る人格は育たないということである。

　この発達課題という考え方は，発達は内在する成熟のプログラムが発現するに過ぎないとする考え方と，反対に，発達は環境の社会文化の学習そのものである，とする考え方を止揚する形で登場したともいえる。すなわち，発達のプログラムは，可能性として生得的に個体に存在するが，それは，その時期にふさわしい環境との相互作用によって発現し，以後の発達の基盤をなしていくものである，とするものである。

3 生涯学習における幼児期の意義

1 人類発達の歴史的観点の検証

　個体の一生の前段階は，発生から種の進化の過程を繰り返すという生物学上の仮説的原則がある。受精卵が着床した時の姿は魚類のそれに酷似しており，生命が太古の海から発生したことを示している。胎児はやがて他の哺乳類の胎児に似，霊長類の胎児に似，最後に，人間の胎児らしくなって出産する。わずか9か月の間に，母胎の中で人類進化の歴史が繰り返されるのである。

　出生後の成長，発達がまた，さながら人類発達の過程を踏むことに注目しなければならない。人類が文化を獲得するために最も重要な条件は，直立歩行であった。それまでは体重を支えることと体を移動することに使われていた4本の足のうち，2本が解放されて手となったのである。

　2本の手が有効に使えるようになったことで，物をつかむ，振り回す，たたく，投げる，ちぎる，折る，砕く，掘る，埋める，積む，崩す，立てる，倒す，というような作業が可能になった。木や石や土や水などの素材に取り組み，種々試行錯誤を繰り返しながら道具を作り，それを使って獲物を捕らえ，衣服を作り，住居を整えるに至った。数の概念についても，両手の自由な獲得と深い関係がある。指先の使用と脳の発達との関連の深さや，現在世界に普及している 10 進法の根拠が数学的なものではなく，両手の指の数を単位にしたと考えられることも，そのひとつである。

　こうした姿は，まさに，遊びを中心とする幼児の生活をほうふつとさせるものである。この人類発達の経過を乳幼児期に繰り返すという大原則を省略すると，思わぬ障害が発生する。

　未開社会における素朴な感情や思考による行動の繰り返しは，文明に至る必要な道程であった。現代の人間文化のすべては，先人たちの個人的・集団的な施行錯誤によって発見・創造されてきたものである。この過程を追体験することこそ，ある意味では最も合理的な学習の道筋であろう。本来は，幼児が自発的に身近な環境にかかわり，

興味・関心→探究→発見→調べる

という，素朴な形で精一杯楽しむ営みと同質のものであるはずである。児童・生徒が教科書教育の中で学習する事項も同様であり，本来，学習は内発的動機という内なる欲求から発生するものである。幼児が「自発的に遊ぶ」という姿がまさにそうした姿である。

　人生 80 年といわれる時代になったが，もちろん，人間の一生の長さに比べて，現在の文化の総量は巨大である。したがって，系統的に学習することを通して，現代社会に適応し，より高度なものを創造していくことを試みるのである。しかし，結果として，成立した文化を学習することだけに偏ると，教育は学習者の主体性を離れて，むしろ，その主体性の発揮を妨げることになる。現在のいわゆる教育荒廃問題の焦点のひとつがここにあるのである。

そこで，われわれがしなければならないのは，幼児の人間としての原体験，いわば未開時代の人間が野山を走り回り，物を作り，ルールを定めてきたことにも通ずる，個人や集団の原体験を豊かに経験させることを土台とした教育課程を編成することである。

　幼児たちは，こうした中で仲間とのかかわりをもち，人とかかわる力を徐々に養っていく。初めは仲間の存在に気づき，仲間のやっていることを模倣することによって，自分の仕事がよりうまくいくことを知る。そのうちに，ひとつの物を取り合うようなことが起きる。家庭の中ではいわゆる少子化，核家族化の影響で，子どもは一人皇帝・王様のような存在である。どんなに厳しい保護者でも，子どもと玩具やお菓子を取り合う人はいないであろう。欲しいのは自分だけで，周囲の譲歩や好意によって，その願望はかなえられて当然のものだと思っていたのである。それが，仲間と争うことによって，誰もが，それぞれに願いや要求をもって生きているのだということを知るのである。さらに，ひとつの物を皆で取り合っていたのでは，結局，誰も使うことができないことを知る。何らかの方法で順番を決めれば，少しの我慢で確実に自分の使う番がくること，さらに，遊びのルールを考え出して皆で使えば，ひとりで独占して使う以上に楽しいことを知るのである。実は，これこそ，人間社会のルールというものが生まれた過程の追体験なのである。こういう体験を十分にした子どもは，ルールというものは皆の願望を実現するために作られたものだということを体得し，ルールや，それを守ることに対してプラスのイメージをもって成長することができる。

　たとえば2018（平成30）年施行の現行の幼稚園教育要領，保育所保育指針，幼保連携型認定こども園教育・保育要領で定められている「幼児期の終わりまでに育ってほしい10の姿」のうち，4番目の「道徳性・規範意識の芽生え」では「友達と様々な体験を重ねる中で，してよいことや悪いことが分かり，自分の行動を振り返ったり，友達の気持ちに共感したりし，相手の立場に立って行動するようになる」と記されている。また5番目の「社会生活との関わり」では「家族を大切にしようとする気持ちをもつとともに，地域の身近な人と触れ合う中で，人との様々な関わり方に

気付き，相手の気持ちを考えて関わり，自分が役に立つ喜びを感じ，地域に親しみをもつようになる。」とし，遊びを通した幼児教育の中での仲間・友達とのかかわり，園外のさまざまな人とのかかわりを通じて，人間社会におけるルールを身に付けていくことの重要性が示されている。

　昨今，学級崩壊の問題を幼児教育の「自発性の重視」のためとする議論や，校内暴力や家庭内暴力，あるいは最近の傾向としての「キレる」子どもの問題を幼児期の「しつけの欠如」にあるとする意見がある。しかし，だからといって，幼児期のしつけに「厳しさ」を要求するのは，いたって危険な考えである。「キレる」という経験が発達にとって必要だという説もある。いわゆる思春期に問題を起こした少年たちの生育歴を調べると，親からの「威圧」「過保護」などと併せて，一番の問題は「自己発揮が十分にされてこなかった」例が多くを占めている。しかしこれは，思春期に問題を起こす場合だけに限らず，世間から「社会人」と見られる年齢の者が凶悪な事件を起こす場合にも同様のことがいえる。加藤諦三の『「五歳児の大人」とそのまわりの人のための心理学』（PHP 研究所，2000）に詳しく述べられているが，幼児期に自分のやりたいことを十分にしてきたか，させてもらったかが，後年の生活に大きな影響を及ぼすのである。

　大人の都合を「約束だから」「そういうきまりだから」と称して子どもに押しつけたりすれば，幼児は，約束やルールというものは自分たちを抑圧するものとして感じることになる。抑圧されて育った者は，どこかの時点で暴力的な手法で，その抑圧を爆発させることになる。「お片づけをしなさい」「静かにしなさい」「お行儀よくしなさい」「友達と仲良くしなさい」と言葉で強制的に教えようとするのではなく，幼児一人一人が，困難な場面や葛藤場面を経験する中で，必要な時には自己抑制，自己コントロールすることを学び，「使った物を片づけること」「お行儀よくすること」「友達と仲良くすること」の必然性やその効果を自ら体験することができる指導・援助が必要なのである。

　そのためには，幼稚園教育要領「第 1 章 総則　第 1 幼稚園教育の基本」，保育所保育指針「第 1 章 総則　1 保育所保育に関する基本原則」ならびに幼保連携型認定こども園教育・保育要領「第 1 章 総則　1 幼保連

携型認定こども園における教育及び保育の基本及び目標等」に示されているように、幼児の自発的（主体的）な活動を重視することが必要である。自発的活動、自発的な遊びとは、まさに、誰かに強制されたわけではなく、自らの意思で楽しもうという意識をもつことである。幼児の遊びは、時間の経過（その日の時間経過・日を追っての時間経過）に伴って、次第に発展していくものであり、また、対保育者との関係から、子ども同士の関係へと重点が移り、変わっていくものである。そこでは、遊びの中でイメージを共有し、役割を決めて分担したり、友達と積極的に助け合って生活を進めていくようになる。それは、一人一人ですることも楽しいが、それよりはるかにスケールの大きな喜びが得られることを体験するからである。幼児たちは、こうした生活の中で、人間としての未開発時代をゆっくりと経て、着実に文化を会得していくのである。

　人間の子育ては、本能ではなく、学習によって行われるといわれている。また、人間の発達は、先行経験を土台にして行われるのであって、途中を省略したり、順序を逆にしたりすれば、発達はゆがめられたり、退行したりする。先行経験は人によって異なるので、一人一人、その時期その時期にふさわしい発達課題があり、それを踏み固めていかなければ幸福な人生を送る人格は育たない、というのが発達課題の本来の意味である。ところが、わが国で発達課題という場合、とかく何歳児の何学期にはこれだけの課題を与えて達成させねばならないというような、外から設定する画一的な一斉の「到達目標」と考えられがちである。これでは、一生の基礎・基本である主体的な自我の形成が行われるはずがなく、かえって主体性のない受動的な子どもや、早くもいわゆる「落ちこぼれ」を作り出すことになってしまう。乳幼児期は、あくまでも「方向目標」でなければならない。

　自己教育力といい、創造的学習主体といい、それが必要なことに異論をもつ人はいないのだが、それを育てる時間や方法に理解をもつ人が少ない。文明が高度化しているという理由で幼児に文明を直接与えるのではなく、文明が高度化すればするほど、われわれは、幼児たちに人類発達の歴史を踏ませ、文明創造の素朴な原体験を十分に味わわせる必要があることを確認したい。後述するように、真の意味の幼小連携も生涯学習も、このこと

をおいて他にはない。

② 「依存」から「自立」へ，「自立」から「連帯」へ

　斉藤茂太は『家庭力を育てよう―こころ通う家族をつくるヒント―』（大和書房，1997）の中で，「子育てとは子離れである」と述べている。子どもの側からすると，「依存」という姿から，「自立」するというプロセスである。自立とは，「自分で考え，自分で行動し，自分で責任を取る」ことである。

　乳幼児は，すでに出生直後から，周囲の環境にかかわろうとするといわれている。つまり，生まれると同時に，周囲の環境に興味を示し，自分の意志でそれにかかわろうとする。しかし当初は，保護者と子どもとの一体感の中で，無自覚的に生活しているに過ぎない。やがて自分は保護者の一部ではなく，自分の主人は自分であるという自覚，自我の目覚めが起こる。ちょうどこのころ，一般的に2歳の後半ごろから言葉の数も増えだし，本格的な思考が始まる。論理的思考は言葉によって行うものであるから，それまでの運動感覚的思考からの離陸である。こうしたことから，「**自分で考える**」ことが始まるのだが，初めて考えることである以上，その未熟なことは当然である。大人は子どもがその未熟な考えを主張するとき，それを反抗と受け取ったり，大人の考えを押しつけたりしがちだが，未熟であればこそ，自分で考えさせることによって，より洗練された考え方ができるようになるのであって，子ども自身の思考停止を求めるようなことは絶対にしてはならないはずである。また，思考とは内面的な対話であるから，集団生活の仲間同士で交わす会話は，そのまま自分の考えを深めることを忘れてはならない。

　保護者や教師の指示を求めるのではなく，自分たちで考えるように導くことが大切である。この点について，5つの領域のうち「人間関係」では，「ねらい」の（1）において「幼稚園生活（保育所の生活，幼保連携型認定こども園の生活）を楽しみ，自分の力で行動することの充実感を味わう」と示し，「内容」の（2）では「自分で考え，自分で行動する」と示している。

　次に，「**自分で行動する**」ことについてであるが，前述したように，「立っ

て歩く」ことは，子どもの発達にとって極めて重要なことである。子ども
は，ほぼ1歳前後に「歩く」ことを実現するが，その「歩く」ことを実現
するための6つの条件がある。

　①モデリング（周囲の家族がみな立って歩いている）

　②自発的使用の原理（自分の中に育ってきた力を使おうとする）

　③物的環境（物の支え，つかまり立ち）

　④人的環境（モデルであるとともに，失敗を責めず成功を喜ぶ家族の存在）

　⑤内蔵された練習プログラム（つたい歩き）

　⑥自己課題による挑戦（猛練習もつらくない。むしろ楽しい）

　この6条件こそ，指導計画を構成する際の要件といってもよい。

　思考の自立，行動の自立，それが「**自分で責任をとる**」ことであり，結
果について「人のせいにしない」ことと解釈できる。

　ポルトマン（Portmann, A.）によれば，大きな脳髄をもつ人間の場合，
ひとりの人間として巣立ち得るまでには非常に長い神経生理学的成熟期間
を必要とする。他の動物並みに成熟するのを待てば，ほぼ1年間，すなわ
ち乳児期に該当する期間が必要であり，未熟な状態のまま生理的，すなわ
ち通常の姿として早産をしている，ということである。いわば，出世後は，
増殖も再生もできない約140億個の脳神経細胞を全部そろえて生まれな
ければならない人間の宿命であって，高度な潜在能力を確保するがゆえの，
未熟な乳幼児期なのであるが，ポルトマンはそれにとどまらず，「動物の
本能的な行動を『環境に制約された』とよぶならば，人間の行動は『世界
に開かれた』といわなければならない」として，人間の存在様式そのもの
が，出生と同時に開始される後天的学習を必要とし，そのためにこそ生理
的早産が必然的に有効であると説いたのである。

　この生理的早産の特殊性は，出生後の成長過程に大きな影響を与える。
人間の新生児は全面的に保育者に依存する必要があり，そのために出生の
当初から，保育者との人間関係の媒介による社会・文化と接続する。直立
歩行，言語，思考，情緒など，人間としての発達は，いずれも生理学的成
熟を基盤としながらも，社会的相互関係なしに発現しないのである。後述
するハーロウ（Harlow, H.）の実験（第6章，101ページ）でも明らかな

ように，子どもが保護者を求めるのは，温かい肌の温もりを求めているためである。温かく自分を受け入れてくれる存在があって初めて，自立することも，他者と社会関係をもつことも可能となる。自立のためには早くから突き放すべきとするのは誤りで，人生の初期に十分な依存を経験させることこそ，人間としての発達のすべての基礎を培うことになるのである。

　ルソー（Rousseau, J. J.）は，その著書『エミール』の中で，人の上に立っている人間が，依存の赤ちゃんと同様なことが少なくないといっている。赤ちゃんは周囲に依存して生きているために，周囲が自分の思い通りになればご機嫌で，思い通りにならないとむずかるという性質を有する。自分の部下や子どもや生徒が思い通りにならないと言って苛立つ状態はまさにそれだというのである。自立した人間をつくるためには，幼い時から何かを与えてもよいと思った時にも決して取ってやらず，自分の手で取らせるようにすべきだとルソーはいう。確かに，何かを獲得するには，自らの努力で手に入れる他はないという経験を例外なく重ねることにより，何事も人のせいにすることのない，いさぎよい人間が形成されるのである。

　振り返ってみると，前近代の教育は，保護者が正しい，教師が正しい，教科書が正しい，お上が正しいという，権威あるものへの「依存」の教育であった。それに対して近代社会の教育は，自分で考え，自分で行動し，自分で責任を取る「自立」の教育である。これは，抑圧されていた個人が解放され，最も基本的なものとして尊重されるという民主主義の偉大な成果である。しかし，個人主義と合理主義という近代の原理は，20 世紀において大きな限界を見せた。社会的には核戦争の危機を筆頭に，格差の拡大，人間疎外，環境破壊などがそれであり，個人的には，自分のフィーリング，痛み，喜びに敏感であるが，他人の言動に対し，鈍感・無関心な青少年を大量に生み出した。このままでは，人類は，その科学技術とエゴのために遠からず破局を迎える恐れさえ十分に存在する。

　このようなことより，21 世紀の現代に求められているものは，自立した人間同士の「連帯」なのである。

　人間は誰でも自分を最も深く愛している。それは，自分の人生に最期まで責任をもつことができるのは自分だけであるから，自己保全のための本

能が与えられているのである。その人間が，どうしたら他を愛することが
できるであろうか。それは，相手を他人事（ひとごと）と思わず，わが事
と思うことをおいて他にない。たとえば，どんなに欠点だらけと思う自分
の保護者のことでも，人から悪く言われれば悲しく，ほめられれば嬉しい。
わが子，わがクラス，わが職場，故郷，祖国など，すべてがそうである。
自分の痛みや喜びにしか念頭にない人を人間が小さいという。いろいろな
人，遂には，全人類のことに至るまでをわがこととして感ずることのでき
る人を，自己が拡大された大きな人格と呼ぶことができるのである。

　現代の幼児の状況は，家庭教育や地域社会の教育環境に相当の配慮を
行ったとしても，けっして十分とはいえないものがある。生涯学習社会で
の幼児教育施設における教育の意義は，まさに，ここに存在するのである。
それぞれの時期にふさわしい生活の展開が用意されなければならないので
ある。かつての教育が，一定の知識・技能を完成された成人に必要なもの
とし，それを未熟なものに与えることによって完成された成人に近づける
ことである，と考えたのに対し，生涯学習社会は，それぞれの時期にふさ
わしい生活の積み上げという形をとる。
　現代は，生涯学習の社会といわれている。生涯学習社会における幼児教
育の役割を端的にいえば，幼児を生涯にわたる学習者としてとらえ，その
自己形成者としての主体的能力を守り，育てることである。それは，遊び
を中心とする幼児期にふさわしい生活を通して学習する人間としての原体
験を豊富に与えることで行われる。「自己教育力」とは，「何を教えるか」
ではなく，「学ぶ力はどこから来るのか」を研究することによって確かな
ものとなる。学習主体としての幼児の興味・関心に込められた深い意味を，
畏敬の念をもってとらえ直すことなしには，人間としての望ましい活動に
すべての幼児が興味・関心を発動するよう導くことはできないであろう。
　幼児教育は，あくまでも環境を通しての発達の助長を本来の目的とする。
つまり，幼児教育は人間の原点として幼児に内在する可能性，必然的・潜
在的・本質的要求を，どこまでも幼児自身の力で実現するように援助する
ことにほかならないのである。

第2章

教育課程，全体的な計画の意義と方向

1 教育課程，全体的な計画の概念

　教育課程（保育所，認定こども園では全体的な計画）にあたる英語はカリキュラム（curriculum）である。これは，ラテン語からきたもので，古代の競馬の走路を意味するものであった。通るべき一定の道筋，コースという意味を示しているものである。「ノンカリキュラム」を主張する論を展開する人もいるが，カリキュラムは，学校，もしくは，それに準ずるような系統的・組織的な教育の場で計画的に編成される全体計画であって，教育上の目的，目標を示すものとして必要なものである。また，教育計画に基づいて実施した後の評価の基準としても必要なものである。

1 教育課程，全体的な計画に関する4つの要素

1）教育を受ける主体（教育主体）

　教育の対象が，幼児であるか，小学校以上の児童，生徒であるか，あるいは学生であるかによって，当然，教育課程，全体的な計画の内容は異なってくる。さらに，年齢だけではなく，対象者個々人の状況によっても違ってくる。

　教育基本法では，2006（平成18）年の改正で幼児教育についての項目が新設され，以下のように規定された。

〈幼児期の教育〉

第11条

幼児期の教育は，生涯にわたる人格形成の基礎を培う重要なものであることにかんがみ，国及び地方公共団体は，幼児の健やかな成長に資する良好な環境の整備その他適当な方法によって，その振興に努めなければならない。

　具体的にこれが何を意味しているかというと，たとえば小学校以上の算数の教育の目標では，「数量や図形に親しみ，算数で学んだことのよさや楽しさを感じながら学ぶ態度を養う」（小学校学習指導要領（平成29年告示）解説算数編，第1学年の目標（3），2017年7月）と示しているように「学ぶ態度」ということが明記されている。これに対して「幼児期の

終わりまでに育ってほしい10の姿」の「(8) 数量や図形，標識や文字などへの関心・感覚」では，「遊びや生活の中で，数量や図形，標識や文字などに親しむ体験を重ねたり，標識や文字の役割に気付いたりし，自らの必要感に基づきこれらを活用し，興味や関心，感覚をもつようになる」とし，「興味や関心，感覚」を養うことが重視されている。

　つまり，年齢的にはまだ幼い就学前の子どもたちを対象とした幼児教育では，「学ぶ」ことの前段階として，遊びを通してさまざまなものごとに「興味や関心」を持つような「環境」を整備することが求められているのである。

2）期待される変容（育ち）

　教育活動である以上，その教育という営みを通じて，対象者がどのように変容し，どのような育ちを感じることができたのかについて，検証されなければならない。小学校以上の場合，一定の知識・技能・態度を身につけることが要求され，その内容は社会が要求する人間像としての性格が強い。これに対して，幼児の場合は，その時代の社会的な背景によって，期待される育ちの内容が違ってくる。

3）文化の体系

　知識・技能・態度といった教養は，それぞれの文化独自の体系に沿ったものでなければならない。

　たとえば，歴史にしても，物理・化学にしても音楽にしても，それぞれの教科は，時系列や根本原理など，独自の文化体系を有しており，基礎・基本を中心に展開することを原則とする。

4）教育プロセスの合理性

　ある文化価値を身につけさせる知識や技能の学校教育に限っても，その文化の体系を成す序論，あるいは基礎・基本から教えればいいというものではない。むしろ，被教育者の興味・関心のあるところから出発し，次第にそれを広げていくなどの方法が考えられる。つまり，学習主体者の関心や興味，意欲に焦点をあてて，難易度を考慮して，効率的な学習を用意する必要がある。

　こうした，4つの要素は，互いに相反する性質を内蔵しているため，結

果として成立する教育課程は，この各要素のバランスをどうとるかによって大きく異なるものとなる。どの要素を重んじるか，何を優先するかが課題となるのである。また，各要素の内部でも，その実質をどうみるか，どうとらえるかによって，少なからぬ差異が生じてくる。これらを最終的に決定するものが，教育観である。

② 教育観の類型

　教育を，知識・技能・態度などの文化を未知・未熟なものに伝達することである，と考える教育観がある。また，教育とは，先天的に人間に内在する発達のメカニズムが十分に作用するように刺激を提供する場を与えることだ，と考える教育観もある。このように，100人集まれば100種類の教育観があるといってもよいだろう。そのような中で，ここでは典型的な教育観として，「伝統的教科主義」と「経験主義」について述べよう。

1）伝統的教科主義教育観

　「伝統的教科主義」は，真・善・美・聖などの先験的実体としての価値を信じる観念論をその背景にもつ立場とし，「古代の賢哲の天啓」という宗教的意味も含まれる。したがって，古代・近代の教育のカリキュラムは，もっぱら「教科のカリキュラム」だった。読み書き算と宗教教育の流れを受け，伝統的な知識，技能の学問体系により科目を細分化し，体系的な知識の伝達を主目的とした。古典の講読が教育の中心となり，古典の講読により，記憶力，推理力，意志力などの精神的諸能力が陶冶されるとしている。教材と学習者の学習到達度が重視され，結果として，子どもの興味・関心は考慮されず，子どもたちは既存の知識・技能の習得に縛られ，受動的になり，個性や感性，創造性は抑圧される。

　そういった教育の中では，実践的に生活に知識を生かすことが少なくなり，新しい文化を創り出していける力，その新しい文化を創り出し，その新しい文化によって社会をつくり直していく能力を身につけることが難しい。

2）経験主義教育観

　伝統的教科主義が生活から遊離し，児童・生徒の発達とあまりにもかけ

離れたものであることから種々の批判が生まれ，新しい教育観が提出されたのであるが，その代表的なものがデューイ（Dewey, J.）を中心とする経験主義であった。

「経験主義」は，先験的な実体としての観念的な価値を認めず，真理として教えられてきた諸価値は仮説に過ぎず，個体と環境との相互作用である経験によって確かめられてはじめて真理となるとする。直観を重んじ，なすことによって学ぶ（learning by doing）ことを中心とする経験の連続的再構成こそが教育であると考えるプラグマティズムの教育哲学によって，生活の中で当面する問題解決を通じて，社会に生きる人間としての能力が獲得されることを重んじたものである。

こうした考え方は，必然的に次のような基本的原理を教育課程に適用しようとする。

①知識・技能・態度などの習得は，何らかの具体的目標を達成しようとする活動に付随して行われる。

②被教育者（学習主体）の興味・関心や現在抱いている問題などが，彼ら自身で計画したり，実行したり，評価したりする活動において支配的な役割を演ずる。

③学習活動の順序は，知識相互間の論理的関係によってではなく，被教育者の成熟段階・個性・問題意識・興味の広さなど，その主体的条件によって決まる。

こうした経験主義は，行動としての直接経験を重視することを特徴とする。そのため，文化の伝達に重点をおく，いわゆるエッセンシャリストや，物質的・客観的条件による人間形成や改造を強調するマルクシストからは，個人を離れて客観的に存在する知識の系統的学習が主張され，伝統的教科主義のような観念論を否定した新しい教科主義が求められてきた。

③ 教科カリキュラムと経験カリキュラム

相互に孤立した教科を中心にして組織され，その内容は文化（既成の学問や技術）の客観的な知識体系に従い，論理的に構成される教育課程を，

教科カリキュラム（subject curriculum），あるいは，教科中心カリキュラム（subject-matter-centered curriculum）という。

　これに対して，子どもの生活の具体的・直接的な必要から出発し，社会的生活にとって意義のある活動を主体的に積むことにより，彼らの全人的な発達を助成し，方向づけようとする教育課程を，経験カリキュラム（experience curriculum），あるいは生活中心カリキュラム（life-centered curriculum）ともいう。この2つは，現代カリキュラムの2つの典型をなすものといえる。

　「**教科カリキュラム**」は，教育を文化遺産の知的・技術的側面を伝達する過程であるとみなし，それを経てはじめて将来の成人生活が可能であるとするものである。しかし，このようなカリキュラムは，現在の子どもの必要感とは無関係に教師中心の画一的な教え込みに傾きやすく，現在の子どもは受け身に立たされる。さらに，試験の点数を争う個人主義的競争にかりたてられ，共通の目的に向かって協力し合うことや，創造性，反省的・批判的思考力などが養われる機会が乏しく，社会的感受性や民主的諸価値観を形成することが困難だとされている。

　一方，「**経験カリキュラム**」は，子どもの現在の生活を最高度に充実させ，あらゆる種類の生活経験を教材として摂取する活動の体系であり，統合された全一的な経験を子どもの内側に形成する。それは，子どもの日常生活における切実な要求から出発し，その発達に即応することができるとともに，生活における現実的な問題の解決を指向することにより，社会の変化に対応することにもなる。教科書は学習の有効な資料として活用され，学校内外のあらゆる経験が必要な教材として活用され，子どもの学習経験は刻々に発展する。

　このようなカリキュラムは，厳密にいうと，前もって教師が計画することが困難なもので，子どもたちとの学習生活の現場に臨んではじめて創り出されるものだということができる。こうしたことから，一定の基礎・基本から系統的に積み上げていかなくてはならない知識・技能の習得に難があるとされ，理論的には可能であるとしても，教師の力量に負うところがきわめて大きいことから，安易な採用が基礎学力の低下をもたらし，「這

い回る経験主義」などという批判も聞かれた。

　この経験カリキュラムは，20世紀初頭からアメリカにおいて新教育運動を展開してきたプログレッシブズ（進歩主義教育学派）によって支持され，第二次世界大戦後のわが国の教育改革にも影響したが，わが国の小学校以上においては，教育課程の枠組みを改めるには至らず，現在も各教科を中心とする教科カリキュラムの形態を保っている。

　しかし，1983（昭和58）年11月中央教育審議会教育内容等小委員会審議経過報告に，「初等中等教育における教科構成等の問題」として，小学校，特に低学年の教科構成を問題にし，「低学年の教科構成については，この時期の児童の心身の発達の状況や幼稚園教育との関連，また，この時期が学校教育の最も基礎的段階にあることから，国語，算数に係る基礎的能力の育成に重点を置くとともに，各教科などの内容をそれぞれ分化して指導するよりも，児童の具体的な活動を通じて総合的に指導した方がより実態に合うので，その教科構成を検討すべきであるという指摘がかねてからなされている。」として，教科構成の再検討を提起した。そして，文部省（当時）に「低学年問題懇談会」という研究協力者会議が設置され，教育課程審議会の議を経て，1989（平成元）年3月学習指導要領が改訂告示され，低学年においては社会と理科が廃止され，新たに「生活」という教科が設けられた。

　「児童の具体的な活動を通じて総合的に指導する」生活科は，大幅に経験カリキュラムを取り入れたものといえる。また，中学校および高等学校に勤労体験学習を導入し，学習の作業化や，身近にある素材の教材化を図ることも行われており，学習を「活動」として組織する方向をとりつつある。これらには，従来の教科の縦割りと，体験を伴わない抽象的な学習に対する深刻な反省がある。すなわち，今日の小学校以上の教育課程は，教科カリキュラムの中に，経験カリキュラムの要素を加えようとしているのである。このことは，2000（平成12）年実施の学習指導要領において新設された「総合的な学習」の時間にも，より明確に見られる方向である。

　2005（平成17）年2月には，文部科学大臣から，21世紀を生きる子どもたちの教育の充実を図るため，教員の資質能力の向上や教育条件の整備

などに併せて，国の教育課程の基準全体の見直しについて検討するよう，中央教育審議会に対して要請があり，同年4月から審議を開始した。この間，教育基本法の改正，学校教育法の改正が行われ，知・徳・体のバランス（「幅広い知識と教養を身に付け，真理を求める態度を養い，豊かな情操と道徳心を培うとともに，健やかな身体を養うこと」，教育基本法第2条第1項），基礎的・基本的な知識・技能・思考力・判断力・表現力および学習意欲のバランス（「（前略）生涯にわたり学習する基盤が培われるよう，基礎的な知識及び技能を習得させるとともに，これらを活用して課題を解決するために必要な思考力，判断力，表現力その他の能力をはぐくみ，主体的に学習に取り組む態度を養うことに，特に意を用いなければならない」，学校教育法第30条第2項）が重視され，学校教育においては，これらを調和的にはぐくむことが必要である旨が，法律上，規定された。

その後，中央教育審議会においては，これら教育基本法，学校教育法改正といった教育の根本にかかわる法改正を踏まえた2年10か月にわたる審議が行われ，2008（平成20）年1月に「幼稚園，小学校，中学校，高等学校及び特別支援学校の学習指導要領等の改善について」の答申を行った。この答申においては，児童，生徒の現状を踏まえて，

①改正教育基本法等を踏まえた学習指導要領改訂
②「生きる力」という理念の共有
③基礎的・基本的な知識・技能の習得
④思考力・判断力・表現力等の育成
⑤確かな学力を確立するために必要な授業時数の確保
⑥学習意欲の向上や学習習慣の確立
⑦豊かな心や健やかな体の育成のための指導の充実

を基本的な考えとして，各学校段階や各教科等にわたる学習指導要領の改善の方向性が示された。特に，「③」については，読み・書き・計算などの基礎的・基本的な知識・技能は，たとえば，小学校低学年・中学年で体験的な理解や繰り返し学習を重視するなど，発達の段階に応じて徹底して習得させ，学習の基礎を構築していくことが大切との提言がなされた。

さらに2016（平成28）年12月の中央教育審議会による答申では，全

ての教科を「知識及び技能の習得」「思考力，判断力，表現力等」「学びに向かう力，人間性等」の 3 つの柱（資質・能力）に再構成した。これは，近年の目覚ましいコンピュータ技術，なかでも AI の進化によって，2030年以降の世界では現在ある仕事の半数近くが自動化され，65％の人々が現在存在しない仕事に就くであろうとされる将来を見据えたものである。そしてこの 3 つの資質・能力を育んでいくために「主体的・対話的で深い学び」による学習活動の重要性が強調されている。

　この答申を踏まえて，2017（平成 29）年 3 月に幼稚園教育要領，小学校学習指導要領ならび中学校学習指導要領が告示された。また，同時期に告示された保育所保育指針，幼保連携型認定こども園教育・保育要領においても，この答申を踏まえ幼児教育を行う施設として共通して実施する事項として「3 つの資質・能力」「幼児期の終わりまでに育ってほしい 10 の姿」が明記された。

④ 幼児教育の教育課程，全体的な計画

　これまで，主として小学校以上の教育課程について述べてきた。しかし，幼稚園の教育課程や保育所ならびに認定こども園の全体的な計画については，共通する面もあるが，特別に考えなければならない面もある。

　たとえば，教育課程を編成する要素として，スコープ（scope）とシークエンス（sequence）が挙げられる。

　「スコープ」とは，子どもの全面的な発達を図るため，教育課程，全体的な計画がカバーすべき範囲を見定めるための基準，尺度，あるいは枠といったもので，いわば「何を」教育するためかという広がりをいうものである。

　「シークエンス」とは，一般に物事の順序または系列を意味する言葉で，教育上の術語としては，教材あるいは経験の時間的な系列に関することをいう。つまり，「どういう順序で」教育するか，ということである。

　伝統的には，スコープとして，教科書，教材などが用いられていたが，その後，教育目的を一般的なものから次第に特殊なものへと分析し，学年などに応じてそれを段階づけ，それによって，学習の範囲を規定する方法

やテーマを中心として単元を構成する方法，生活領域による方法などが加えられている。

　シークエンスについては，アカデミックな各教科のもっている論理的な系列にしたがって教材を配列する方法に，子どもの成長発達や興味・関心の発展に従う方法が加わったが，それは，大まかな傾向としては予測できても，事前に確定することはできないことから，いろいろな工夫はあっても，時系列や基本から応用へという伝統的なシークエンスに，易から難へなど，興味・関心を加味する程度に終わらざるを得ない現状である。

　スコープとシークエンスは，経験カリキュラムの発生とともに問題になった要素であるが，結局は，「何を」「どういう順序」で「教えるか」が，「経験させるか」に変わった程度に終わっているのが，学校教育の実態なのである。

　幼児教育の教育課程，全体的な計画を問題にする場合に，このスコープとシークエンスを安易に用いると，小学校以上の教育の理念と変わらなくなってしまう恐れがある。幼児期の発達課題は児童期以上の子どもたちとは大きく異なるものがあるため，幼稚園・保育所・認定こども園においては，教科カリキュラムではなく，経験カリキュラムを中心に考えるべきであろう。しかし，経験カリキュラムならば何でもよいということではない。経験カリキュラムの典型として，子ども自身が生活の中から具体的な問題を選び，

目標→計画→実行→問題の解決

という過程で学習をすすめていくプロジェクト・メソッドがあるが，これも，幼児を対象としてそのまま適用することはできない。

　幼児教育における教育課程，全体的な計画は，幼児期の特質に根ざした独自のものとして構想，創造されなけれならない。それは，学校教育における教科カリキュラムと経験カリキュラムの土台となるべき，生活カリキュラムであり，原体験カリキュラムともいうべきものである。

1）幼児教育に関連する法律の変遷

　第二次大戦後，わが国の教育は新たな一歩を踏み出した。1946（昭和21）年に「日本国憲法」が制定され，「恒久平和」が宣言された。この憲法をもとに，教育や福祉について法整備がなされ，教育の基本の確立のために，1947（昭和22）年に「教育基本法」，そして「学校教育法」「児童福祉法」が制定された。そのような流れの中で，幼稚園は「学校教育法」において学校教育の体系に，保育所は「児童福祉法」において児童福祉施設のひとつとして位置づけられた。

2）「幼稚園教育要領」の歴史的変遷

　そこで幼児教育の移り変わりを幼稚園教育要領の変遷からみてみる。

　先述したように，1946年の日本国憲法制定に続き，その翌年，「教育基本法」「学校教育法」が制定された。その際，幼稚園は，「学校とは，小学校，中学校，高等学校，大学，盲学校，聾学校，養護学校及び幼稚園とする」（第1条）という項目に示されたように，「学校教育法」（1947年）の中に組み込まれ，学校教育基本体系の一環として位置づけられた。

　文部省（当時）は，幼稚園教育について『保育要領－幼児教育の手びき－』（1948年）を発刊した。そこでは，幼児の1日の生活が，幼稚園，保育所，家庭の3つに分けて示された。『保育要領』は幼児教育の重要さを力説し，文部省を中心に趣旨の理解の徹底を図ったが，これまでの保育項目中心に行ってきた保育現場では戸惑いを見せる向きもあった。

　その後，文部省は，1956（昭和31）年に『保育要領』を改訂し，「幼稚園教育要領」を作成した。この「幼稚園教育要領」とそれまでの『保育要領』との大きな違いは，幼稚園だけを対象にして，国としての基準を定めたことである。「幼稚園教育の目標」「幼稚園教育の内容」「指導計画の作成とその運営」の大きく3章で構成されているが，大きな特徴として，「健康」「社会」「自然」「言語」「音楽リズム」「絵画製作」の6つの領域を示し，領域ごとに「幼児の発達上の特質」「望ましい経験」が示されている。「領域」と「指導計画」には，小学校教育との一貫性を持たせる意図があった。しかし，結果的には，「領域」が小学校の科目のように捉えられるという傾向が随所で見られるようになっていった。

1964（昭和39）年には，再び，幼稚園教育要領が改訂された。改訂の
ねらいは，先述した6つの領域が小学校の科目と同様に扱われていること
を懸念し，領域ごとに「ねらい」を示して，幼稚園が「小学校への準備期
間」であるという間違った考えを改めることにあった。

次いで1989（平成元）年に，時代の変化に対応すべく，新しい幼稚園
教育要領が告示・施行された。この時の改訂の大きな特徴としては，これ
までの6領域が見直され，新たに，「健康」「人間関係」「環境」「言葉」「表現」
の5領域が示されたことが挙げられる。ここでは，幼稚園教育は「環境を
通して行う」ものであることが明示されるとともに，幼稚園教育の基本と
して，「幼児の主体的な活動を促し，幼児期にふさわしい生活が展開され
るようにすること」「遊びを通しての指導を中心として，第2章に示すね
らいが総合的に達成されるようにすること」「幼児一人一人の特性に応じ，
発達課題に即した指導を行うようにすること」の3つがあげられた。

1998（平成10）年には，少子高齢化の進行，情報化，長引く不況など，
社会の情勢，子どもをとりまく環境のめまぐるしい変化を踏まえて，新た
に幼稚園教育要領が改訂された。理念や基本となるところは，1989年の
幼稚園教育要領を踏襲しているが，1989年と比較して，保育者の役割を
明文化しているところが特徴である。この背景には，前回の改訂の際に，
遊びを中心とする保育に対する保育者の戸惑いや迷いが見られたことがあ
る。

さらに，2008（平成20）年に幼稚園教育要領の改訂・告示が行われた。
1998年の改訂と同様，これまでの理念は踏襲され，大幅な改訂とはなら
なかったが，「小学校との連携」「保育所との連携」「家庭との連携」を改
めて強調している点に特徴がある。

3）2017（平成29）年の改訂の趣旨
①改訂の経緯

2016（平成28）年12月に中央教育審議会は，文部科学省に対して「幼
稚園，小学校，中学校，高等学校及び特別支援学校の学習指導要領等の改
善及び必要な方策等について」を答申した。この答申では，前回（2008
（平成20）年）の学習指導要領の改訂で謳われた知（確かな学力）・徳（豊

かな人間性）・体（健康・体力）にわたる「生きる力」を，将来子どもたちがより一層確実に育むためには何が必要かとのポイントから行われている。

　文部科学省では，この答申を踏まえて学習指導要綱の改訂作業を行い，2017（平成29）年3月に新たな学習指導要領となる幼稚園教育要領，小学校学習指導要領ならび中学校学習指導要領を告示した。

②改訂の基本方針

　前述したように，今回の改訂の背景には，第4次産業革命ともいわれているAI技術の進化によるパラダイム（社会規範）の大きな変化が横たわっている。なかでも現在の子どもたちが大人となる2030年以降の世界では，現在ある仕事の半数近くが自動化される可能性があるといわれている。また子どもたちの65％が今は存在しない職業に就くであろうと予測されている。こうした予測不能な将来を踏まえて，答申では前回の幼稚園教育要領について，「「環境を通して行う教育」を基本とし，幼児の自発的な活動としての遊びを中心とした生活を通して，一人一人に応じた総合的な指導を行うこと」が「おおむね理解されている」と評価する一方，幼児教育そのものの課題として以下の4点を挙げている。

(i)　　　　幼小の教育課程の接続が十分でない

(ii)　　　非認知能力を身に付けるための幼児教育への対応

(iii)　　　より質の高い幼児教育へのニーズへの対応

(iv)　　　幼稚園だけでなく保育所，認定こども園を含めたすべての幼児教育施設での質の向上

③改訂の具体的な方向

　予測困難な未来社会において求められるのは，人類社会，日本社会，さらには個人としてどのような未来を創っていくのか，どのように社会や自らの人生をよりよいものにするのかという目的意識を主体的に持とうとすることである。

　また，近年，忍耐力，自己制御，自尊心といった社会情動的スキル，いわゆる非認知能力を幼児期に身に付けることが，大人になってからの生活に大きな差を生じさせるとの研究成果が発表されている。非認知能力は，

「学びに向かう力や姿勢」とも呼ばれ，「粘り強さ，難しい課題にチャレンジする姿勢」などの力をさし，こうした「学ぶ姿勢」「チャレンジする姿勢」は，人間の一生を通じて重要視されるものである。

このため，すべての幼児教育施設において，「3つの資質・能力」（「知識及び技能の基礎」「思考力，判断力，表現力等の基礎」「学びに向かう力，人間性等」），「幼児期の終わりまでに育ってほしい10の姿」を育むことが明記され，「主体的・対話的で深い学び」（アクティブ・ラーニング）の視点からの働きかけが求められるようになった（「3つの資質・能力」「幼児期の終わりまでに育ってほしい10の姿」については第3章を参照）。

4）子どもを取り巻く環境の変化

これまでの幼稚園教育要領の改訂の歴史は，社会情勢の変化の歴史ともいえる。

1964（昭和39）年の改訂から25年，さらに，そこから，10年ごとをひとつの区切りとして見た時，子どもを取り巻く社会情勢は飛躍的な変化をとげていることがわかる。

第1に，1964年当時，就学前の子どもの入園率は，60％に満たなかったのに対し，現在は，幼稚園への就園率，保育所および認定こども園への入所率が90％以上であり，ほぼ，100％近くの幼児が就学前に何らかの幼児教育施設に通っていることになる。

第2に，昭和30年代の日本の経済の急速な発展により，全国的に都市化が進んだ。その結果として，子どもの周囲から，遊び場が失われることとなった。

第3に，都市化だけではなく，家庭における生活様式も，衣・食・住すべてにおいて大きく変化し，核家族化・少子高齢化の時代を迎えた。一方で，塾や幼児教室といった子どもを対象とした，教育企業が増加した。

第4に，1980年代になると，TVゲーム，ビデオの普及がめざましく，外に遊び場を失った子どもたちが「内」にこもり，「お宅族」という言葉も生まれた。

第5に，21世紀に入りインターネットが世界中のすみずみにいきわたり，SNSなどのソーシャルメディアの普及により，場所や時間にかかわ

りなく，誰もがインターネット上の情報，コンテンツにアクセスできるようなった。インターネットを通じた人と人の結びつきが強まる一方で，ネット上でのいじめ，讒言が広まる事態となっている。大人のSNSへの依存症による保護者の子どもとかかわる時間の制限，またスマホに育児をまかせると子どもの言語や感性の発達を阻害する危険性があるなどの弊害が指摘されている。

　もちろん，以上，見てきたようなネガティブな傾向だけではなく，乳幼児への理解，教育への幅広い考えの普及という点からも変化が見られた。

　小児医学を筆頭に心理学の世界では，発達心理学を中心に乳幼児の発達に関する研究が著しく進んだ。たとえば，「労働」や「学習」に対するアンチとして捉えられていた「遊び」が，子どもの発達にとって極めて重要な意味をもつことが，多くの研究者によって明らかにされてきた。同時に，大人の側から「悪戯」とみなされていた行動も，子どもの発達にとって意味のあるものとして位置づけられるようになってきた。

　この傾向は，近年，「生涯学習」という考えが一般化され，その出発点として，乳幼児教育が位置づけられるようになったことにも見て取れるものである。

5）変化への対応

①急激に増大・変化する環境の知識

　かつては，士農工商いずれの職業であれ，その専門知識・技能・態度のほとんどは家庭教育や徒弟制度の中で学習され，それは，そのまま一生通用するものであった。明治以降の近代社会にあっても，学校教育制度の中で学習したことが，家庭人，社会人，職業人として，そのまま一生役に立つということが原則であり，事実でもあった。

　ところが，すでに述べたように今日の社会変動はきわめて激しく，保護者の代の専門的知識などは子どもの代には通用しないばかりか，同じサラリーマンであっても，刻々と変化する経済・社会環境に適応し，情報やメディアの変貌を的確に自分のものとして活用できなければ，人生をまっとうすることが困難になってきているのである。すなわち，学校がたくさんの真理を教え，それをたくさん身につければ有用で幸福な人生——という

時代ではなくなったのである。そして，この傾向は，21世紀に入っていよいよ強まり，これからの時代に必要な知識・技能のすべてを想像することさえも困難になっているのである。

　生き物は環境の中に生まれ，環境を認知し，その中からプラスになるものを取り入れ，マイナスになるものを避けて生きなければならない。原生動物は反射的に動く中で偶然触れたものを体内に摂り入れて生きるが，たとえそばにあっても触れなければ，そのまま生命は終わる。昆虫類は触角によって環境を認知することができる。哺乳類ともなれば，五感が発達し，いっそう十全に環境のプラスを取り入れ，マイナスを避けることができる。

　さらに，人間は目に見えないものまでも認知・認識することができる。たとえば，地下資源は，今日の文明を大きく支えている。また，本来は物と物とが触れ合って生ずるノイズであった音を上手に組み合わせると，すばらしいサウンドになることを知って音楽を作り，人生を楽しくしている。芸術・宗教・道徳などの精神文化のほとんどすべてが，形を通して，その奥にあるものをとらえることによって成立したものである。

　その生き物が高等であるかどうかは，環境を正確に認識し，そのプラスを生かし，マイナスを避けるという力，つまり，環境とかかわる力がどのくらいあるか，ということにかかっているといってよいだろう。

　本来，教育とは，その力，つまり環境とかかわる力を育てるものであるはずであった。ところが，環境とはどういうものであるかを教えることに力が注がれ，環境とかかわる力はほとんど無視されてきたといってよい。環境の社会的な側面は社会科で，自然的側面は理科で，という形で，環境がどうなっているかという知識を教えることに力を注いだのである。

②主体的に環境とかかわる新しい学力観

　大人が研究した成果を知識として子どもに伝えるという構造を変えない限り，教育内容は増え続けることになる。人類の歴史は積み重ねられ，発明・発見される原理は日々加えられ，教科書は厚くなるばかりである。このことが子どもに与える負担，教師に与える負担を増大し続けることから，教育内容の精選が図られたのであるが，環境とかかわる力を育てることについては，なかなか実施に至らなかったのである。

　しかし，平成元年の大幅な幼稚園教育要領の改訂を機に，そうした弊害が見直されることになった。そのことを端的に示しているのが，幼稚園教育の基本が「環境による教育」であるとされたことであり，身近な環境とのかかわりに関する領域のひとつとして「環境」が設けられたことである。また，小学校では，1，2年生の「理科」「社会」が廃止され，生活科が設けられてから久しい。

　最近，大学生の学力低下が問題となっている。基礎的な数学の知識がない，基礎的な英語の知識がない，文章が書けない，という傾向が著しい。たとえば，10年前と同様のレポートのタイトルを示した場合，現在の学生はレポート用紙を埋め尽くせない場合も少なからずある。卒業論文のテーマも自分で決められない，文献をどう探してよいのかがわからない，という学生も多い。また，ひとつのことに集中できなかったり，携帯電話，ゲーム，漫画からひと時も離れることができなかったりする学生もいる。こうした傾向は，高校までの教育において，環境に興味をもち，それに取り組んで探求する場面がないからである。

③主体的・対話的で深い学び

　こうした状況から脱却するべく，今回の答申では「主体的・対話的で深い学び」による学びの質の向上を謳っている。そして「主体的・対話的で深い学び」の具体的な内容について以下のようにまとめている。

(i) 主体的な学び

　学ぶことに興味や関心を持ち，自己のキャリア形成の方向性と関連付けながら，見通しを持って粘り強く取り組み，自己の学習活動を振り返って次につなげる

(ii) 対話的な学び

　子供同士の協働，教職員や地域の人との対話，先哲の考え方を手掛かりに考えること等を通じ，自己の考えを広げ深める

(iii) 深い学び

　習得・活用・探究という学びの過程の中で，各教科等の特質に応じた「見方・考え方」を働かせながら，知識を相互に関連付けてより深く理解したり，情報を精査して考えを形成したり，問題を見いだして解決策を考

えたり，思いや考えを基に創造したりすることに向かう

　これは，幼稚園教育要領では「他の幼児との関わりの中で幼児の主体的な活動が深まり，幼児が互いに必要な存在であることを認識するようになり，やがて幼児同士や学級全体で目的をもって協同して幼稚園生活を展開し，深めていく時期などに至るまでの過程を様々に経ながら広げられていくものである」(第1章総則　第3教育課程の役割と編成等)とされている。また保育所保育指針では「子どもが自発的・意欲的に関われるような環境を構成し，子どもの主体的な活動や子ども相互の関わりを大切にすること」(1．保育所保育に関する基本原則（3）保育の方法) とされている。

　かつての「学び」は，「学んだこと」，すなわち獲得した知識や技能が重視されてきた。しかし，新しい「学び」は，「主体的」「自発的」に学び，学んだことを他の人とのかかわりを通して広げ深め，より深い理解・学びへと導いていくことにある。

　予測不能な未来にあっては，興味・関心，意欲をもって学び，それを他の人々との対話や様々な知識・知見への言及を通じて広げ，より深い理解，解決策を生み出していくことが求められている。そして幼児教育とは，まさにその基礎となる興味・関心をもって「主体的に取り組む姿勢」「チャレンジする姿勢」を培う場なのである。

第3章

「３つの資質・能力」
「幼児期の終わりまでに育ってほしい 10 の姿」

❶ 主体的・対話的で深い学び

① 2017 年の改訂 (定) のねらい

2017（平成 29）年改訂（定）の幼稚園教育要領，保育所保育指針，幼保連携型認定こども園教育・保育要領では，幼児教育を行う施設が共有すべき事項として，「幼児期に育みたい 3 つの資質・能力」（表 3 - 1）および「幼児の終わりまでに育ってほしい 10 の姿」（表 3 - 2）が明記された。これは，2016（平成 28）年 12 月の中央教育審議会の答申において提言された，アクティブ・ラーニングの視点からの「主体的・対話的で深い学び」の実現を念頭に置いたものである。

表 3 - 1　幼児期に育みたい 3 つの資質・能力

- ・豊かな体験を通じて，感じたり，気付いたり，分かったり，できるようになったりする「**知識及び技能の基礎**」
- ・気付いたことや，できるようになったことなどを使い，考えたり，試したり，工夫したり，表現したりする「**思考力，判断力，表現力等の基礎**」
- ・心情，意欲，態度が育つ中で，よりよい生活を営もうとする「**学びに向かう力，人間性等**」

この新たな答申は，1996（平成 8）年の答申で提言された「生きる力」の理念を，学校教育を通じて今後どのように育んでいくのかという視点から行われたもので，これまでの教育における指導が「何を知っているか」にとどまりがちであったのに対し，知っていることを活用し「何ができるようになるか」を意識した指導の重要性を強調している。

そしてその土台として幼児期における非認知能力の育成の重要性が指摘されている。非認知能力とは，IQ などのような数値化された能力ではなく，「学びに向かう力や姿勢」「粘り強さ，チャレンジする姿勢」などの能力をさし，幼児期に非認知能力を身につけることが，大人になってからの生活に大きな差が生じるといった国際的な研究成果も発表されている。

ただし，この非認知能力は，これまで日本の幼児教育で重要視されてきた「心情，意欲，態度」と重なる部分が多く，この「心情，意欲，態度」

表3-2　幼児期の終わりまでに育ってほしい10の姿

(1) 健康な心と体	幼稚園生活の中で，充実感をもって自分のやりたいことに向かって心と体を十分に働かせ，見通しをもって行動し，自ら健康で安全な生活をつくり出すようになる。（健康）
(2) 自立心	身近な環境に主体的に関わり様々な活動を楽しむ中で，しなければならないことを自覚し，自分の力で行うために考えたり，工夫したりしながら，諦めずにやり遂げることで達成感を味わい，自信をもって行動するようになる。（人間関係）
(3) 協同性	友達と関わる中で，互いの思いや考えなどを共有し，共通の目的の実現に向けて，考えたり，工夫したり，協力したりし，充実感をもってやり遂げるようになる。（人間関係）
(4) 道徳性・規範意識の芽生え	友達と様々な体験を重ねる中で，してよいことや悪いことが分かり，自分の行動を振り返ったり，友達の気持ちに共感したりし，相手の立場に立って行動するようになる。また，きまりを守る必要性が分かり，自分の気持ちを調整し，友達と折り合いを付けながら，きまりをつくったり，守ったりするようになる。（人間関係）
(5) 社会生活との関わり	家族を大切にしようとする気持ちをもつとともに，地域の身近な人と触れ合う中で，人との様々な関わり方に気付き，相手の気持ちを考えて関わり，自分が役に立つ喜びを感じ，地域に親しみをもつようになる。また，幼稚園内外の様々な環境に関わる中で，遊びや生活に必要な情報を取り入れ，情報に基づき判断したり，情報を伝え合ったり，活用したりするなど，情報を役立てながら活動するようになるとともに，公共の施設を大切に利用するなどして，社会とのつながりなどを意識するようになる。（人間関係）
(6) 思考力の芽生え	身近な事象に積極的に関わる中で，物の性質や仕組みなどを感じ取ったり，気付いたりし，考えたり，予想したり，工夫したりするなど，多様な関わりを楽しむようになる。また，友達の様々な考えに触れる中で，自分と異なる考えがあることに気付き，自ら判断したり，考え直したりするなど，新しい考えを生み出す喜びを味わいながら，自分の考えをよりよいものにするようになる。（環境）
(7) 自然との関わり・生命尊重	自然に触れて感動する体験を通して，自然の変化などを感じ取り，好奇心や探究心をもって考え言葉などで表現しながら，身近な事象への関心が高まるとともに，自然への愛情や畏敬の念をもつようになる。また，身近な動植物に心を動かされる中で，生命の不思議さや尊さに気付き，身近な動植物への接し方を考え，命あるものとしていたわり，大切にする気持ちをもって関わるようになる。（環境）
(8) 数量や図形，標識や文字などへの関心・感覚	遊びや生活の中で，数量や図形，標識や文字などに親しむ体験を重ねたり，標識や文字の役割に気付いたりし，自らの必要感に基づきこれらを活用し，興味や関心，感覚をもつようになる。（環境）
(9) 言葉による伝え合い	先生や友達と心を通わせる中で，絵本や物語などに親しみながら，豊かな言葉や表現を身に付け，経験したことや考えたことなどを言葉で伝えたり，相手の話を注意して聞いたりし，言葉による伝え合いを楽しむようになる。（言葉）
(10) 豊かな感性と表現	心を動かす出来事などに触れ感性を働かせる中で，様々な素材の特徴や表現の仕方などに気付き，感じたことや考えたことを自分で表現したり，友達同士で表現する過程を楽しんだりし，表現する喜びを味わい，意欲をもつようになる。（表現）

出典：文部科学省「幼稚園教育要領」2017（文中末尾の（）の5領域は筆者追記）

を小学校，中学校，高校までの学校教育における連続性を意識して整理したものが「3つの資質・能力」ということができる。つまり，幼児期に「3つの資質・能力（の基礎）」を育むことが，非認知能力の育成とも結びつくといえる。そして，この「資質・能力」が育まれている幼児の具体的な姿を表したものが「幼児期の終わりまでに育ってほしい10の姿」である。

② 幼児期に育みたい3つの資質・能力

「3つの資質・能力（知識・技能，思考力・判断力・表現力等，学びに向かう力・人間性等）」は，幼稚園，保育所，認定こども園等の幼児教育施設から始まり，小中高の学校教育における各教育課程を通じて育まれるものである。たとえば，高等学校教育において育成すべき「3つの資質・能力」を図3-1に示す。表3-1の「幼児期に育みたい3つの資質・能力」と比較すると，幼児期において育みたい資質・能力が，小学校，中学校を経て，高校でどのように発展しているかが分かる。そして，この発展が幼児期における資質・能力の育成があって初めて可能となることはいうまでもない。

では，この「幼児期に育みたい3つの資質・能力」は，どのように育成

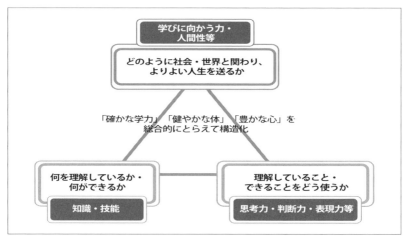

出典：文部科学省「平成29・30年改訂 学習指導要領、解説等」一部改変
図3-1　育成すべき資質・能力の3つの柱

すればよいのであろうか。まず重要なことは，この資質・能力が，これまで幼稚園，保育所，認定こども園で行われてきた遊びを通した指導によって育まれてきた「生きる力の基礎となる心情，意欲，態度」を，小学校以降の教育との関連性を考慮して整理したものであるということである。

たとえばどこの園でもみることのできる，子どもたちのどろ団子作りの遊び（活動）を例にとってみてみよう。まず子どもたちは，濡れた土に触るとぬるぬるして気持ちがいい，乾いた砂はさらさらして気持ちがいいなど，それぞれの楽しみから自主的にどろ遊び，砂遊びを始める。次に，

・濡れた土を丸めると団子ができる，乾いた砂に水をかけると色が変わりかたまりやすくなる（知識・技能）

・団子にするにはどんな土がよいのだろうか，砂場の砂と土をまぜたらどんな団子ができるだろうか（思考力・判断力・表現力）

・できたどろ団子でお友だちとお店屋さんごっこをしよう，もっと形の良い大きなどろ団子をつくってみよう，うまくどろ団子ができないお友だちにつくり方を教えてあげよう（学びに向かう力・人間性）

「資質・能力」という言葉だけをみると，なにか特別なことのように思えるが，実は日常的に子どもたちが遊びのなかで育んできたことなのである。つまり「知識及び技能の基礎」は，遊びを通した「気付き」や「発見」であり，「思考力，判断力，表現力等の基礎」は「こうしたらどうなるのだろうか」「ここを変えればもっとおもしろくなるのでは」というさらなる楽しみのために自ら考え工夫することであり，「学びに向かう力，人間性等」は「今度はこうしてみよう」「これを使ってこうして遊んでみよう」「〜ちゃんにも教えてあげよう」というさらなる好奇心やそれによってできる人との関係を大切にしようとする気持ちの表れである。

つまり「知識及び技能の基礎」「思考力，判断力，表現力等の基礎」「学びに向かう力，人間性等」は，これまでも幼児教育の現場で行われてきた活動（遊び）を整理したものであり，そのどれかひとつを個別に取り出して育てるものではないのである。

次ページの図3-2には，この3つの資質・能力の具体的な姿，またそれらが関連し合っていることが示されている。

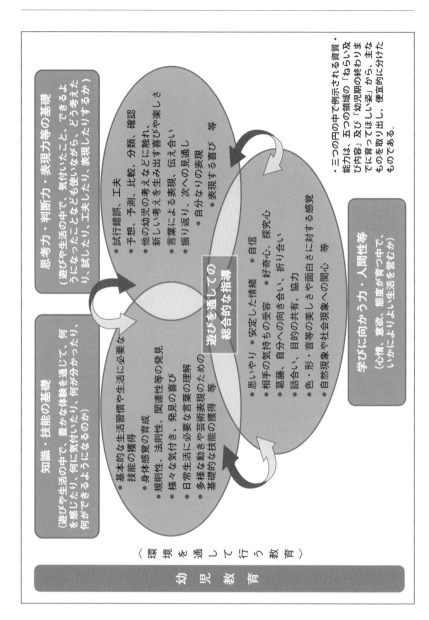

出典：文部科学省「幼児教育部会における審議の取りまとめ」2016，一部改変

図3－2　幼児教育において育みたい資質・能力の整理

3 幼児期の終わりまでに育ってほしい10の姿

　小学校以降の学校教育とのつながりを踏まえ示されたのが，この「幼児期に育てたい3つの資質・能力」である。そして「3つの資質・能力」が育まれている子どもの姿を，5領域（「健康」「人間関係」「環境」「言葉」「表現」）を通して，具体的に示したものが「幼児期の終わりまでに育ってほしい10の姿」である。

　たとえば，幼稚園教育要領の「（1）健康な心と体」を読んでみると，これが5領域の「健康」に該当することがわかる。そして，そこには「3つの資質・能力」が育った子どもの姿を見ることができる。

　「幼稚園生活の中で，充実感をもって自分のやりたいことに向かって心と体を十分に働かせ（知識および技能の基礎），見通しをもって行動し（思考力，判断力，表現力等の基礎），自ら健康で安全な生活をつくり出すようになる（学びに向かう力，人間性等）。」

　あるいは「(4) 道徳性・規範意識の芽生え」は，5領域の「人間関係」に該当し，以下のように読み取ることができる（以下，指定のない場合は同資料による）。

　「友達と様々な体験を重ねる中で，してよいことや悪いことが分かり（知識および技能の基礎），自分の行動を振り返ったり，友達の気持ちに共感したりし（思考力，判断力，表現力等の基礎），相手の立場に立って行動するようになる（学びに向かう力，人間性等）。また，きまりを守る必要性が分かり（知識および技能の基礎），自分の気持ちを調整し，友達と折り合いを付けながら（思考力，判断力，表現力等の基礎），きまりをつくったり，守ったりするようになる（学びに向かう力，人間性等）。」

　ここで保育者として注意しなければならないことは，この「10の姿」が就学前（5歳児修了時）の子どもたちに100％実現されることを求められているわけではないということである。この「10の姿」は，「3つの資質・能力」を5領域を通して育くんでいく上での方向性であり，現在行われている教育・保育を見直すうえで考慮すべき指標として捉えるようにしてほしい。また，「10の姿」がそれぞれの領域のみで育成されるのではなく，「ね

らい及び内容」に基づく活動全体を通じて育まれるものであること，また
5歳児だけでなく3歳児，4歳児にあっても，これを念頭に置きながらそ
れぞれの発達段階に応じた指導を積み重ねていくことが重要となる。

　次にこの「幼児期に育みたい3つの資質・能力」「幼児期の終わりまで
に育ってほしい10の姿」をどのように幼児教育の現場で反映させていく
のか考えてみたい。

4 カリキュラム・マネジメント

　新しい「幼稚園教育要領」「幼保連携型認定こども園教育・保育要領」では，
園における教育活動の質の向上を図るためのカリキュラム・マネジメント
という概念が導入されている。カリキュラム・マネジメントは，「幼稚園
教育要領」では以下のように規定されている。

「「幼児期の終わりまでに育ってほしい姿」を踏まえ教育課程を編成すること，教
育課程の実施状況を評価してその改善を図っていくこと，教育課程の実施に必要
な人的又は物的な体制を確保するとともにその改善を図っていくことなどを通し
て，教育課程に基づき組織的かつ計画的に各幼稚園の教育活動の質の向上を図っ
ていくこと」

（第1章第3教育課程の役割と編成等）

　ここで書かれていることは，教育課程を作成するにあたって，「幼児期
の終わりまでに育ってほしい10の姿」を念頭に置きながら，それぞれの
園の状況に応じた活動（遊び）の環境を設定するということである。そし
て，活動の過程で，「10の姿」（5領域）のそれぞれに，「3つの資質・能力」
が集団と個人の両方でどのように育まれているかを評価し，弱いと感じる
部分，あるいはさらに伸ばすことができると思った部分には，新しい環境
や援助を用意し，子どもたちのさらなる興味・関心を引き起こすようにす
る。

　これはこれまで行われてきたPDCAサイクル（計画―実行―評価―改
善）を，5領域の内容等を踏まえ具体化した「10の姿」を用いながら実
行することである。（なお，2017年改定の保育所保育指針では，カリキュ
ラム・マネジメントという用語は使われていないが，指導の際には「幼児

期の終わりまでに育ってほしい10の姿」を踏まえて行うことが明記され
ている。)

　2017年の改訂（定）により「幼児期に育みたい3つの資質・能力」「幼
児期の終わりまでに育ってほしい10の姿」が追加されたことで，幼児教
育の現場では新たに特別なことを始めなければならないのではないかと危
惧する声もあった。しかし，以上，見てきたように，今回の改訂(定)の
ねらいは，これまで幼児教育の現場で行われてきた子どもの自主的な「遊
び」を基本する活動を，5領域に示されている「ねらい及び内容」を具体
化した「10の姿」を通してみることで，小学校以降の学校教育とのつな
がりのなかで捉え直そうとするものである。それは何も特別なことはなく，
子どもたちの「遊び」の環境を日々改善することで，より良い方向に導き
たいとする保育者のこれまでの実践をさらに高めていくことにほかならな
い。

第4章

幼稚園・保育所・認定こども園

1 幼児教育の無償化

1 幼児教育の無償化

　2019（令和元）年10月から，幼稚園，保育所，認定こども園などの幼児教育施設を利用する3歳から5歳児クラスまでの子どもの利用料が無償化された。これは，生涯にわたる人格形成や義務教育の基礎を培う幼児教育の重要性，および幼児教育の負担軽減を図る少子化対策の観点から取り組まれたものである。これによりすべての子どもたちが質の高い幼児教育を受けることができるようにしたものである。

　本章では，幼児教育を担う幼稚園，保育所，認定こども園の基本的なあり方について説明する。

2 幼稚園・保育所・認定こども園の基本的な性格

1 幼稚園

　わが国の幼稚園教育は，1876（明治9）年東京女子師範学校附属幼稚園開設によって始められた。明治5年に学制が発布されてから日も浅く，小学校に入学する子どもさえ少ないころであり，世界最初の幼稚園がフレーベル（Fröbel, F. W. A.）によって創設されてから，わずか36年後であった。

　それから100年余り，一部の恵まれた家庭の子どもが，家庭教育以上の教育を与えられるべく就園するという初期の段階から，次第に各地に設置されるようになり，幼児教育に対する理解が深まっていった。特に第二次世界大戦後の1947（昭和22）年，学校教育法の制定により，正規の学校体系の中に幼稚園が位置づけられたことによって，全国民的な公教育の機関となった。そして，現在に至るまでの20世紀後半以降の普及の状況は著しいものがある。

　幼稚園の目的について学校教育法第22条は，「幼稚園は，義務教育及びその後の教育の基礎を培うものとして，幼児を保育し，幼児の健やかな

成長のために適当な環境を与えて，その心身の発達を助長することを目的
とする。」と定めている。

　ここで注目されるのは，まず，幼稚園の目的が，幼児を保育することで
あり，適当な環境を与えて心身の発達を助長することであるとしているこ
とである。幼児の内部には自ら発達する力が存在する。それを大切に保護
しなければらならない。同時に，援助されることによってその発達が順調
に伸展するのであって，そのことは，もっぱら幼児の心身の発達に適する
環境を用意することによって達成されるのである。

　一般に，目的を規定する記述に，「適当な環境を与えて」というような
方法までが示される例は少ないが，これは，幼稚園教育の基本が環境を通
して行う教育であることを明確にしたものとして注目されるのである。

② 保育所

　保育所は，児童福祉法に基づく施設である。その規定は，次の通りである。

＜児童福祉法＞

第39条
　保育所は，保育を必要とする乳児・幼児を日々保護者の下から通わせて保育を
行うことを目的とする施設（利用定員が20人以上であるものに限り，幼保連携型
認定こども園を除く。）とする。
2　保育所は，前項の規定にかかわらず，特に必要があるときは，保育を必要と
するその他の児童を日々保護者の下から通わせて保育することができる。

　保育所は，前掲の条文にあるように，「保育を必要とする」乳児・幼児
を預かり，「養護＝子どもの生命の保持および情緒の安定を図るために保
育士等が行う援助やかかわり」と「教育＝子どもが健やかに成長し，その
活動がより豊かに展開されるための発達の援助」が一体となった保育を行
うことを目的とする通所施設である。この保育所における保育は，厚生労
働省から告示された「保育所保育指針」にのっとって行われている。

　また，保育所に通所してくる乳児や幼児が「保育を必要とする」事由と
しては，以下のようなものがあげられる。
・就労（フルタイムだけでなく，パートタイム，夜間，居宅内の就労など

も含む）

・妊娠・出産

・保護者の疾病，障害

・同居または長期入院等している親族の介護・看護

・災害復旧

・求職活動（起業準備を含む）

・就学（職業訓練校等における職業訓練を含む）

・虐待やDVのおそれがあること

・育児休業取得中に，既に保育を利用している子どもがいて継続利用が必要であること

・その他，上記に類する状態として市町村が認める場合

　なお，子どもたちの「保育の必要量（利用時間）」については，上記にあげた事由や保護者の状況に応じて，居住する市町村によって認定が行われる。具体的に示すと，最長11時間の「保育標準時間」利用である「保育（2号）認定」と最長8時間の「保育短時間」利用である「保育（3号）認定)」に区分される。

③　認定こども園

　2006（平成18）年に「就学前の子どもに関する教育，保育等の総合的な提供の推進に関する法律」が成立し，同年10月から認定こども園制度が開始された。これにより，少子化や待機児童解消などを目的として，小学校就学前の子どもに対して教育・保育を一体的に行うだけでなく，園に通園している・していないにかかわらず，地域におけるすべての保護者に対する子育て支援までを総合的に提供する施設として，認定こども園が位置づけられることになった。この認定こども園には，以下の4つのタイプが認められている。

幼保連携型：幼稚園および保育所などの施設・設備を一体的に設置，運営。また，これまで，幼稚園と保育所で別々になっていた認可・指導監督を一本化し，「学校および児童福祉施設」としての法的位置づけがなされている

幼稚園型：認可された幼稚園が，保育所的な機能を備える
保育所型：認可された保育所が，幼稚園的な機能を備える
地方裁量型：都道府県の認定基準により認定

　認定こども園においては，保育所同様，保育を必要とする「保育（2号）認定」「保育（3号）認定」の子どもだけでなく，幼稚園に通園する子どもと同じ，保育を必要としない「教育標準時間（1号）認定」の子どもも通園することができる。つまり，認定こども園は，どのような事情・状況にある子どもでも，一様に通園することができる施設として位置づけられている。
　なお，幼稚園・保育所・認定こども園の違いを次ページの表4－1に示す。

3　幼稚園・保育所から認定こども園への流れ

　従来からの，わが国における主な公的な幼児教育施設は幼稚園と保育所である。前述の通り，幼稚園は学校教育基本法に基づく学校であり，保育所は児童福祉法に基づき，保育を必要とする乳児または幼児を保育することを目的とする児童福祉施設であって，歴史的・制度的には，それぞれ目的・機能を異にしている（表4－1参照）。
　一方で，近年は，先に述べたように，少子化や待機児童の問題などを解消する視点から，また，図4－1（56ページ）にみるように幼稚園園児数が減少する一方で保育所等利用児数が増加していることなどから，幼保一元化に向けた動きが活発化している。その，おもな流れを見てみよう。
　1997（平成9）年4月に文部・厚生（当時）両省が共同で「幼稚園と保育所の在り方に関する検討会」を発足させ，1998年3月，同検討会が作成した「幼稚園と保育所の施設の共有化等に関する指針」により，「幼稚園と保育所の施設・運営の共用化，職員の兼務などについて地域の実情に応じて弾力的運用を図り，幼児教育環境の質的な向上を推進」することなどが目的とされた。また，同年6月には，「次代を担う子どもが健やかに育つための環境づくりをすすめるため，教育行政と厚生行政が緊密に連携し，効果的な施策の実現を目指す」ことを趣旨として，「子どもと家庭を支援するための文部省・厚生省共同行動計画」が公表された。この計画では，文部・厚生（当時），両省連携の柱のひとつとして，「幼稚園と保育所の連

表4－1　幼稚園・保育所・認定こども園の違い

	幼稚園	保育所	認定こども園
法的性格	学校	児童福祉施設	幼保連携型：学校かつ児童福祉施設 幼稚園型：学校（幼稚園＋保育所機能） 保育所型：児童福祉施設（保育所＋幼稚園機能） 地方裁量型：幼稚園機能＋保育所機能
所轄官庁	文部科学省	厚生労働省	内閣府・文部科学省・厚生労働省
根拠法令	学校教育法 第22条 幼稚園は，義務教育及びその後の教育の基礎を培うものとして，幼児を保育し，幼児の健やかな成長のために適当な環境を与えて，その心身の発達を助長することを目的とする。	児童福祉法 第39条 保育所は，保育を必要とする乳児・幼児を日々保護者の下から通わせて保育を行うことを目的とする施設（利用定員が20人以上であるものに限り，幼保連携型認定こども園を除く。）とする。 2．保育所は，前項の規定にかかわらず，特に必要があるときは，保育を必要とするその他の児童を日々保護者の下から通わせて保育することができる。	就学前の子供に関する教育，保育等の総合的な提供の推進に関する法律 第1条 この法律は，幼児期の教育及び保育が生涯にわたる人格形成の基礎を培う重要なものであること並びに我が国における急速な少子化の進行並びに家庭及び地域を取り巻く環境の変化に伴い小学校就学前の子どもの教育及び保育に対する需要が多様なものとなっていることに鑑み，地域における創意工夫を生かしつつ，小学校就学前の子どもに対する教育及び保育並びに保護者に対する子育て支援の総合的な提供を推進するための措置を講じ，もって地域において子どもが健やかに育成される環境の整備に資することを目的とする。 第2条　6 この法律において「認定こども園」とは，次条第一項又は第三項の認定を受けた施設，同条第九項の規定による公示がされた施設及び幼保連携型認定こども園をいう。 第2条　7 この法律において「幼保連携型認定こども園」とは，義務教育及びその後の教育の基礎を培うものとしての満三歳以上の子どもに対する教育並びに保育を必要とする子どもに対する保育を一体的に行い，これらの子どもの健やかな成長が図られるよう適当な環境を与えて，その心身の発達を助長するとともに，保護者に対する子育ての支援を行うことを目的として，この法律の定めるところにより設置される施設をいう。

設置者	国，地方公共団体，学校法人（学校教育法第2条）など，社会福祉法人（宗教法人などもある）	地方公共団体，社会福祉法人等（児童福祉法第35条）（宗教法人，学校法人，NPO，その他の法人，企業などもある）	幼保連携型：国，地方自治体，学校法人，社会福祉法人 幼稚園型：国，地方公共団体，学校法人 保育所型・地方裁量型：制限なし
対象児	満3歳から小学校就学前の幼児	0歳から小学校就学前の保育を必要とする幼児	幼保連携型：満3歳以上の子どもおよび満3歳未満の保育を必要とする子ども 幼稚園型：満3歳以上の子ども＋就学前の保育を必要とする子ども 保育所型：就学前の保育を必要とする子ども＋満3歳以上の子ども
保育・教育内容の基準	幼稚園教育要領	保育所保育指針	幼保連携型：幼保連携型認定こども園教育保育要領 幼稚園型：幼保連携型認定こども園教育保育要領を踏まえる（幼稚園教育要領に基づくことが前提）。 保育所型：幼保連携型認定こども園教育保育要領を踏まえる（保育所保育指針に基づくことが前提）。
職員の要件	幼稚園教諭	保育士	幼保連携型：保育教諭（幼稚園教諭＋保育士資格） 幼稚園型：満3歳以上では両免許・資格の併有が望ましいが，幼稚園教諭でも可。満3歳未満は保育士資格が必要。 保育所型：満3歳以上では両免許・資格の併有が望ましいが，保育士資格でも可。満3歳未満は保育士資格が必要。 地方裁量型：満3歳以上では両免許・資格の併有が望ましいが，いずれでも可。満3歳未満は保育士資格が必要。
開園日・開園時間	年39週を下回らない。1日の教育時間は4時間を標準。園によっては預かり保育を実施。	原則として1日8時間。その地方における乳幼児の保護者の労働時間その他家庭の状況等を考慮して，定める。	幼保連携型：11時間開園，土曜日の開園が原則。 幼稚園型：教育時間は1日4時間を標準。地域の実情に応じて実施。 保育所型：11時間開園，土曜日の開園が原則。 地方裁量型：地域の実情に応じて実施。

出典：資料）内閣府・文部科学省・厚生労働省「子ども・子育て支援制度ハンドブック－施設・事業者向け－　平成27年7月改訂版」より筆者作成

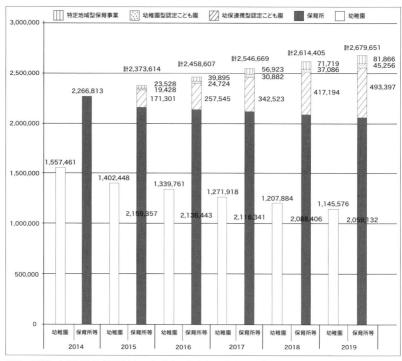

出典：資料）文部科学省「学校基本調査 令和元年度」，厚生労働省「保育所等関連状況取りまとめ（平成31年4月1日）」より筆者作成

図4−1　幼稚園園児数と保育所等利用児数の推移

携の促進」が掲げられ，具体的計画事項の中には，「教育内容・保育内容の整合性の確保」「幼稚園教諭と保母の養成における履修科目の共通化」「幼稚園と保育所の子育て支援に係る事業の連携実施」などが含まれた。

　しかし，2001（平成13）年からの中央省庁再編において，両省はそれぞれ，文部科学省と厚生労働省に衣替えすることになり，子どもの保育・教育を担う中央行政機関の一本化は困難となった。

　2010（平成22）年1月27日，内閣は，幼保一元化を進めるために，できる限り役所の一体化を行う方向で進めるとした。また，内閣府特命担当大臣（行政刷新担当）は，幼保一元化を含め，新たな次世代支援のための包括的・一元的な制度の構築を進めるため，2011（平成23）年の通常

国会までに所要の法案を提出し，利用者本位の保育制度に向けた抜本的な改革，イコールフッティング（対等な条件）による一般企業や NPO の参入促進，そして幼保一元化の推進を図る方針を明確にした。

　これ以降の動きもふくめ，近年の幼保一元化に向けたおもな動きについて，表4−2に整理してみる。

表4−2　幼保一元化の流れ

平成8年 12月20日	地方分権推進委員会第一次勧告で，地域の実情に応じた幼稚園・保育所の施設の共用化等の弾力的な運用の確立を求めた。
平成9年 1月24日	文部省（当時）教育改革プログラムで，国民のニーズに的確に応えるための幼稚園と保育所のあり方について，地方分権推進委員会の勧告等を踏まえ，厚生省（当時）と共同で検討する。当面は，地域の実情に応じた幼稚園と保育所の施設の共用化について弾力的な運営が図られるよう検討を進め，容認された。
平成16年 12月24日	中央教育審議会幼児教育部会と社会保障審議会児童部会の合同の検討会議にて，「就学前の教育・保育を一体として捉えた一貫した総合施設について」の骨子が取りまとめられた。
平成17年 4月6日	「就学前の教育・保育を一体として捉えた一貫した総合施設について」に基づく総合施設のモデル事業が採択された。
平成18年 3月31日	総合施設モデル事業評価委員会により，総合施設のモデル事業の最終まとめが行われた。
平成18年 6月15日	「就学前の子どもに関する教育，保育等の総合的な提供の推進に関する法律」が公布され，これにより，認定こども園制度がスタートする。
平成22年 3月11日	幼保一元化を含む新たな次世代育成支援のための包括的・一元的なシステムの構築について検討を行うため，「子ども・子育て新システム検討会議」の第1回会合が開催される。
平成24年 8月10日	民主・自民・公明の3党による「子ども・子育て関連3法案」が可決・成立。大きな柱のひとつとして，認定こども園制度の改善があげられる。なお，三法の具体的名称は，以下の通り。 ①「子ども・子育て支援法」（平成24年法律第65号） ②「就学前の子どもに関する教育，保育等の総合的な提供の推進に関する法律の一部を改正する法律」（平成24年法律第66号） ※いわゆる「改正認定こども園法」のこと ③「子ども・子育て支援法及び就学前の子どもに関する教育，保育等の総合的な提供の推進に関する法律の一部を改正する法律の施行に伴う関係法律の整備等に関する法律」（平成24年法律第67号） ※いわゆる「関係法律の整備法」のことで，「子ども・子育て支援法」と「改正認定こども園法」の施行にともない，「児童福祉法」などの関係法律を改正するための法律のこと。
平成27年 4月1日	上掲の「子ども・子育て関連3法」に基づき，子どもを取り巻く環境を「量」と「質」の両面からよりよいものに改善し，社会全体で支えていくことを目的とする「子ども・子育て支援新制度」がスタート。従来の認定こども園のうち，幼保連携型認定こども園の認可・指導監督が一本化され，学校および児童福祉施設として法的位置づけがなされる。

4　保育のあり方・その思想と現実

① 保育と教育

　子どもは小さな大人ではなく，子どもには子どもの世界があることを説いたルソー（Rousseau, J. J.）は，その著『エミール―教育について』において，大人が余計なことを子どもに教えることを極力排し，子どもの内発的な成長と発達を妨げないこと，自然の試練に子どもをさらし，自分の力とその用い方を知らせること以外に教育はないといっている。

　教育愛の実践家ペスタロッチ（Pestalozzi, J. H.）は，参観に来た父兄と農夫が「これは学校ではない。家庭だ。」ともらした言葉に大きな喜びを感じたという。一般の学校と異なる，生活や作業の中で子どもの直感を重んずる教育に情熱を注いだ彼らしいエピソードである。

　ペスタロッチのもとで実地に教育を学んだフレーベルは，やがて，『人間の教育』を著し，幼稚園の創始者となった。1843 年にフレーベルがブランケンブルグ市長と連名で出した「ドイツ幼稚園の告示ならびに報告」では，「その目的としては，第一に，就学前期の児童をただ監督するにとどまらず，彼らにそのすべての特性に適当な活動を与えることであり，その身体を強健ならしめ，感覚を訓練し，目覚めつつある精神を活動させ，用意周到に自然や人間世界に接しさせ，特に心情を正しく働かせ，あらゆる生活の根源にもたらし，それとの合一に導く。遊びにおいては，幼児は楽しく多面的で，あらゆる能力を訓練し育成しながら，無邪気な明朗さと和合をもち，あどけない子どもらしさを体験し，学校や将来の生活段階のために正しい準備をしなければならない。」と述べている。

　そのほか，「感覚は認識の最初にして最も確実な道具である」として子どもの直感を重んじたコメニウス（Comenius, J. A.），環境教育論によって性格形成学院を開いたオーウェン（Owen, R.），子どもの自己発展能力を重視して「子どもの家」を開いたモンテッソーリ（Montessori, M.），さらに子どもと大人の位置を逆転して子どもを太陽系の中心にすえた経験主義のデューイ（Dewey, J.）のほか，子どもの立場に立つ集団主義教育を

説いたクループスカヤ（Krupskaya, N. K.）など，現代の幼児教育に影響を与えた先人たちの業績は大きい。

　こうした先人たちに共通するものは，幼児期の教育の重要性への認識と，その教育を子どもの内的な成熟に基づく自発的活動への信頼におき，子どもが実際に体験することによって学ぶことを重視する点である。そして，それぞれに力点やニュアンスを異にしながら，それをすべて教育としてとらえているのであって，わが国の保育に該当する言葉はない。

　わが国で最初に保育の意義について論じたのは，1905（明治38）年『保育法』を著わした東京女子高等師範学校附属幼稚園主事中村五六であるが，彼は，「保育といふ語」を「幼児を保護養育するの意にして幼児教育の義に外ならず」としている。

　1908（明治41）年中村五六とともに『幼児教育法』を著した和田実は，「遊戯は幼児自然の本能に基づく自発活動で，幼児は是れに因って，其心身の健全なる発達を招来するものである」として自由保育論を展開し，実践した。

　わが国の幼稚園教育の基本的なあり方に，最も大きな影響を与えてきた倉橋惣三は，和田実のあと，東京女子高等師範学校の教授となり，附属幼稚園の主事を兼ねて『幼児の教育』の編集を担当，「新保育」の理論を発表，実践した。彼は次の図式を示し，また教育は幼児をあわれんでするのではなく，幼児を賛美する心が思わず教育に向かうのでなくてはならないとした。

幼児のさながらの生活ー{自由／設備}ー自己充実ー充実指導ー誘導ー教導

　倉橋のあと，日本保育学会会長を長くつとめた山下俊郎は，『保育学概説』において，「保育という言葉は」「年少であり幼いひよわな子どもである幼児の教育を意味している」と述べ，保育は幼児という対象の特性に根ざした教育そのものであるとしている。

　また，61ページに示す図4－2のような説明がされる場合もある。新生児は全面的な保護が必要で，教育の入る余地はないが，次第に保護の必

要が減り，あるいは保護を減らして教育面を増やし，6歳からは全面的な教育に移行する。したがって，乳幼児は保育，学校では教育という考え方である。この保護と教育の二元論はわかりやすいが，保育という言葉の本質的説明としては十分とはいえない。

　第6章でも触れるが，幼児の内部には人間としての全面的な発達のメカニズムと可能性が内在しており，それが発動し，発現する場を環境として与えることによってそれを保障すること，すなわち「発達しようとする生命を守り育てること」が保育であって，守ること，育てることを分けるわけにはいかないのである。その意味では，nursery education, care and education，あるいは education and care などの訳語も不十分である。

　このように，わが国における幼児教育は，しばしば保育という言葉で表現されてきている。幼児教育という言葉が，幼児を対象とする教育という，極めて客観的な表現であるのに対し，保育という言葉は，幼児教育のあるべき様態を，思想においても実際においても示そうとする価値的な表現として用いられる場合が多い。

　一方，保育所における保育は，保護者の委託を受けて，乳幼児の生命の維持のための養護を根幹に，同時に上記に見られる幼児教育としての保育を行うことを意味するものである。

　このことは，乳幼児の生命の維持と発展という，幼児教育の根本にかかわる問題であり，さらに，乳幼児や女性という社会的に差別されやすい人々の人権を擁護する立場からも，保育という言葉はひとつの主張として用いられる場合が少なくない。

　こうした点を十分に理解しながら，われわれは幼児教育を教育の問題としてとらえつづける必要がある。それはひとつには，客観的・人間科学的視点で幼児期の教育をとらえなければならないからであり，ひとつには，保育という言葉に主張されている内容こそ，本当の教育であると考えるからである。

　生涯にわたる人間形成の原型が幼児期にあるのであって，自発的創造的学習主体を育てることこそ，まさに教育の主眼でなくてはならず，それを保育という言葉のみで表現したのでは，教育は，教育の名に価しない悪

しき教育をのみ表す言葉となり，かえって，その悪しき教育の横行を許すことになると考えるのである。

② 環境を通して行う教育

前述の通り，幼稚園教育は「適当な環境を与えて」幼児の「心身の発達を助長する」ことであり，教育内容を直接教授＝学習する面の大きい

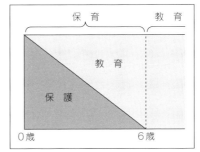

図4−2　問題のある二元論

小学校以上の教育とは異なり，はるかに環境のもつ教育的意義に重きをおくものである。

その環境には，施設，設備，遊具などの物的環境とともに，保育者，仲間の幼児たちなどの人的環境，さらには幼児が接する自然や社会の事象，また，人や物が相互に関連し合ってかもし出す雰囲気，時間，空間などの諸条件がある。

1）物的環境

まず，物的環境についてみれば，幼児の生活が行われる環境は，直接的にも間接的にも，主体的活動を促す最も基本的な条件である。指導計画は，ねらいや内容にふさわしい環境と援助の計画であり，自発的な活動が発生しやすいよう，また，その活動が妨げられることなく行われるよう，さらに，その活動がより豊かに発展するように配慮されなければならない。そのためには，次の諸条件が必要である。

①安全・清潔・健康・快適であること

もし，環境に幼児の生命や健康をそこなう恐れが存在すれば，保育者は幼児の活動に対して，注意の喚起や行動の禁止など，抑制する立場に立たざるを得ない。幼児自身もまた，臆病にならざるを得ない。また，安全，清潔であっても，日差し・風通し・温度・湿度・広さなど，客観的に健康を保障し，幼児自身が快適さを感じる状態でなければ，活発な活動の展開は望めない。

②興味・関心をひくものがあること

自発的活動の多くは，環境の中に興味や関心をひくものを見出して発生する。それは，遊具・物体・絵画，その他，あらゆるものが対象となる。たとえば，床に円が描かれていたというだけで，それが土俵になったり，池になったりする。さらにさかのぼれば，チョークが1本置いてあることから，その円が生まれることもある。

　モンテッソーリ法などもその典型のひとつであるが，幼児が発見し，選択し，集中的に活動するよう，環境にその素材を用意することは，必要かつ最も有効な方法である。

③それが手をつけやすいものであること

　興味・関心をひくものがあったとしても，その年齢段階の幼児にとって触れてみたい，かかわってみたい，と思えるものでなれば自発的活動は生まれない。一斉保育の形態で強制するのではなく，どのような形ででも，幼児自身が思わず着手するものでなければならない。

④努力に応じた効果のあがるものであること

　着手することは容易でも，間もなく離れていってしまうものがある。これは，興味・関心が持続しないからである。その主な原因は，簡単に操作ができ，高度の技術を必要としない（あるいは，簡単に全貌が把握でき，

▲園庭はみんなの社交場

すぐに神秘的な部分がなくなる），もしくは，その操作が困難で，いかに努力しても技術が向上しない（あるいは，そのものが複雑・難解で，努力しても理解できない）ことに帰する。取りつきやすいと同時に，努力に応じて技術が向上し，あるいは知識が深まるといった，効果が比例するものであるものが望ましい。

⑤相互刺激や協同のしやすいものであること

　一人一人の幼児の自発的活動には限界がある。それを打破して，大きな展開をもたらすものは，仲間との相互刺激や協同作業である。模倣や，言語による集団思考，連帯感や協同性そのものを楽しむ積極的な自発的活動を経験させるためには，個人の興味や発達だけを想定した遊具などにとどまらず，単に空間的・量的意味でなく，たとえば，大型のダンボールであったり，木工であったり，スケールの大きな環境が用意されなくてはならない。

2）人的環境

　人的環境についてみれば，家族以外の人と接する機会の少ない幼児にとって，保育者や大勢の仲間たちとの出会いは極めて刺激的であり，心身の発達に大きな影響をもたらすものである。

　従来の家庭は，近隣や親族間の交際がしばしば行われ，たとえば遠い親族の家に泊りがけで行くなどの機会があって，保護者とは異なる大人の価値観やしつけに触れることが少なくなかった。しかし，家族も核家族化・少子化が進んで家族同士のつながりも減り，保護者（ほとんどの場合，母親であることが多い）と1対1でつきあうという幼児の生活が多数を占めている。

　家事労働の合理化と少子化は，子どもに対する溺愛・過保護・過干渉・期待過剰などの現象を生み，一方では母親の自己中心性の犠牲となって放任されたり抑圧されたりする幼児もいる。

　保育者は，子どもにとって，保護者以外のほとんど初めて出会う大人である。その保育者が幼児に与える印象，言動や人柄は，幼児の人間観，ことに成人に対する考えに大きくひびき，さらに，小学校以上の教師に対するイメージの基礎をつくるものである。そこに愛と信頼と尊敬を見出すか，恐れと不信を見出すかは決定的に重大な意味をもつものといえよう。

保育者にとって最も大切なことは，一人一人の幼児を，まず，完全に受け入れることである。その幼児にとって，園が楽しいかどうかは，保育者から受け入れられているかどうかで決まる。本当の受容は，一人一人の幼児への愛と信頼から生まれる。

　「**受容**」は，次のような姿として現れる。

　第1に，幼児の行動や心情を「**理解**」することである。主観的理解は，しばしば好悪の情や偏見，保育者の心身の状況などに支配されるから避けなければならない。児童心理学や発達心理学による理解は，幼児を見る目を広げたり深めたりすることに有効であるが，あくまでも一般論であって，客観的理解にとどまる。そうした教養の上に立つ共感的理解こそ，本当の幼児理解につながる。

　第2が，その「**共感**」である。幼児は広く共感を求め，また，共感してくれる人の影響を強く受ける。人間はすべてそうなのであるが，幼児はことに共感に敏感で，共感を土台に学ぼうという意欲をもつ。共感できる話を面白がり，共感できない話は全く受けつけない。子ども同士の遊びが人間形成に有効なのは，共感を前提に成立しているからである。単なる理解より踏み込んだ受容である。

　第3は「**承認**」である。大人の承認がない場合，幼児は大きな不安に陥り，自信をもって行動できないため，心身の機能を十分に活動させることができなくなる。したがって，いじけて無為に過ごすか，隠れてうしろめたい行動をとるか，大人の承認にこだわって争うかに終わってしまう。承認は，単に許容するばかりでなく，幼児の言動を積極的に是認する受容である。

　第4は「**支持**」である。幼児は自分の行動や考えについて，保育者の支持を求めてやまない。それは，言葉でほめられたり励まされたりすること以上に本質的内面的なものであって，保育者の無言の支持を感じながら，幼児は自己充実し，自己を十分に発揮するのである。

　第5は「**援助**」である。幼児を受け入れる，ということは，同じ立場に立つということである。行きづまっている幼児に見通しや示唆を与え，あるいは，ちょっとした手助けを行うことによって大きな発展がもたらされる。これは，保護というよりは，あくまでも自立や連帯への援助である。

　第6は「**共働**」である。同じ立場に立って幼児と生活するとき，行きつく姿は，一緒に活動するということになる。保育者は指導し，子どもは働くというのでは子どもを受容したことにはならず，本当の教育にはならないのであって，年齢の差を超えて同一目的に向かって活動するとき，子どもは心身ともに安定して充実し，最もよい教育を受けることになるのである。

　保育者が，このように自分を受け入れてくれる存在であるとき，幼児は自信をもって物的環境や仲間の幼児とかかわり，主体的に活動を展開して必要な経験を獲得することができるのであって，保育者の人的環境としての役割の第1が，この受容にあることは明らかである。

　では，幼児にとって，仲間の幼児たちの存在はいかなるものであろうか。

　まず，幼児は友だちを求めているということである。3歳児の場合は，まだ，直接のかかわりを求めるよりは，そばに同年齢の幼児がいて遊ぶことを楽しむ段階であるが，4歳児から5歳児にかけて集団への帰属要求は著しく高まっていくので，同年やそれに近い年齢の幼児たちの存在は，いろいろな意味で他に代え難い環境といわなくてはならない。

　幼児は仲間との間で何を学ぶであろうか。そのひとつは，少子家庭で大

▲子どもの生活を支えるのは保育者

人，特に，母親をほとんど独占してきたのに対し，先生を独占することができないことである。先生は自分を受け入れてくれていると同時に，みんなを受け入れている。みんなの先生であって，自分だけの先生ではない。

　また，自分の家では，遊具でも絵本でも，自分が楽しむことを妨げられることはなかったが，仲間との間では，欲しいものが重なって衝突や葛藤になる。このことによって，みんなも自分と同じように要求をもって生きているのだということを知り，その事実の上で解決がはかられることになる。

　その解決のひとつは，お互いが自分の要求にそのまま固執すれば誰も使えず，順番を決めてゆずり合えばみんなが使える，ということであり，さらに新しいルールを考えて同時にみんなで使えば，ひとりで使うよりもずっと楽しいということを知ることである。

　そして，仲間の行動や言葉を模倣して自分のものにしたり，自分も何かを付け加えることによって共有財産を増やしたりする。特に話し合いは，どんなに素朴なものであっても，幼児の思考力の発達を促進する。なぜなら，思考というのは自分の内部における対話にほかならず，話し合い，すなわち集団思考と個人の思考とは，互いに認め合う関係であるからである。

　こうしたことが自発的総合的に行われるのが仲間との遊びであり，幼児はその中で自主自律の精神を養い，豊かな個性を発揮し合う協力関係がどんなに大きな成果と喜びをもたらすかを体験するのである。

　幼児教育の専門家としての保育者は，幼児の発達に即し，地域の園の実態を踏まえた指導計画を立案し，それに基づいて物的環境を用意し，さらに，保育の進行とともに新しい環境を投入するなどの操作を適切に行って幼児の自発的な活動を促し，さらに，自分および幼児たちという人的環境を組織・調節して，結果として，最も教育的な園の生活を編成する役目を担うものである。

　自分自身が幼児の人的環境として，信頼やあこがれや模倣の対象となるとともに，幼児を主人公とする園の生活を，リズムのある楽しいものにするための組織者であり，行きづまりを乗り越えさせる援助者でなければならないのであって，保育者の果たすべき役割は極めて重大である。

3）その他の諸条件

　環境には，これまで述べてきた物的・人的環境のほか，幼児が接する自然や社会の事象，さらには人や物が相互に関連し合ってかもし出す雰囲気や，ゆったりとした時間，必要な空間など，幼児を取り巻くものすべての条件がある。

　こうした環境の諸条件が，個々ばらばらに幼児の周囲に存在するだけでは適切な教育環境とはならないのであって，物や人や場などが相互に関連し合って幼児の周囲にある状況がつくり出され，それによって，幼児の興味や関心がひき起こされ，自分から活動を展開して，それぞれの発達の時期に必要な体験を得ていくようにしなければならない。

　そのためには，保育者は幼児と生活をともにしながら幼児との信頼関係を十分に築き，幼児の心に触れ，幼児とともによりよい教育環境の創造に努めることが必要である。

　幼児の主体的自我を形成するためには，自発的活動を促さなくてはならないのであって，放任によってそのことが行われることはない。心身の発達を助長するための環境の頂点に，保育者が存在するのである。

第5章

教育課程，全体的な計画の基準

⬛1 教育課程，全体的な計画に関する法制

⬜1 幼稚園

　幼稚園は，学校教育法第1条に示された学校のひとつとして，法令に従って，設置運営されなければならない。

　直接「教育課程」という言葉が用いられているのは，学校教育法施行規則で，次のように定められている部分である。

＜学校教育法施行規則＞

第3章　幼稚園

〔設置基準〕

第36条　幼稚園の設備，編制その他設置に関する事項は，この章に定めるもののほか，幼稚園設置基準（昭和31年文部省令第32号）の定めるところによる。

〔教育週数〕

第37条　幼稚園の毎学年の教育週数は，特別の事情のある場合を除き，39週を下つてはならない。

〔教育課程〕

第38条　幼稚園の教育課程その他の保育内容については，この章に定めるもののほか，教育課程その他の保育内容の基準として文部科学大臣が別に公示する幼稚園教育要領によるものとする。

　この第38条の規定により，幼稚園教育課程の基準として幼稚園教育要領が示されることになっているのである。

　この学校教育法施行規則の規定がどこからきたものであるかとすれば，それは，学校教育法の次の条項である。

＜学校教育法＞

第3章　幼稚園

第22条　幼稚園は，義務教育及びその後の教育の基礎を培うものとして，幼児を保育し，幼児の健やかな成長のために適当な環境を与えて，その心身の発達を助長することを目的とする。

第23条　幼稚園における教育は，前条に規定する目的を実現するため，次に掲げ

　る目標を達成するよう行われるものとする。

1　健康，安全で幸福な生活のために必要な基本的な習慣を養い，身体諸機能の調和的発達を図ること。

2　集団生活を通じて，喜んでこれに参加する態度を養うとともに家族や身近な人への信頼感を深め，自主，自律及び協同の精神並びに規範意識の芽生えを養うこと。

3　身近な社会生活，生命及び自然に対する興味を養い，それらに対する正しい理解と態度及び思考力の芽生えを養うこと。

4　日常の会話や，絵本，童話等に親しむことを通じて，言葉の使い方を正しく導くとともに，相手の話を理解しようとする態度を養うこと。

5　音楽，身体による表現，造形等に親しむことを通じて，豊かな感性と表現力の芽生えを養うこと。

第24条　幼稚園においては，第22条に規定する目的を実現するための教育を行うほか，幼児期の教育に関する各般の問題につき，保護者及び地域住民その他の関係者からの相談に応じ，必要な情報の提供及び助言を行うなど，家庭及び地域における幼児期の教育の支援に努めるものとする。

第25条　幼稚園の教育課程その他の保育内容に関する事項は，第22条及び第23条の規定に従い，文部科学大臣が定める。

（以下，省略）

　すなわち，この学校教育法第25条の規定を具体化したのが学校教育法施行規則第38条の規定であり，幼稚園教育要領は，学校教育法第22条の規定に従って監督庁である文部科学大臣がこれを定めるということである。

　この学校教育法第22条および第23条の，幼稚園の目的・目標は，より上位の法である教育基本法の次の条項を受けているものである。

＜教育基本法＞

〔教育の目的〕

第1条　教育は，人格の完成を目指し，平和で民主的な国家及び社会の形成者として必要な資質を備えた心身ともに健康な国民の育成を期して行われなければならない。

〔教育の目標〕

第2条　教育は，その目的を実現するため，学問の自由を尊重しつつ，次に掲げる目標を達成するよう行われるものとする。

1　幅広い知識と教養を身に付け，真理を求める態度を養い，豊かな情操と道徳心を培うとともに，健やかな身体を養うこと。

2　個人の価値を尊重して，その能力を伸ばし，創造性を培い，自主及び
　　　　自律の精神を養うとともに，職業及び生活との関連を重視し，勤労を
　　　　重んずる態度を養うこと。
　　3　正義と責任，男女の平等，自他の敬愛と協力を重んずるとともに，公
　　　　共の精神に基づき，主体的に社会の形成に参画し，その発展に寄与す
　　　　る態度を養うこと。
　　4　生命を尊び，自然を大切にし，環境の保全に寄与する態度を養うこと。
　　5　伝統と文化を尊重し，それらをはぐくんできた我が国と郷土を愛する
　　　　とともに，他国を尊重し，国際社会の平和と発展に寄与する態度を養
　　　　うこと。

（以下，省略）

[幼児期の教育]
第11条　幼児期の教育は，生涯にわたる人格形成の基礎を培う重要なものである
ことにかんがみ，国及び地方公共団体は，幼児の健やかな成長に資する良好な環
境の整備その他適当な方法によって，その振興に努めなければならない。

　こうしてさかのぼれば，憲法を頂点とし，教育基本法，学校教育法，同
施行規則，幼稚園教育要領という一連の法制が浮かび上がるのであるが，
その理念の結集されたものが幼稚園教育要領である。それぞれの幼稚園に
おいては，幼稚園教育要領の示すところに準拠して，幼児，園，地域など
の実態に即した教育課程を編成し，適切な教育を行わなければならないの
である。

② 保育所

　保育所は，児童福祉法第7条に示された児童福祉施設である。したがっ
て，教育課程に関する規定はないが，児童福祉施設の設備及び運営に関す
る基準に次の条項がある。

＜児童福祉施設の設備及び運営に関する基準＞
〔保育の内容〕
第35条　保育所における保育は，養護及び教育を一体的に行うことをその特性と
し，その内容については，厚生労働大臣が定める指針に従う。

　第4章でも述べたように，1963（昭和38）年10月，当時の文部省，厚生省両省の共同通知をもって「保育所のもつ機能のうち，教育に関するものは，幼稚園教育要領に準ずることが望ましいこと。このことは，保育所に入所する幼児のうち幼稚園該当年齢の幼児のみを対象とすること。」とされた。これを受けて，当時の厚生省は，1965（昭和40）年8月，「保育所保育指針」を作成し，児童家庭局長通知によって示し，保育内容の充実を図った。1990（平成2）年および2000（平成12）年4月の改訂幼稚園教育要領の施行に合わせ，保育所保育指針も同時に改定が行われた。

　その後，保育所保育指針は，2008（平成20）年3月の改定により，それまでの局長通知から厚生労働省大臣による告示となり，遵守すべき法令として示された。さらに2017（平成29）年3月の改定では，既に述べているように幼稚園，認定こども園とともに，幼児教育を実施する施設として共有すべき事項として，「3つの資質・能力」「幼児期の終わりまでに育ってほしい10の姿」を育むことが定められた。

　また幼稚園における「教育課程」は，今回の改定ではそれまでの「保育課程」から「全体的な計画」という表記となった。

　幼稚園教育も保育所保育も，その原点は，次の児童憲章（1951（昭和26）年5月5日制定）の前文の中に示されているといってよい。

```
＜児童憲章・前文＞
児童は，人として尊ばれる。
児童は，社会の一員として重んぜられる。
児童は，よい環境のなかで育てられる。
```

　また，2006（平成18）年に改正された教育基本法第11条の「幼児期の教育」に記載されている「幼児の健やかな成長に資する良好な環境の整備その他適当な方法」による幼児の育成が，幼稚園のみならず保育所，また以下に述べる認定こども園においても等しく実施されねばならないのである。

③ 認定こども園

　先にも述べたように，認定こども園は幼稚園と保育所の両方の機能をあわせもち，小学校就学前の子どもの教育・保育とともに，地域における子育て支援を一体的に提供する施設である。その法的根拠は，表4－2（57ページ）に示した「子ども・子育て関連3法」に基づいている。この「子ども・子育て関連3法」に基づいて2015（平成27）年よりスタートした「子ども・子育て支援新制度」の大きな柱でもある「幼保連携型認定こども園」における教育および保育の目標等は，いわゆる「改正認定こども園法」において，以下のように示されている。

＜就学前の子どもに関する教育，保育等の総合的な提供の推進に関する法律の一部を改正する法律（平成24年法律第66号）＞

第2条（定義）
7　この法律において「幼保連携型認定こども園」とは，義務教育及びその後の教育の基礎を培うものとしての満3歳以上の子どもに対する教育並びに保育を必要とする子どもに対する保育を一体的に行い，これらの子どもの健やかな成長が図られるよう適当な環境を与えて，その心身の発達を助長するとともに，保護者に対する子育ての支援を行うことを目的として，この法律の定めるところにより設置される施設をいう。
第9条（教育及び保育の目標）
　幼保連携型認定こども園においては，第2条第7項に規定する目的を実現するため，子どもに対する学校としての教育及び児童福祉施設（児童福祉法第7条第1項に規定する児童福祉施設をいう。次条第2項において同じ。）としての保育並びにその実施する保護者に対する子育て支援事業の相互の有機的な連携を図りつつ，次に掲げる目標を達成するよう当該教育及び当該保育を行うものとする。
1　健康，安全で幸福な生活のために必要な基本的な習慣を養い，身体諸機能の調和的発達を図ること。
2　集団生活を通じて，喜んでこれに参加する態度を養うとともに家族や身近な人への信頼感を深め，自主，自律及び協同の精神並びに規範意識の芽生えを養うこと。
3　身近な社会生活，生命及び自然に対する興味を養い，それらに対する正しい理解と態度及び思考力の芽生えを養うこと。
4　日常の会話や，絵本，童話等に親しむことを通じて，言葉の使い方を正しく導くとともに，相手の話を理解しようとする態度を養うこと。
5　音楽，身体による表現，造形等に親しむことを通じて，豊かな感性と表現力の

芽生えを養うこと。

6　快適な生活環境の実現及び子どもと保育教諭その他の職員との信頼関係の構築を通じて，心身の健康の確保及び増進を図ること。

第10条（教育及び保育の内容）

　幼保連携型認定こども園の教育課程その他の教育及び保育の内容に関する事項は，第2条第7項に規定する目的及び前条に規定する目標に従い，主務大臣が定める。

2　主務大臣が前項の規定により幼保連携型認定こども園の教育課程その他の教育及び保育の内容に関する事項を定めるに当たっては，幼稚園教育要領及び児童福祉法第45条第2項の規定に基づき児童福祉施設に関して厚生労働省令で定める基準（同項第3号に規定する保育所における保育の内容に係る部分に限る。）との整合性の確保並びに小学校（学校教育法第1条に規定する小学校をいう。）及び義務教育学校（学校教育法第一条に規定する義務教育学校をいう。）における教育との円滑な接続に配慮しなければならない。

3　幼保連携型認定こども園の設置者は，第1項の教育及び保育の内容に関する事項を遵守しなければならない。

このような幼保連携型認定こども園における教育および保育を行う際の基準となるものが，2014（平成26）年4月30日に公示された「幼保連携型認定こども園教育・保育要領」（以下，「教育・保育要領」）である。幼保連携型以外の，幼稚園型，保育所型，地方裁量型の認定こども園においても，この「教育・保育要領」に準じて，教育および保育を行うこととされている。ただし同時に，幼稚園型は幼稚園教育要領に，保育園型は保育所保育指針に基づいて教育および保育を行うことが原則とされている。

2　教育課程，全体的な計画の基準の変遷

1　幼稚園の発足

　わが国における近代教育制度は，1872（明治5）年の「学制」によって発足したのであるが，その中に「幼稚小学」の名が示され，「幼稚小学ハ男女ノ子弟六歳迄ノモノ小学ニ入ル前ノ端緒ヲ教ルナリ」とある。しかし，実際には一校も開設されなかった。

　1876（明治9）年11月16日，園児75名で開園した東京女子師範学校

（現在のお茶の水女子大学の前身）附属幼稚園が，わが国幼稚園の第1号であるが，1877（明治10）年7月に制定された附属幼稚園規則によれば，幼稚園の目的は，「学齢未満ノ小児ヲシテ天賦ノ知覚ヲ開達シ固有ノ心思ヲ啓発シ身体ノ健全ヲ滋補シ交際ノ情誼ヲ暁知シ善良ノ言行ヲ慣熟セシムル」こととされた。保育科目は「物品科，美麗科，知識科」の3科で，その中に五彩球の遊びなど，25の子目が含まれ，その多くはフレーベルの恩物としてのいわゆる二十遊戯と呼ばれるものであった。

　国としての基準はなかったが，この東京女子師範学校附属幼稚園の保育内容は，その後，各地に開設された幼稚園の事実上の基準となり，それに独自のものが加えられていった。

② 幼稚園保育及設備規定

　1899（明治32）年6月28日，当時の文部省は，幼稚園に関するわが国最初の総合的な法令，「幼稚園保育及設備規定」を定め，これによって幼稚園は，一応，定型化されることとなった。これはいわば，幼稚園教育要領のはしりともいうべきものである。

<＜幼稚園保育及設備規定（明治32年6月28日）＞
第一条　幼稚園ハ満三年ヨリ小学校ニ就学スルマテノ幼児ヲ保育スル所トス
第二条　保育ノ時数（食事時間ヲ含ム）ハ一日五時以内トス
第三条　保姆一人，保育スル幼児ノ数ハ四十人以内トス
第四条　一幼稚園ノ幼児数ハ百人以内トス特別ノ事情アルトキハ百五十人マテ増加スルコトヲ得
第五条　保育ノ要旨ハ左ノ如シ
　一　幼児ヲ保育スルニハ其心身ヲシテ健全ナル発育ヲ遂ケ善良ナル習慣ヲ得シメ以テ家庭教育ヲ補ハンコトヲ要ス
　二　保育ノ方法ハ幼児ノ心身発育ノ度ニ適応セシムヘク其会得シ難キ事物ヲ授ケ或ハ過度ノ業ヲ為サシメ又ハ之ヲ強要シテ就業セシムヘカラス
　三　常ニ幼児ノ心性及行儀ニ注意シテ之ヲ正シクセシメンコトヲ要ス
　四　幼児ハ極メテ模倣ヲ好ムモノナレハ常ニ善良ナル事例ヲ示サンコトニ注意スヘシ
第六条　幼児保育ノ項目ハ遊嬉，唱歌，談話及手技トシ左ノ諸項ニ依ルヘシ
　一　遊　嬉　遊嬉ハ随意遊嬉，共同遊嬉ノ二トシ随意遊嬉ハ幼児ヲシテ各自ニ運動セシメ共同遊嬉ハ歌曲ニ合ヘル諸種ノ運動等ヲナサシメ心情ヲ快活ニシ身体ヲ健全ナラシム

二　唱　歌　唱歌ハ平易ナル歌曲ヲ歌ハシメ聴器，発声器ヲ練習シテ其発育ヲ助ケ心情ヲ快活純美ナラシメ徳性涵養ノ質トス

三　談　話　談話ハ有益ニシテ興味アル事実及寓言，通常ノ天然物及人工物等ニ就キテ之ヲナシ徳性ヲ涵養シ観察注意ノ力ヲ養ヒ兼テ発音ヲ正シクシ言語ヲ練習セシム

四　手　技　手技ハ幼稚園恩物ヲ用ヒ手及眼ヲ練習シ心意発育ノ資トス

（以下，省略）

　ここには，それまで種々に行われていた幼児教育の項目が4項目に整理され，また，遊嬉が筆頭に，恩物が手技の中に含められて末尾に置かれるなど，幼児の実態に即した大胆な工夫がみられる。

③ 幼稚園令

　1926（大正15）年4月22日，わが国における最初の，幼稚園に関する単独の勅令である「幼稚園令」が公布された。小学校が1886（明治19）年以来，学校令体制の中に位置づけられていたのに対し，これにより，ようやく幼稚園も同等の扱いを受けるようになったのである。その第1条に幼稚園の目的が「幼稚園ハ幼児ヲ保育シテ其ノ心身ヲ健全ニ発達セシメ善良ナル性情ヲ涵養シ家庭教育ヲ補フヲ以テ目的トス」と規定されたほか，これまでの幼稚園保育及設備規定（1900（明治33）年以降，小学校令施行規則）に盛られていた内容の多くは，この幼稚園令施行規則に示されることになった。

＜幼稚園令施行規則（1926（大正15）年4月22日）＞

第一条　幼稚園ニ於テハ幼稚園令第一条ノ旨趣ヲ遵守シテ幼児ヲ保育スヘシ
　　　　幼児ノ保育ハ其ノ心身発達ノ程度ニ副ハシムヘク其ノ会得シ難キ事項ヲ授ケ又ハ過度ノ業ヲ為サシムルコトヲ得ス
　　　　常ニ幼児ノ心情及行儀ニ注意シテ之ヲ正シクセシメ又常ニ善良ナル事例ヲ示シテ之ニ倣ハシメムコトヲ務ムヘシ

第二条　幼稚園ノ保育項目ハ遊戯，唱歌，観察，談話，手技等トス

第三条　幼稚園ノ幼児数ハ百二十人以下トス但シ特別ノ事情アルトキハ約二百人ニマテ増スコトヲ得

第四条　保姆一人ノ保育スル幼児数ハ約四十人トス

第五条　幼稚園ニ於テハ年齢別ニ依リ組ノ編制ヲ為スコトヲ常例トス

第六条　幼稚園ニ於テハ保育項目，保育時数，組数等ニ応シ必要ナル員数ノ保姆ヲ置クコトヲ要ス

（以下，省略）

これを従来の規定と比べると，保育4項目に「観察」が加わって5項目となり，さらに手技「等」として，5項目のほか，必要に応じて保育項目が加えられるようになったことが注目される。

これについて，同時に出された文部省訓令「幼稚園令及幼稚園令施行規則制定ノ要旨並施行上ノ注意事項」には，「保育項目ハ遊戯，唱歌，談話，手技ノ外観察ヲ加ヘテ自然及人事ニ属スル観察ヲナサシムルコトトシ尚従来ノ如ク其ノ項目ヲ限定セス当事者ヲシテ学術ノ進歩実際ノ経験ニ応シテ適宜工夫セシムル余地ヲ存シタリ」と説明されている。

このように，やや難解な原文をも引用したのは，わが国の幼稚園教育が，当初，欧米をモデルに発足しながら，のちにわが国の実情や幼児の実態に合わせて，その保育内容を改善し続けてきたことの実際を確かめたかったからである。

こうして，戦前（戦後に至るまでの意）の幼稚園は，主として，心身の健全な発達と善良な性情の涵養をはかり，家庭教育を補うことを目的とし，遊戯，唱歌，観察，談話，手技などという活動の類型で示された保育内容のみを基準として，その教育を行ってきたのである。

④ 保育要領 —幼児教育の手びき— （1948（昭和23）年3月刊）

1947（昭和22）年，戦後のわが国の教育改革のあり方についての教育刷新委員会の建議に基づき，教育基本法，学校教育法，その他，教育に関する基本的な法律が制定された。幼稚園は初めて学校体系の一部となり，その最初の段階に位置づけられた。

学校教育法では，幼稚園のためにひとつの章が設けられ，目的，目標，保育内容，入園年齢，職員組織などが規定された。

幼稚園の目的は，「幼稚園は，幼児を保育し，適当な環境を与えて，その心身の発達を助長することを目的とする。」（第77条）と定められた。これまでの法令では，幼稚園の目的の中に，「家庭教育ヲ補フ」ということが掲げられていたのに対し，幼稚園には家庭教育と異なる独自の役割があることを明らかにし，家庭教育の適否にかかわりなく，すべての幼児が

幼稚園教育を受けることが望まれることを示したものでもある。

　幼稚園の保育内容に関する事項は監督庁が定めることとされ，これを受けて刊行されたのが『保育要領－幼児教育の手びき－』である。

　これは，現在の幼稚園教育要領が幼稚園において編成する教育課程の基準として告示されたものであるのに対し，「学校教育法施行規則に示してあるように，本書が幼稚園の教育の実際についての基準を示すものであり，これを参考として，各幼稚園でその実情に則して教育を計画し実施していく手びきとなるものである。」（「まえがきより」）としながら，幼稚園のほか保育所，家庭における幼児教育の手引として役立つよう編集され，本文だけで，6万字を超える100頁の冊子となっている。

　その内容を，目次で示せば次頁の通りである。

　これで明らかなように，懇切丁寧をきわめた幼児教育概説であり，保育ガイドブックである。学校教育の体系に位置づけられたにもかかわらず，学校教育法の目的も，この『保育要領』も，あくまでも幼児の側に立って，その発達を助長する姿勢が貫かれており，小学校の教育内容の示し方と全く異なっていることが注目されよう。

　たとえば，「幼児の生活指導」のうち，「知的発達」の部分の項目は次のようになっており，これらのそれぞれに長文の説明が付されている。

1　すべての子供のすることには，子供なりの目的があることを念頭に置かなければならない。
2　子供自身の中からわきおこってくる興味から出発した経験をさせるように，子供とともに考えよう。
3　おのおのの子供が教師の言うことや話し合いをよく聞き，よく理解するようにしなければならない。
4　子供が自立の習慣を身につけるようにしてやらなければならない。
5　どの子供もみんないっせいに同じことをするというのは望ましいことではない。
6　どんな小さい子供でも，機会さえ与えられれば，自分で考える力をもっていることを認識しよう。
7　子供に責任を持たせよう。

　こうして，保育のねらいを示す「幼児の生活指導」も，ねらいをねらいとして抽出することなく，保育の基本方針ないし留意事項として述べており，保育内容も「楽しい幼児の経験」として，従来の保育5項目より大幅に広く12項目が示され，それぞれ具体的，詳細な提案がされているのである。これは，幼児の生活のすべてを保育の内容と見る表れといえよう。

5 幼稚園教育要領 （1956（昭和31）年2月7日刊）

　1952（昭和27）年4月，平和条約の発効を機として，戦後の教育改革を行き過ぎととらえ，それを是正しようという動きが強まった。学習指導要領（コース・オブ・スタディ）を，単なる手引き書から，国の定める基

準を示すものに改訂することになり，『保育要領』も幼稚園教育要領として改訂されたのである。幼稚園学習指導要領とされなかったのは，学習指導が生活指導（生徒指導）と並ぶ教科指導を意味するものであるため，いわゆる勉強をするわけではない幼稚園には不適当とされたのであろう。

『保育要領』と比べて，この幼稚園教育要領は次のような特徴をもっている。

1　幼稚園の保育内容について，小学校との一貫性をもたせるようにした。このことが，この教育要領の基本的態度である。保育要領が保育の内容として楽しい幼児の経験を羅列したのに対し，領域によって系統的に内容を示したことがその表れであり，また，小学校の教育課程を考慮して指導計画を立てることが示されている。

2　幼稚園教育の目標を具体化して個々の目標を「望ましい経験」として示し，領域によって組織的に指導計画を立案するよりどころとした。

3　『保育要領』は，幼稚園だけでなく保育所や母親のためにも参考になることをめざしたものであったが，この要領は，もっぱら幼稚園の教育課程のための基準を示すものとなった。

その内容の主な項目を挙げれば，次の通りである。

第Ⅰ章　幼稚園教育の目標
　1　健康で安全な生活ができるようになる。
　2　幼稚園内外における身近な集団生活に適応できるようになる。
　3　身近な自然に，興味や関心をもつようになる。
　4　ことばを正しく使い，童話や絵本などに興味をもつようになる。
　5　自由表現活動によって，創造性を豊かにする。
第Ⅱ章　幼稚園教育の内容
　1　健　康
（1）幼児の発達上の特質
（2）望ましい経験
　　　①健康生活のためのよい習慣をつける。
　　　②いろいろな運動や遊びをする。
　　　③伝染病その他の病気にかからないようにする。
　　　④設備や用具をたいせつに扱い，じょうずに使う。

---

⑤けがをしないようにする。
2　社　会
（1）幼児の発達上の特質
（2）望ましい経験
　　①自分でできることは自分でする。
　　②仕事をする。
　　③きまりを守る。
　　④物をたいせつに使う。
　　⑤友だちと仲よくしたり，協力したりする。
　　⑥人々のために働く身近の人々を知り，親しみや感謝の気持をもつ。
　　⑦身近にある道具や機械を見る。
　　⑧幼稚園や家庭や近隣で行われる行事に，興味や関心をもつ。
3　自　然
（1）幼児の発達上の特質
（2）望ましい経験
　　①身近にあるものを見たり聞いたりする。
　　②動物や植物の世話をする。
　　③身近な自然の変化や美しさに気づく。
　　④いろいろなものを集めて遊ぶ。
　　⑤機械や道具を見る。
4　言　語
（1）幼児の発達上の特質
（2）望ましい経験
　　①話をする。
　　②話を聞く。
　　③絵本・紙しばい・劇・幻燈・映画などを楽しむ。
　　④数量や形・位置や速度などの概要を表わす簡単な日常用語を使う。
5　音楽リズム
（1）幼児の発達上の特質
（2）望ましい経験
　　①歌を歌う。
　　②歌曲を聞く。
　　③楽器をひく。
　　④動きのリズムで表現する。
6　絵画製作
（1）幼児の発達上の特質
（2）望ましい経験
　　①絵をかいたり，物を作ったりする。
　　②形や色を知る。
　　③美しい絵や物を見る。

第Ⅲ章　指導計画の作成とその運営
　1　経験を組織する場合の着眼点
　2　年・月・週・日単位の指導計画とその運営
　3　指導計画の改善

　これで概観できるように，3つの章立てをはじめ，内容を領域で示すようになったことなど，以後の教育要領の形式上の原型となっている。しかし，まだ基準として告示されたものではないだけに，説明的な記述が多い。

　これらの領域は，「小学校以上の学校における教科とは，その性格を大いに異にする」とし，「むしろこどものしぜんな生活指導の姿で，健康とか社会とか自然，ないしは音楽リズムや絵画製作でねらう内容を身につけさせようとするのである。」と述べているが，領域が望ましい経験という活動群で示されているため，結果としては学校教育のような教科的領域別指導を生むことになったのである。

⑥ 幼稚園教育要領 （1964（昭和39）年3月23日告示）

　1963（昭和38）年9月，教育課程審議会は，「幼稚園教育課程の改善について」答申を行い，その方針として次のような諸点を挙げた（抜粋）。

（1）幼稚園教育の意義と独自性を明確にし，その本体の目的を達成するようにすること。
（2）幼稚園教育要領に盛るべき目標，内容は次のような観点から精選し，指導上の留意事項を明示して，その教育効果をいっそう高めるようにすること。
　　ア　基本的生活習慣と正しい社会的態度を育成し，豊かな情操を養うことによって，道徳性の芽生えを培うように特に留意すること。
　　エ　幼稚園教育要領における健康，社会，自然，言語，音楽リズム，絵画製作の各領域は，相互に有機的な関連があり，実際には総合的に指導されるものであることを明示すること。
　　　　なお，領域の意義等については，教材等調査研究においてさらに検討し，誤解や混乱の起こらないような配慮を加えるようにすること。

ここに端的に表れているように，この改訂には2つの大きな力が働いていた。ひとつは1958（昭和33）年から小・中学校に「道徳」の時間が領域として特設されたことなど，道徳教育に重点を置くべきとの主張が強くなされていたこと。また，その新学習指導要領が「告示」によるものであり，1961（昭和36）年度から実施されたことに伴い，幼稚園教育要領も改訂し，一貫性を図る必要が生じていたことである。

　もうひとつは，1956（昭和31）年の幼稚園教育要領が，小学校教育との形式上の一貫性を強めたことにより，現場の幼稚園教育がゆがめられ，幼児期の特性を重んじた保育が妨げられるなどの傾向を生じ，それが問題となったことである。

　こうしたことから，1964（昭和39）年3月23日，改訂された幼稚園教育要領が告示された。これは，同年4月1日から，以降，26年間にわたり，幼稚園教育課程の基準として用いられることになるのである。

　その内容の主な項目を挙げれば，次頁の通りである。

　この教育要領の特徴は，初めから「告示」として起案されているだけに，前回のものにあった「まえがき」や「幼児の発達上の特質」など，説明的な部分が姿を消し，幼稚園教育の特質については「基本方針」の中に箇条書きで並べたほか，「内容」の前文や各領域の留意事項，そして第3章の留意事項というように，もっぱら指導にあたっての「留意事項」として記されていることである。

　このように，基準として示すには適当でないと考えられた記述を避けた結果，教育要領を読んで幼稚園教育の全体像を理解することが，かなり困難となったことは否めない。それは，「内容」が「望ましい経験」から「ねらい」に変わり，合計137のねらいが6領域に分けて示されていることとも関連がある。

第1章　総　則
　1　基本方針
　2　教育課程の編成
第2章　内　容
　健　康
　　1　健康な生活に必要な習慣や態度を身につける。
　　2　いろいろな運動に興味をもち，進んで行なうようになる。
　　3　安全な生活に必要な習慣や態度を身につける。
　社　会
　　1　個人生活における望ましい習慣や態度を身につける。
　　2　社会生活における望ましい習慣や態度を身につける。
　　3　身近な社会の事象に興味や関心をもつ。
　自　然
　　1　身近な動植物を愛護し，自然に親しむ。
　　2　身近な自然の事象などに興味や関心をもち，自分で見たり考えたり扱ったりしようとする。
　　3　日常生活に適応するために必要な簡単な技能を身につける。
　　4　数量や図形などについて興味や関心をもつようになる。
　言　語
　　1　人のことばや話などを聞いてわかるようになる。
　　2　経験したことや自分の思うことなどを話すことができるようになる。
　　3　日常生活に必要なことばが正しく使えるようになる。
　　4　絵本，紙しばいなどに親しみ，想像力を豊かにする。
　音楽リズム
　　1　のびのびと歌ったり，楽器をひいたりして表現の喜びを味わう。
　　2　のびのびと動きのリズムを楽しみ，表現の喜びを味わう。
　　3　音楽に親しみ，聞くことに興味をもつ。
　　4　感じたこと，考えたことなどを音や動きに表現しようとする。
　絵画製作
　　1　のびのびと絵をかいたり，ものを作ったりして，表現の喜びを味わう。
　　2　感じたこと，考えたことなどをくふうして表現する。
　　3　いろいろな材料や用具を使う。
　　4　美しいものに興味や関心をもつ。
第3章　指導および指導計画作成上の留意事項
　1　指導上の一般的留意事項
　2　指導計画作成上の留意事項

７ 幼稚園教育要領 （1989（平成元）年 3 月 15 日告示）

　1983（昭和 58）年 11 月 15 日，中央教育審議会は教育内容等小委員会の審議経過報告の中で「一部の幼稚園では本来の幼稚園教育の在り方からみて適切とはいえない教育が行われている」と指摘。これを受けて発足した幼稚園教育要領に関する調査研究協力者会議は，1986（昭和 61）年 9 月 3 日「幼稚園教育の在り方について」を発表し，これに基づいて 1989（平成元）年 3 月 15 日，新たな幼稚園教育要領が告示され，翌年 4 月 1 日から実施された。

８ 幼稚園教育要領 （1998（平成 10）年 12 月 14 日告示）

　1996（平成 8）年 7 月，中央教育審議会は，「21 世紀を展望した我が国の教育の在り方について」の第一次答申を行った。この答申では，21 世紀を展望し，わが国の教育について，ゆとりの中で育むことを強調し，「ゆとりの中で生きる力を育む」という観点から，完全学校週 5 日制の導入が提言された。

　同年 8 月には，「幼稚園，小学校，中学校，高等学校，盲学校，聾学校および養護学校の教育課程の基準の改善について」，文部大臣（当時）から教育課程審議会に諮問が行われ，完全学校週 5 日制のもとで各学校がゆとりのある活動を展開し，一人一人の幼児，児童，生徒に生きる力を育成するための教育内容のあり方について，検討が開始された。

　その後，1997（平成 9）年 11 月に教育課程審議会が行われ，時代の変化に対応した今後の幼稚園教育のあり方について，教育内容および幼稚園運営や教育環境などに関して，基礎的・専門的な調査研究を行い，最終報告をまとめた。そして，1998（平成 10）年 7 月に答申が行われ，同年 12 月 14 日に幼稚園教育要領を改訂し，2000（平成 12）年 4 月 1 日から完全実施された。完全学校週 5 日制は，2002（平成 14）年 4 月 1 日から実施された。

⑨ **幼稚園教育要領**（2008（平成 20）年 3 月 28 日告示）

　2008（平成 20）年 1 月 27 日，中央教育審議会は，文部科学大臣に対して「幼稚園，小学校，中学校，高等学校及び特別支援学校の学習指導要領等の改善について」を答申した。

　中央教育審議会では，2005（平成 17）年 2 月に文部科学大臣から国の教育課程の基準全体の見直しについて検討要請を受け，同審議会の初等中等教育分科会教育課程部会において審議を行い，2006（平成 18）年 2 月に「審議経過報告」を取りまとめ，公表した。

　また，2007（平成 19）年 11 月には「教育課程部会におけるこれまでの審議のまとめ」を取りまとめ，公表し，意見募集を実施した。そして，寄せられた意見等を踏まえ，審議を行い，上記の答申となったのである。文部科学省では，この答申を踏まえ，学習指導要領の改訂作業を行い，2008（平成 20）年 3 月 28 日に幼稚園教育要領を告示し，2009（平成 21）年から施行した。

⑩ **幼稚園教育要領**（2017（平成 29）年 3 月 31 日告示）

　2016（平成 28）12 月 21 日に中央教育審議会は，文部科学省に「幼稚園，小学校，中学校，高等学校及び特別支援学校の学習指導要領等の改善及び必要な方策等について」を答申した。

　中央教育審議会は，2014（平成 26）年 11 月に文部科学大臣から「初等中等教育における教育課程の基準等の在り方について」諮問が行われたことを受け，教育課程企画特別部会において，改訂の基本的な考え方を2015（平成 27）年 8 月に「論点整理」としてまとめた。その後，専門部会での議論の後に，2016 年 8 月に教育課程部会が「次期学習指導要領等に向けたこれまでの審議のまとめ」を取りまとめ，公表し，意見募集を行った。50 団体からのヒアリングおよび一般からのパブリックコメントを踏まえ，上記の答申となった。

　文部科学省では，上記の答申を踏まえ，学習指導要領の改訂を行い，2017（平成 29）年 3 月 31 日に新たな幼稚園教育要領を告示，2018（平

成 30）年 4 月から施行した。

11 保育所保育指針の策定・改定の経緯

(1965（昭和 40）年〜 2008（平成 20）年)

　厚生省（当時）は，1948（昭和 23）年に「児童福祉施設最低基準」を，1950（昭和 25）年に「保育所運営要領」を，そして 1952（昭和 27）年に「保育指針」を編集・発刊し，保育所における戦後の保育内容をまとめた。ただし，当時は教育や計画的な保育という概念はなく，あくまでの就学前の乳幼児の健康面・養護面に重点を置いたものとなっていた。

　その後，1963（昭和 38）年に文部省（当時）初等中等教育局長および厚生省児童局長の連名で「幼稚園と保育所の関係について」を通達した。この通達では「保育所のもつ機能のうち，教育に関するものは幼稚園教育要領に準じることが望ましい」とし，幼稚園だけでなく保育所においても幼児教育の充実振興を図ることが示された。この背景には，高度経済成長が進み女性の社会進出が始まったこと，農村部でも労働人口の都市部への流出により家庭内における女性（母親）の労働力が重視されるようになったこと，さらには敗戦後から続く貧困問題解消のため母親の労働が増えたことなどから，「保育に欠ける」子どもが増加し，保育所への需要が高まり始め，それに伴い保育所における幼児教育が重視されるようになったことがあげられる。

　そして 1965（昭和 40）年に，前年の幼稚園教育要領の改訂に準じて，保育所保育指針が策定され，4 歳以上の保育内容では幼稚園教育要領と同じ 6 領域が定められた。ただし，この保育所保育指針は局長通知であり，法的な拘束力はなくガイドラインとして示されたものであった。その後，1990（平成 2）年および 1999（平成 11）年にそれぞれ前年の幼稚園教育要領の改訂に準じて改定が行われた（局長通知）。なかでも 1990 年の改定では，保育内容を幼稚園教育要領の改訂との整合性を図るため 5 領域とした。

　2008（平成 20）年には保育所保育指針の第 3 次改定が行われた。この改定では，それまでの局長通知から，厚生労働大臣による告示となり，保

育所保育指針は法的拘束力をもつものとなった。これにより児童福祉施設最低基準（現・児童福祉施設の設備及び運営の基準）第35条を以下のように改正した。

（保育の内容）

第35条　保育所における保育は，養護及び教育を一体的に行うことをその特性とし，その内容については，厚生労働大臣が定める指針に従う。

　また，この時の保育所保育指針の改正では，「小学校との連携」が設けられた。

12 保育所保育指針（2017（平成29）年3月31日告示）

　2017（平成29）年の改定では，同年の幼稚園教育要領の改訂でも述べたように，2016（平成28）12月の中央教育審議会による答申「幼稚園，小学校，中学校，高等学校及び特別支援学校の学習指導要領等の改善及び必要な方策等について」を踏まえ，幼稚園ならびに認定こども園とともに「幼児教育を行う施設として共有すべき事項」として，3歳以上児を対象とした3つの「育みたい資質・能力」ならびに10の「幼児期の終わりまでに育ってほしい姿」が記載された。これにより保育所の幼児教育施設としての位置づけが明確化された。

13 幼保連携型認定こども園教育・保育要領
（2014（平成26）年4月30日告示）

　内閣府・文部科学省・厚生労働省は，認定こども園法第10条第1項に基づき，2014（平成26）年4月30日に「幼保連携型認定こども園教育・保育要領（以下、教育・保育要領)」を告示した。
　「教育・保育要領」の策定にあたっては，①幼稚園教育要領および保育所保育指針との整合性の確保や②小学校における教育との円滑な接続が配慮され，中央教育審議会初等中等教育分科会教育課程部会の下に認定こど

も園教育専門部会が，また社会保障議会児童部会の下に認定こども園保育専門委員会がそれぞれ設置された。そして，2013（平成25）年6月からの認定こども園教育専門部会と認定こども園保育専門委員会との合同の検討会議を経て，「教育・保育要領」が取りまとめられた。

この「教育・保育要領」の基本的な方針としては，先の「①」のために，環境を通した教育および保育を基本とし，そのねらいや内容については「健康」「人間関係」「環境」「言葉」「表現」のいわゆる5領域で構成されている。

また，幼保連携型認定こども園としてとくに配慮すべき事項として，以下のようなことが明記されている。

・0歳から小学校就学前までの一貫した教育および保育を子どもの連続性を考慮して展開していくこと
・子どもの1日の生活の連続性・リズムの多様性への配慮や保護者の生活形態を反映した在園時間，登園日数の違いなどを踏まえ，園児一人ひとりの状況に応じた教育および保育の内容や展開について工夫すること
・3歳未満の子どもについては健康，安全や発達の確保を十分図るとともに，3歳以上の子どもについては同一学年の子どもで編成されたクラスによる集団活動の中での遊びを中心とする主体的な活動を通して発達を促す経験が得られるように工夫すること

14 幼保連携型認定こども園教育・保育要領

（2017（平成29)年3月31日告示）

2017（平成29）年の改訂では，同年の幼稚園教育要領，保育所保育指針の改訂（定）でも述べたように，2016（平成28）12月の中央教育審議会による答申「幼稚園，小学校，中学校，高等学校及び特別支援学校の学習指導要領等の改善及び必要な方策等について」を踏まえ，また幼稚園教育要領，保育所保育指針の改訂（定）との整合性を図り，幼稚園ならびに保育所とともに「幼児教育を行う施設として共有すべき事項」として，3歳以上児を対象とした3つの「育みたい資質・能力」ならびに10の「幼児期の終わりまでに育ってほしい姿」が記載された。

　図5−1に幼稚園教育要領，保育所保育指針，幼保連携型認定こども園教育・保育要領の策定，改訂（定）の歴史的な流れを示す。

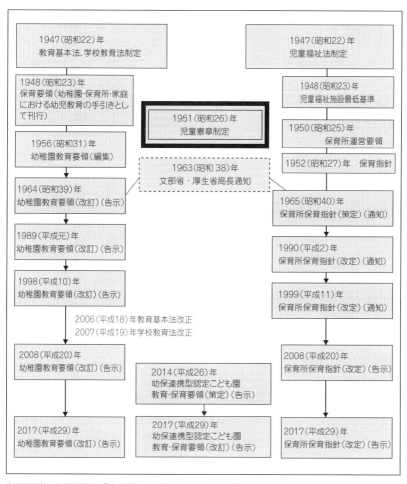

参考資料）文部科学省「幼稚園教育要領改訂の経緯及び概要」，厚生労働省「保育所保育指針の策定及び改定の経緯」

図5−1　「幼稚園教育要領」「保育所保育指針」「幼保連携型認定こども園教育・保育要領」の流れ

第6章

幼児教育課程の基本

2017（平成 29）年告示の幼稚園教育要領，保育所保育指針，幼保連携型認定こども園教育・保育要領において，幼稚園，保育所，認定こども園が幼児教育施設として位置づけられ，就学前までに育みたい共通事項（3つの資質・能力，幼児期の終わりまでに育ってほしい 10 の姿）が明確化された。ただし，その基本のあるのは，「環境を通して行う」教育であり，「幼児の自発的な活動としての遊び」を通しての指導である。この考え方は，1989（平成元）年告示の幼稚園教育要領の冒頭に新設された「幼稚園教育の基本」で明文化されたもので，現在の幼稚園教育要領においても引き継がれている。

また，保育所保育指針においても，1989 年の幼稚園教育要領の改訂に準じて行われた 1990（平成 2）年の改定で，「適切な環境を構築することなどにより，活動が展開できる」ようにし「遊びを通しての総合的な保育」を行うことが明記された。これは現行の保育所保育指針においても継承されている。

以下本章では，保育所保育指針の改定が幼稚園教育要領の改訂に準じて行われてきた経緯を考慮し，幼稚園教育要領の示すところに従って，幼児教育課程の基本について述べる（なお，以下で述べる「幼稚園教育」は「幼児教育」と読み替え，理解してほしい）。

① 保育 = 環境を通して行う教育

まず，「幼稚園教育は，（中略）幼児期の特性を踏まえ，環境を通して行うものであることを基本とする。」と，幼稚園教育の基本が幼児期の特性から「環境を通して行う教育」であることを明らかにしている。

前に述べた通り，幼稚園教育の基本が環境による教育であることは，学校教育法第 22 条（幼稚園の目的）において，「幼稚園は，義務教育及びその後の教育の基礎を培うものとして，幼児を保育し，幼児の健やかな成長のために適当な環境を与えて，その心身の発達を助長することを目的と

する。」と明示しているところであるが，このことを改めて打ち出していることの意義はまことに大きい。この法自体，目的を示す条文に「適当な環境を与えて」というような方法に関する条件が入れられていることに，やや特異な感じを与えるものがあるが，この文言を敢えて挿入してあるところに幼稚園教育の特質を明示する意図があったことは，1947（昭和22）年の学校教育法制定に深くかかわった坂元彦太郎の解説にもみられるところである。

　これに対して，学校教育法第29条（小学校の目的）では，「小学校は，心身の発達に応じて，義務教育として行われる普通教育のうち基礎的なものを施すことを目的とする。」とされてあり，より明快である。3R's（読・書・算）をはじめ，国民として必要な基礎的・基本的な知識・技能・態度を身につけさせる「義務教育として行われる普通教育」というものが定められてあり，それを心身の発達（これも，従来は主として学年段階と解されてきた）に応じて施すのであり，「授業」がその中心となるのである。

　幼稚園，保育所，認定こども園は，これに対して「保育」がその中心となる。「保育」という言葉は，金村美千子（『保育原理　第二版』，同文書院，2009）によると，「「保護」と「教育」，あるいは，「保護」と「養育」から成り立っていると考えられている。」としている。確かに，保護と育成の両面があるのだが，それをつきつめていくとひとつの実体にほかならない。すなわち，幼児の発達（しようと）する生命を守り育てることである。

　幼稚園（キンダー・ガルテン）の創始者フレーベル（Fröbel, F.）は，その著『人間の教育（上）』（pp.86-87，荒井武（訳）　岩波書店，1964）の中で，「自然のままのほんとうの母親は，子どものなかで微かながら全面的に活動している生命に，全面的にしかもひそかについてゆきながら，その生命を強化し，さらに，奥深いところにまだまどろんでいるより全面的な生命を，次第々々に目覚めさせ，それを発展させるのである。もういっぽうの母親たちは，子どもの内部はからっぽだと思い，子どもに生命を吹きこもうとしたがる。いや，からっぽだと信じこむほどに，自分でからっぽにしてしまって，かれに死を与えてしまうのである。」といっている。

　つまり，幼児には，よりよく生きるための能力（発達のメカニズム）と，

それを実現するための願望や意欲が内在しているのであって，それをしっかりと見ぬいてとらえ，それが十分に働く場を与えるようにすることが大切であるということである。いわば保育とは，「幼児の内面的（潜在的・本質的）願望を，幼児自身の力で実現できるように援助すること」ということができよう。

　小学校以降の教育が，学習主体の自己教育力を育てることに意を注ぎながらも，なお教師主導型であることにはそれなりの意味がある。それは，各教科を中心に，一定の知識・技能・態度の系統的な習得が目指されていること，また年齢の上昇とともにそうした形態の学習に効果が期待できるからでもある。幼稚園教育は，その前の段階として，小学校以降の教育を支えるためにも，幼児期の特性を生かしたインフォーマルな教育，すなわち，環境による教育を行う必要があるのである。

② 教化と形成の基本構造

　日本教育学会の会長を長くつとめた海後宗臣（1901 〜 1987）は，教育の基本構造を「陶冶」「教化」「形成」の３類型に分類している（図６−１）。

　「陶冶」の基本構造とは，その場面に教育の主体と客体が同時に登場して，教育内容を媒介にして教育的関係に入ることをいい，いわば，直接教えることをいう。この構造による教育の長所は，両者が教育関係を自覚し，短期間に集中して系統的に教育内容の伝達を行うことができ，その効果も確認しやすいことなどである。短所は，教師主導型であるため，教育客体に学習内容の選択の余地がなく，特に一斉授業の場合，一人一人の発達段階や興味・関心に即した指導が困難となり，いきおい全員に　定の枠を強制することになり，意欲や自信を失わせたり，受動的な人間をつくるおそれがあることである。

　「教化」の基本構造とは，教育の場面に必ずしも教育主体が登場せず，教育客体がそこにある教育内容に触れて興味・関心をもち，それと取り組むことによって自らを育てていくことをいう。教育主体は，事前あるいは随時に環境を構成・操作して教育内容を教育客体に即したものにすることによって教育を行うのである。学級文庫や図書館からマスメディア，コマー

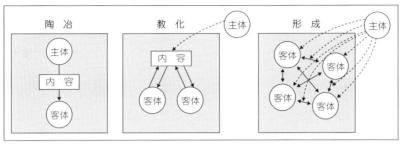

図6－1　教育の3つの基本構造

シャルに至るまで，この構造による教育は広範に行われている。この教化
の基本構造による教育の長所は，教育客体が自らの主体性をそこなうこと
なく，興味・関心をもって環境にかかわり，自己を形成していくことで，
その結果，教育客体（学習主体）の発達段階に即した学習が行われ，教育
の効果が高いことである。長い目で見れば，生涯学習のほとんどが，教化
の基本構造によって行われているということもできよう。短所としては，
対象となる教育客体全員に，一律一斉の系統的学習を集中的に行うことが
困難であること，教育効果の確認が困難であること，などが挙げられる。

　「形成」の基本構造とは，教育の場面に特定の教育内容が存在せず，教
育主体の登場も不可欠ではないのであるが，教育客体同士のかかわりの中
で，人間形成が行われることをいうものである。校風は生徒に大きな影響
を与えるが，これは必ずしも校長や教師の訓話によるものではない。この
ことは，職業集団による人間形成も同様である。この場合，教育主体は，
一人一人の教育客体に働きかけるよりも，教育客体同士の人間関係をより
よいものにし，一人一人が自らのもつよいものを出し合うことによって，
その相互向上を図るのである。この構造による教育の長所は，総合的な人
間形成にきわめて大きな効果をもつことであるが，短所は，教化の基本構
造の場合以上に特定の教育内容の一斉指導には適さず，その効果も短期間
には検証が困難なことである。

　この分類によるならば，学校の授業が陶冶の構造を基本とし，他を併用
するのに対し，保育は教化と形成の構造をもってする環境による教育であ

るとすることができる。これらの構造は短期的集中的な系統学習には適さないが，教育客体一人一人の発達に即し，その興味・関心を深めるとともに主体的なかかわりを促し，総合的に人間形成を図るためには，きわめて有効な方法である。特に，幼児期は大きな可塑性をもち，環境からの影響を受けやすいこと，旺盛な好奇心をもって選択的に環境にかかわり，多くのものを吸収・同化するとともに，自ら興味・関心をもたない事物に対しての学習効果は皆無に等しく，それを強制した場合には，育つべき主体性をそこなうなどの大きな弊害を生ずることなどの特性から，こうした基本構造によることが合理的といえるのである。これは，あくまでも基本であって，その中に陶冶の構造が用いられることも有効であることはいうまでもない。

③ 特に大切な保育者のあり方

　幼稚園教育要領の冒頭「幼稚園教育の基本」の中に，「教師は幼児との信頼関係を十分に築き，幼児と共によりよい教育環境を創造するように努めるものとする。」とあるように，教育主体としての保育者は，十分にその教育的な意図をもって環境をつくり出さなければならない。その環境については，幼稚園教育要領解説において，「ここでいう環境とは物的な環境だけでなく，教師や友達とのかかわりを含めたすべてである。」と説明されている（保育所保育指針では以下のように記されている。「保育の環境には，保育士等や子どもなどの人的環境，施設や遊具などの物的環境，更には自然や社会の事象などがある。保育所は，こうした人，物，場などの環境が相互に関連し合い，子どもの生活が豊かなものとなるよう(中略)，計画的に環境を構成し，工夫して保育しなければならない」（第1章1　保育所保育に関する基本原則（4）保育の環境））。

　すなわち保育者は，幼児一人一人と，それを取り巻く状況のすべてを的確に把握し，それが幼児の人間形成にとってよりよく働くものであるように構成することによって教育を行うのである。教育とは意図的な人間形成作用であるが，それは，無意図的な人間形成作用を的確に把握し，その作用を教育的に編成することによって行うものにほかならない。このことは，

あたかも医師が身体の生理・病理という生命の働きと，薬理という科学作用を正確に研究したうえで，その時その時の個体の状況を診断し，生活の指導や投薬の処方を行うのと同様である。

　幼児にとって，十分な発達を遂げるためのよい教育的環境としての第一条件は，保育者との信頼関係である。家庭を離れて幼稚園という集団施設教育を受ける幼児が，もし，保育者に対して不信感を抱いたり，保育者から信頼されていないと感じるような場合には情緒不安定となり，自分の気持ちや自分の力を出しきることができず，園生活は有害無益にさえなりかねない。逆に，幼児が保育者を信頼し，保育者も幼児を信頼して生活をともにするならば，幼児にとって，園の生活は極めて楽しいものになり，生活のすべてがよい結果をもたらすものとなる。特に，幼児の興味・関心や創意工夫を積極的に取り入れながら園生活を計画し，幼児とともに力を出し合って生活を創造することができれば，その教育的な成果は最大のものとなるのである。

　特に次節で述べる3つのことがらは，環境による教育を行う幼稚園教育の特質として最も重視されるべきものである。

２　幼児期にふさわしい生活の展開

　近年の教育改革は，生涯学習体系への移行を基本的な理論のひとつとしており，それは，人生のそれぞれの時期に，その時期にふさわしい生活を十分に展開することによって，それぞれの時期の発達課題を達成していこうとするものである。幼稚園教育が幼児期にふさわしい生活の展開を中心に行われるのはそのためであり，環境による教育も，この幼児期にふさわしい生活を成り立たせ，展開させるためのものであるといってもよい。

１ 大切な，依存からの出発

　まず，同じく幼稚園教育要領の冒頭「幼稚園教育の基本」の中の「1」に，「幼児は安定した情緒の下で自己を十分に発揮することにより発達に必要な体験を得ていくものである」とあることについて考えることにしよう。

人生の出発点は赤ちゃんである。赤ちゃんは自分で考えることも，行動することもできず，まして，責任をとることもできないから，保護者（特に母親）を中心とする周囲に全面的に「依存」することによって生きるほかない。この点，他の動物は，一般に留巣性・離巣性の差はあるにせよ，生み落とされると親になめられながら起き上がり，親のあとをついて歩きはじめることができるなど，人間の新生児より成熟・発達した状態で出生する。万物の霊長といわれる人間の出生が他の動物よりはるかに遅れた状態であることは，きわめて示唆に富むものである。他の動物が生まれたときから生存可能の状態，すなわち，器官の成熟度が高く，機能的にも完成に近い状態であるにもかかわらず，その後の発達はより大きく，より強く，より速くなる程度で終わるのに対し，人間の場合はあらゆる面で驚異的な発達を遂げ，高度文明社会を維持・発展させる成員となって人生を享受するようになるのである。

　第1章（5ページ）でも触れたように，スイスの動物学者ポルトマン（Portmann, A.）は，人間は留巣性動物の特殊なケースであるとし，この現象を「生理的早産」と名づけた。本来なら，あと1年ほども胎内に留まって，はじめて他の動物の出生時と同様の成熟度を得ることができるというのである。また，この生理的早産の合理的根拠として，他の動物が環境に対して閉じられた回路を形成するのに対して，人間は環境に対して開かれた回路を形成し，新しい世界を自分に取り入れ，より新しい世界を形成する必要と可能性をもつためであるとしている。

　一時期，わが国の子育ては誤りに満ちていると批判された。添い寝，おんぶ，だっこ等々，すべて子どもの自由を奪い，保護者（特に母親）への依存の状態に束縛するものであり，自立を妨げていると。対照的に，アメリカの突き放して自立を促す子育てが唱えられたのである。ところが，アメリカの研究によれば，人工乳で育てられた子どもが，母乳で育てられた子どもに比べて情緒障害を起こす率が高いとの結果が出たが，わが国での調査では，その間に有意の差がないとの結果が出た。その原因は，結局，母親の授乳態度によるものであると考えられた。すなわち，アメリカでは哺乳ビンによる授乳の場合，ベッドに単独に寝かせたままに行うことが多

いのに対し，日本の母親は母乳の場合に近い形で抱いて授乳するのである。

　生理的早産説によれば，乳児期は準胎児期である。胎児は母親の胎内で温かく包まれ，ある程度体が自由に動き，母体とともに揺れている状態にあるのが正常であるから，乳児もそれに近いと情緒が安定し，心地よく生きることができるのであって，「おんぶ」「だっこ」という日本の子育ての仕方は間違っていなかったのである。「ゆりかごから墓場まで」という福祉国家のスローガンがあるように，ゆりかごは乳児を育てる場合の知恵として，世界に共通するものがあるといっていいだろう。

　第1章（18ページ）でも少し述べたが，ハーロウ（Harlow,H.F.）の赤毛ザルの子どもを用いた実験は有名である。子ザルを母ザルから離し，代わりに2体の模型の母ザルを与えた。一方はタオル地でできた肌ざわりのいい母ザルで，もう一方は針金でできた冷たい母ザル。その結果，子ザルは常にタオル地の母ザルの方にしがみつき，吸いつけばミルクが出る装置を冷たい母ザルにつけても，最小限度しか寄りつかなかった。また，その囲みの中にガチャガチャ動くオモチャのようなものを入れると，子ザルは驚いてタオル地の母ザルにしがみつくが，しばらくするとタオル地を片手に握ったまま侵入者と遊びはじめ，そのうちに手を離して遊んだ。ところが，針金製の母ザルしか与えられていなかった場合は，その冷たい母ザルにしがみつくこともならず，侵入者にもおびえたまま立ちすくむのであった。

　このようなことから，乳幼児期は，いわゆるスキンシップを中心に，保護者，あるいはそれに代わるものへの依存が決定的に重要であって，十分な依存が保障されることによって，はじめて自立への道が開かれることがわかるのである。

② 自己発揮によって生まれる自立と協同

　東京都立教育研究所相談部の調査研究「思春期の問題行動と幼児期との関連」（1981年）によれば，全84例中，幼児期の子ども像として，「おとなしい」74％，「ふつう」9％，「活発」17％であり，幼児期に自己表現の足りなかった子どもに問題が起きる例の多いことを示している。ま

た，主として自己表現の乏しいことが問題となった者の90％が養育態度に問題があり，主要因で「威圧」の問題がみられた事例が半数以上（58％）を占めていた。

　また，これと並んで幼児期に耐性の乏しいことがあげられ，その場合のすべての事例で養育態度に問題がみられ，その主要因が「過保護」で84％を占めた。親の不安の代償として，また溺愛の結果としてなど，過保護の意味はいろいろであったが，子どもの欲求を先取りして充足する親の態度と，子どもの耐性の乏しい問題の関連の深さが明らかにされている。

　これらは，安定した情緒のもとで自己を十分に発揮することが幼児期として不可欠であることを示している。

　自己表現や耐性が足りないということは主体的な自我が育っていないことを意味し，それが養育者や保育者の威圧や過保護によるものだとすれば，子どもは犠牲者だといわなければならない。幼児期を不十分な形で過ごした子どもたちは，思春期に至って初めて自己発揮することになる。初めてすることは，未熟で，粗野で，限度を知らない。つまり，上手な自己発揮の方法を身につけていないのである。さらに，幼児期に抑圧された原体験は，抑圧の主体となった保護者や，教師や，社会を敵として攻撃することになる。家庭内暴力，校内暴力，あるいは登校拒否，その他の反社会的不適応行動の原因は，まさに幼児期に，幼児期にふさわしい生活を経験しなかったことにあるとしなければならない。

　本来，子どもが幼児期に経験することはさまざまであるが，まず自我の目覚めとともに，それまで一心同体のように思っていた保護者（特に母親）とは別の人間であることに気づき，保護者のいいなりにならなくなるという，いわゆる第1反抗期がある。さらに，きょうだいや他の幼児との間で，物の取り合いを経験し，泣いたり泣かされたりする。しかし，このことのおかげで，物が欲しいのは自分だけでなく，それぞれの人間が願いや要求をもって生きていることを知る。さらに，ひとつの物を取り合っていたら誰も使えないことを知り，じゃんけんなどで順番を決めれば，自分の番がくるまでがまんすることによって，独占して使えることを知る。しかし，それよりも，簡単なルールを作って遊べば，ボールひとつでも，みんなで

楽しむことができることを知る。

　つまり，人間同士が楽しく生活するためには，しっかり自分を主張した
り，守ったりする必要があると同時に，自分をコントロールしてがまんす
ることも大切で，ルールのような約束ごとも，けっして自分を押さえつけ
るためにあるのではなく，そのおかげで，みんなが自己発揮しながら楽し
く生活することができる，とてもいいものだということを知る。こうして，
ルールや約束ごと，がまんなどというものに対し，プラスのイメージをも
つことは重要なことである。マイナスの原体験でなく，プラスの原体験を
豊かにもつことによって，次第に，自立と協同の態度が養われるのである。

③ 幼児の主体的な生活

　次に，幼稚園教育要領の「幼稚園教育の基本」の「1」の中の「幼児の
主体的な活動を促し，幼児期にふさわしい生活が展開されるようにするこ
と。」について考えたい（保育所保育指針では以下のように記されている。
「子どもが自発的・意欲的に関われるような環境を構成し，子どもの主体
的な活動や子ども相互の関わりを大切にすること。特に，乳幼児期にふさ
わしい体験が得られるように，生活や遊びを通して総合的に保育すること」
（第1章1 保育所保育に関する基本原則（3）保育の方法 オ））。

　環境による教育という基本が，すでに幼児の主体的な生活を守り，育て
ることを前提としているといってもよいだろう。本来，安定した情緒のも
とでは，幼児はきわめて主体性に富み，自発的に何かにかかわって遊ぼう
とするものである。自主・自発ということは，自分から進んでということ
で，ほとんど説明を要しないと思われるが，なぜ，主体的という言葉が使
われたのであろうか。

　主体的ということは，自分の行為の主人公として，自分で考え，自分で
行動し，自分で責任をとることであるといえよう。けっして人の考えを受
け入れないということでなく，受け入れるかどうかを自分でよく考えて判
断し，その結果について，けっして人のせいにしないことなのである。

　主体的でないという場合には，主従関係の従，主客関係の客となる。か
つてペスタロッチ（Pestalozzi, J. H.）が「生活が陶冶する」といった通り，

主体的な人間は主体的な生活によって形成され，主体的でない人間は主体的でない生活によって形成されるから，幼稚園における幼児の生活がそのいずれであるかは，とても重要である。

　主従関係の場合，保育者はやらせる人，幼児はやらされる人である。前に述べた通り，幼稚園教育においては，ある活動をやったかどうかはあまり問題でない。たとえば，小学校の体育に「跳び箱運動」という活動がある。これは，この活動そのものが体育という教科の内容であり，主として３，４年で「基本的な支持跳び越し技をすること」，５，６年では「基本的な支持跳び越し技を安定して行うとともに，その発展技を行うこと」とされている。これに対して幼稚園教育においては，どこにも「跳び箱を跳ぶ」というねらいも内容もない。あるのは，「自分の体を十分に動かし，進んで運動しようとする。」というねらいや，「いろいろな遊びの中で十分に体を動かす。」「様々な活動に親しみ，楽しんで取り組む。」などの内容である。これも心身の健康に関する領域の中から特に関係の深いと思われるものを選んだのであって，実際は，他の領域のねらいや内容とも深くかかわっている。

　つまり，跳び箱を跳ぶという活動に目的があるのではなく，体を動かすことの楽しさを知り，進んで取り組もうとする意欲や態度を育てるためのひとつの材料として跳び箱があるのである。

　したがって，保育者がやらせ，幼児がやらされるという関係は適当ではない。幼児が喜んでかかわりたくなるような環境を用意し，幼児自身が自ら選んで活動に取り組もうとする状況を作ることが大切なのである。

　主客関係というのは，保育者は遊んであげる人，幼児は遊んでもらう人という関係である。遊びが大切だということから，このような形で幼児を遊ばせている場合が見られるが，これは幼児が主体的に生活しているとはいいがたい。これでは，保育者がテレビの幼児番組のお姉さんタレントのように次々とサービスしてお客さまの幼児たちを楽しませるだけであって，幼児自身が自分たちの興味・関心にしたがって遊ぶという活動を中心とする主体的な生活を展開することによるねらいは達成されることがない。

　もちろん例外も少なくないのだが，一般に，「先生，遊んでもいい？」とか，「○○してもいい？」とか子どもが聞くとすれば，主従関係の傾向が強く，「先生，この次は何してくれるの？」とか，「もっと面白いことして」というとすれば，主客関係の傾向が強い。いずれも，幼児の主体的生活を中心に幼稚園教育が展開しているとはいいがたいのである。

3　遊びを通しての総合的な指導

　幼稚園教育要領，「幼稚園教育の基本」の「2」の中の「幼児の自発的な活動としての遊びは，心身の調和のとれた発達の基礎を培う重要な学習である」ということから考える（保育所保育指針では，前出の「（3）保育の方法　オ」を参照）。

1　遊びと仕事

　「遊び」という言葉は，一般に「現実的な生活と離れて物事を楽しむこと」や，「好きなことをして楽しむこと」というような意味に用いられている。これはいわば，現実の生活に必要で，好むと好まざるとにかかわらずしなければならない「仕事」の逆の言葉だといえる。つまり，大人の遊びは，「規制からの解放」であり，「仕事でないこと」や，「仕事をしないこと」「余裕」の意味にも用いられる。

　人によっては，遊びは有意義な価値を生み出さないものであるのに対して，仕事は有意義な価値を生み出すものであると定義づけている。この両者は常に反対の側，ないし対極に立つものとして認識されているのが普通である。「遊びと仕事のけじめをつけて」「よく遊びよく学べ」といった標語も，こうした両者対立の概念を基に唱えられていることは確かである。しかし，果たして本当にそうであろうか。確かに，「遊び」は「仕事」と対置される言葉である。ある辞書に，遊びは「仕事でないこと」とあり，仕事は「遊びでないこと」とあったが，これはけっしていいのがれをしているのではなく，本質的にはそういう規定しかできないほど同一の実体を相反する性質からとらえたものといえるのではないだろうか。たとえば，

同じスポーツも，プロがすれば仕事，アマチュアがすれば遊びである。

　実は，遊び（play）も仕事（work）も活動（activity）である。それも目的的であり，全身的であり，具体的である活動である。仕事には目的があるが遊びには目的がないという考えがあるが，遊びにも，勝つ・作る・楽しむなどの目的が存在する。したがって，その目的がうまくいったときには達成感が，うまくいかなかったときには挫折感が生まれる。達成感は「よろこび」という感情の，挫折感は「かなしみ」という感情の母体である。したがって，多くの達成感や挫折感を経験することは，情操・意志・創造という，人間だけに与えられている高度な精神活動の基盤となる。

　達成感ばかりを経験した子どもは，挫折に弱い人間になるだろう。反対に挫折感ばかりを経験した子どもは，自信を持って挑戦する意欲をもたなくなるだろう。成功も失敗も，両方が必要なのである。

　子どもは遊びの中で無数の成功と失敗を経験する。成功に励まされ，失敗にこだわらず，何度でも挑戦してよろこびやかなしみを味わう。辛いことや悲しいことを味わいながら，「しなやかさ」も身につけていくのである。情操の豊かさとは，このよろこびやかなしみの数多い体験，それも，あるときは浅く，あるときは深くといった幅広い体験によって育つものである。失敗を成功に転ずるためには，いろいろなやり方を考え出す必要がある。遊びの中において創意工夫は連続的に行われるが，そこに課題を与えた場合には，かえってそうならないのである。

　そして，遊びも仕事も，初めてのことはけっしてうまくいくものではない。何度も練習を重ねるうちに，次第に上手になるのである。子どもたちは，遊びの中で自分が下手であることを一向に苦にせずに幾たびとなく挑戦し，その技能を向上させていく。子どもたちは遊びを通して自己課題を見出していくものである。

　さらに，遊びも仕事も，1人でするよさもあるが，2人ですれば2倍以上に成果があがり，大勢ですればスケールの大きな結果が生まれる。これも共通である。1人で遊ぶ楽しさ，気の合った数人の友だちと遊ぶ楽しさ，そして，学級全体で遊ぶ楽しさはそれぞれに代えがたいものがあり，偏ってはならないものと考えれられる。

　このようにみると，遊びと仕事は，そのほとんどが共通する性質の活動である。繰り返せば，目的があること，全身的であること，具体的であること，達成感と挫折感を伴うこと，練習の効果があること，協同の効果があることなどである。遊びが自由で，個人的で，責任を伴わず，消費的で，連続的興味によってのみ支えられるのに対し，仕事は定められたもので，社会的で，責任を伴い，生産的で，耐久的努力によってのみ支えられるものであると，一般にその差異を指摘することができるが，よくつめてみれば，それらはすべて相対的な差でしかない。

　遊びが自由だといっても，でたらめが過ぎれば成り立たず，友だちに相手にされなくなる。遊びにもいろいろと責任が伴うのである。また，遊びは消費的だといわれるが，それは大人の目から見た場合で，子どもにとっては必要な物を作り出す生産的な活動であることが多い。連続的興味を基本的に必要とするが，耐久的努力なしに遊びは続かず，盛り上がったり大きな楽しさが生まれたりすることもない。子どもたちは遊びの中で，知らず知らずのうちに，こうした努力がよい結果を生むことを知り，実際に努力する習慣を身につけるのである。

　幼稚園教育要領において，「自発的な活動」と強調している理由は，遊びとは呼べない遊びがあるからである。

② 総合的な指導

　では，「幼稚園教育の基本」の「2」の中にある「遊びを通しての指導を中心として第2章に示すねらいが総合的に達成されるようにすること。」とは，どういうことであろうか。

　遊びも仕事も全身的な活動であるということの意味は大きい。頭の先から足の先までのトータルが人間であって，それは部分から成り立っているが，部分は決して独立したものではなく，常にひとつの生命体として働くのである。部分の背後には常に全身があり，全体が育つ中で部分が育つのである。部分を取り出して育てることをすれば，もちろん，それなりに効果があがることもあるが，それが全体に支えられていないと，ゆがみを生じ，全体として調和のある発達が望めなくなる。そして，結果として，そ

の部分も十分に育たない恐れがある。

　こうしたことから，いわゆる一斉保育のように，特別に何かをさせるという保育を避け，遊びという全身的な活動を通しての指導によって，幼稚園教育のねらいが総合的に達成されるようにする必要があるのである。

　「遊びを通しての総合的指導」という場合の指導とは，ねらいを達成するための援助である。したがって，活動の総合性よりも，ねらいの総合性に重点が置かれなければならない。たとえば，「追いかけっこ」ひとつをとっても，そこでは心身の健康，人とのかかわり，環境とのかかわり，言葉，感性と表現というすべての領域が育つのであって，活動として単純だから，総合的な指導に適さないということではけっしてない。子どもたち自身，速く走るのを楽しむ子もいれば，つかまりそうなスリルや，友だちにつかまることを楽しむ子どももいるのである。

　こうした単純な遊びにも含まれるねらい（育ち）の総合性に目をくばりつつ，幼児の行う活動（その多くが遊び）を通してさまざまな指導（援助）を行い，結果として幼稚園教育のねらいが総合的に達成されるようにすることが，総合的な指導の本来の意味であろう。したがって，総合的指導という，目に見えるパターンは存在しないのである。

③ 自発的活動を促す働きかけ

　前に述べたように，子どもは自ら興味・関心をもって「したいことをする」とき，最も大きな発達を遂げる。それは，ジャーシルド（Jersild, A.T.）が自発的使用の原理といい，ヴィゴツキー（Vygotsky, L. T.）が発達の最近接領域といった（第1章，6ページ）ように，子どもの中に内的な成熟が進み，その潜在的な力が準備されると，必ずそれを用いようとする原理がある。それは，今まさに発達しようとする部分であって，適当なきっかけや援助があれば成功する部分だからなのである。

　遊びの本質は自発性にあり，その楽しさにある。文字遊び・数遊び・運動遊びといったもので，名前は「○○遊び」でも，実際は国語・算数・体育の授業と同じような内容である場合が少なくないが，これが強制されたら全く遊びではなくなる。それでは，自発的な活動としての遊びは，放任

を条件とするのかといえば，けっしてそうではない。

```
A　恣意的活動 ┌ ① 進んでする
             │ 2  なんとなくする
             └ 3  なげやり的にする

B　働きかけを ┌ ①┌ 進んでする（したいから）
　　受けての活動│  │ その気になってする（したいと思うようになって）
              │  └ なっとくしてする（するべきだと思うようになって）
              │ 2┌ 何も考えずにする
              │  └ 深く考えずにする
              └ 3  いやいやする
```

　一般に，幼児の活動を，自発性を尺度として分類すれば次の通りとなる。
　私たちが求める自発的活動とは，A－①とB－①に分類されたものを指すのである。幼児が，何の働きかけも受けずに恣意的・積極的に行動すること（A－①）はもちろん，何らかの働きかけを受けて積極的・主体的に行動すること（B－①）もまた，自発的活動の重要なジャンルといわなければならない。だからこそ，自発的活動を「促す」働きかけが問題となるのである。そして，B－①の3種は，その「促され方」の種別を示している。
　まず，「したいからする」というのは，保育者による言葉かけ，その他の働きかけはないが，設定された環境条件に促されて行動することである。「その気になってする」というのは，保育者や仲間の態度を含む環境条件に促されて行動することであり，また，「なっとくしてする」というのは，保育者や仲間の積極的な言葉かけにより，するべきことの意義を理解して，行動することである。いずれも，自発的行動が，幼児の内的な条件と，人間を含む環境条件との合力であることを示している。それこそ，幼児をとりまく事物・事象や保育者をはじめとした幼児に接する人々，かもし出す雰囲気，時間，空間などの環境とのかかわりの中で，幼児はやる気を起こすのである。
　これらの諸条件をよく見きわめて環境を構成し，特に，保育者自身が何かに取り組んで生活を楽しむことが最も大切で，保育者自身がしたくないものを幼児にやらせようとするのは困難である。自らが取り組みながら，

時には誘い，時には助けといった働きかけが大きな影響を与える。保育者の言葉かけひとつによって遊びが生まれたり，盛り上がったりすることもあれば，逆に，せっかくの遊びがつまらなくなってしまうこともある。これは，幼児自身の内面を共感的に理解することの深い浅いによるもので，その働きかけのあり方に，保育者としての力量が問われるのである。

　幼児の自発的活動としての遊びは，そのまま，重要な学習である。本当の指導とは，けっして正しいことを教えることにあるのではなく，たとえでたらめでも，そのことに取り組むことがどんなに楽しいかということを感じさせることであろう。そのことが好きになるようにさえすれば，子どもはどこまでも伸びていき，より正しいものを知って，自分を修正することができるのである。

4　一人一人の発達の特性に応じた指導

　ここでは，まず，幼稚園教育要領の「幼稚園教育の基本」の「3」の中の「幼児の発達は，心身の諸側面が相互に関連し合い，多様な経過をたどって成し遂げられていくものである」ことについて考えよう。

① 心身の諸側面の関連

　たとえば，ある施設を対象にした研究によれば，2つのクラスの子どもの身長・体重の伸びにはっきりした差があり，A組は順調だが，B組は伸びなやんでいた。ところが，AB組の担任保育者が相互に交替したところ，B組が伸びはじめ，A組は伸びがとまったというのである。身長・体重という，純粋に身体測定の対象となる数字でさえ，担任保育者という人的環境のもたらす影響を直接受けることがわかる。

　幼児の運動能力の測定結果もけっしてあてにはならない。普段は50センチしか跳べないはずの子どもが，夢中で遊びまわっているときには60センチの溝を軽々と跳び越えていることがある。

　いずれも，置かれた状況，ことに精神的なものの影響が身体的なものに表れることの例だが，逆に，身体的な状況が精神的なものを支配すること

はいうまでもない。ルソー（Rousseau, J. J.）は、「肉体は、強ければ強いほど精神に服従し、弱ければ弱いほど精神を支配する」といっている。つまり、体が健康であれば思い通りに活動できるが、不健康であれば思い通りにならず、心に大きな制約を与えるということである。

　心と体という2つの面に分けただけでもこの通りであるが、精神的なものの内部をさらに知・情・意と分けたり、身体的なものについてもいろいろな生理的・運動的機能に分けたりすれば、いよいよそれらが密接にからみ合い、相互に影響を与え合いながら、発達が総合的に遂げられていくことがわかる。また、その途中経過は必ずしも決まったパターンがあるわけでなく、文字通り多様である。幼稚園における指導のあり方は、このような発達の特性に適したものでなければならない。

② 一人一人異なる発達課題

　では、同じ箇所の「幼児の生活体験がそれぞれ異なることなどを考慮して、幼児一人一人の特性に応じ、発達の課題に即した指導を行うようにする」とは、どういうことであろうか。

　一人一人の幼児には、側面によって発達の段階や過程にさまざまな違いがある。言葉に強い関心をもつ子ども、運動的な遊びに夢中な子ども、手先の細かい作業に熱中する子どもなど、興味・関心や能力などがそれぞれ大きく異なるため、個々の幼児の特性、つまり、個性をふまえた指導が必要となるのである。

　さらに幼児期には、同年齢のクラスに属していても、たとえば3歳児でいえば、年度当初生後36か月の子どもから47か月の子どもまでいるわけで、全員が同じ発達パターンをもっていたとしても（そういうことは絶対にあり得ないことであるが）、その個人差はきわめて大きいものがあり、さらに1年間の経過を考えれば36か月から59か月の子どもを保育するわけで、一律に「3歳児の保育はこのように」という当てはめ方はできないはずなのである。

　人間は年齢を重ねながらいろいろなことを経験するので、次第に共通の生活経験が多くなるが、生後数年しか経ていない幼児は、あまり共通のも

のをもっていない。全く別の親のもとに生まれ、それぞれの家庭環境・地域環境の中で育ってきた幼児は、言葉にしても遊びにしても、生活習慣にしても、特定の生活経験から得たものしかもっていないわけである。

さらにさかのぼれば、両親からの遺伝によって、体格や体質、性格などに大きな違いがある。いわゆるワセもオクテもいる。そのことと生後の環境や生活経験の違いが重なって現在の一人一人の幼児がいるのであるから、その発達の状態は千差万別といってもいいだろう。

すでに述べた通り(第1章、7〜12ページ)、ハヴィガースト(Havighurst, R. J.)やエリクソン(Erikson, E. H.)は、発達には人生のそれぞれの時期に達成されるべき課題があり、それを省略したり順序を逆にしたりすると退行やゆがみを生じて幸福な人生を送れないとした。つまり、赤ちゃんの時代には赤ちゃんとしての発達課題があり、それは幼児期のものを前にもってくるようなことではない。赤ちゃんにふさわしい生活をすることによって、それは達成される。幼児期には幼児にふさわしい生活を経験することによって、幼児期の発達課題を達成しなければならない。人間としてのすべての発達は、その前に踏み固められるべき先行経験が必要なのである。

特にエリクソンは人間に対する愛情や信頼感、自立感などを、ハヴィガーストはその時期に必要な生活習慣などをあげているが、これらは一般的に大切なことであっても、一人一人の幼児にとっては先行経験が異なり、したがって、厳密にいえば発達課題は一人一人異なるのである。

たとえば、絵を描くことひとつにしても、ぬたくり期と呼ばれるでたらめがきが必要な時期の子どももいれば、命名期といった偶然描けた変な図形、たとえば、小さなマルなどに、これはパパ、これはボクなどと名前をつけることによって、イメージを図形にのせていく時期の子どももいる。3歳のころは、「頭足人」といわれる、顔の下から両足が出ているような人間を描くことが多いが、これも、子どもにしてみれば印象深いものを大きくデフォルメして描いているのであって、芸術的な表現の歩み出しといってよい。

これらのことが間違っているから正しく直させるのが教育だと考えるの

は誤りで，それぞれの子どもが，これまで抜けていた必要な先行経験を，しっかりと踏み固める機会を十分に与えることこそ，一人一人の発達課題に即した指導ということになる。したがって，4歳児の2学期にはこれだけのことができなければ，というような一律一斉の発達課題は存在しないといってもいいだろう。そういう粗雑なことをすれば，効果があがらないばかりか，大きな弊害を生ずることになるのである。

③ 集団生活の意味の転換

さらにつけ加えれば，こうした一人一人異なった特性をもつ幼児たちが集団で生活することに意味があるということである。

幼児は気の合った仲間と遊びはじめ，やがていろいろな形で離合集散しながらその輪を広げていく。その中で，それぞれ少しずつ異なる興味・関心や能力が互いに刺激し合い，いろいろな遊びを繰り広げるとともに，それぞれの役割が生まれ，互いに自分の力や特性に応じた協力の仕方で共通の課題に取り組んだりする。

社会には老若男女の人がおり，多くの人種や民族があり，健常な人もハンディキャップを背負った人もいる。これからの人類は，そういう一人一人異なった個性をもつ存在である人間が互いに絶対の価値を認め合って共

▲子どもの作品を大切にする

存し，協力して平和な世界を築いていかなくてはならない。そういう意味でも，幼児期に，一人一人の特性を大切にする生活を経験することは大きな意味をもつものと考えられる。

　従来，集団生活といえば，一律一斉の団体訓練をする場と見られがちであった。今日では，その意義は180度転換しつつあり，集団の成員の一人一人の個性を生かし，みんなでそれぞれの自己を実現する助け合いの場として，新しい光があてられているのである。

第7章

基礎となる幼児の姿

「遊び」とは何か

1 幼児の遊び

　キンダー・ガルテン（幼稚園）の創始者**フレーベル**（Fröbel, F.）は，1826年に著した主著『人間の教育』の中で，幼児期の遊戯（＝遊び）について次のように述べている。

　「遊戯することないし遊戯は，幼児の発達つまりこの時期の人間の発達の最高の段階である。というのは，遊戯とは，すでにその言葉自身も示していることだが，内なるものの自由な表現，すなわち内なるものそのものの必要と要求に基づくところの，内なるものの表現にほかならないからである。遊戯は，この段階の人間の最も純粋な精神的所産であり，同時に人間の生命全体の，人間およびすべての事物のなかに潜むところの内的なものや，秘められた自然の生命の，原型であり，模写である。それゆえ遊戯は，喜びや自由や満足や自己の平安や世界との和合をうみだすのである。あらゆる善の源泉は，遊戯のなかにあるし，また遊戯から生じてくる。**力いっぱいに，また自発的に，黙々と，忍耐づよく，身体が疲れきるまで遊ぶ子どもは，また必ずや逞しい，寡黙な，忍耐づよい，他人の幸福と自分の幸福のために，献身的に尽すような人間になるであろう。**この時期の子どもの生命の最も美しい現われは，遊戯中の子どもではなかろうか。──自分の遊戯に没頭しきっている子ども──遊戯に全く没頭しているうちに眠りこんでしまった子どもではなかろうか。

　この時期の遊戯は，すでに前に述べたように，たんなる遊びごとではない。それは，きわめて真剣なものであり，深い意味を持つものである。**母親よ，子どもの遊戯をはぐくみ，育てなさい。父親よ，それを庇い，護りなさい。**──人間のことにほんとうによく精通している人の，落ちついた，透徹した眼には，この時期の子どもが自由に選んだ遊戯のなかに，その子どもの未来の内面的な生活が，ありありと浮ぶ。この年代のもろもろの遊戯は，未来の全生活の子葉である。と

いうのは，それらのなかにこそ，人間の全体が，最も微細な素質や内的な性向のままに，展開されてくるし，現われてくるからである。この世からふたたび去るまでの人間の未来の全生活は，人生のこの時期に，その源泉を持っている。この未来の生活が，明澄なものであるか，それとも混濁したものであるか，穏やかなものであるか，ざわめくものであるか，あわ立つものであるか，波立つものであるか，勤勉なものであるか，怠惰なものであるか，業績に富むものであるか，業績の乏しいものであるか，うつろに思い沈むものであるか，明かるく創造的なものであるか，呆然と驚き眺めるだけのものであるか，明確に直観できるものであるか，形成的であるか，破壊的であるか，調和をもたらすものであるか，不和を招くものであるか，戦争を招くものであるか，平和をもたらすものであるか，というようなことは，すべてその源泉をこの時期に持っている。」（荒井武（訳）『人間の教育（上）』pp.71-72，岩波書店，1964 より）

　ここには，フレーベルの幼児教育が，内発的なものとしての「遊び」を中核とするものであることが，力強く描かれている。幼児期の遊びがたんなる遊びごとでなく，深い意味をもつものであることは，第6章（105 〜 107 ページ）でも述べた遊びと仕事の共通性からも十分推察することができるのである。

2 遊びに関する古典的な理論

　「遊びとは何か」という素朴な疑問や，遊びの起源や原理については古くから論じられてきているが，その代表的なものには次のようなものがある。

1）余剰エネルギー説

　遊びは過剰精力のはけ口であるとする見方で，1873 年に**スペンサー**（Spencer, H.）が，1875 年に**シラー**（Schiller, I. C. F.）が唱えた，最も古い学説である。確かに，元気な子どもほどよく遊ぶこと，しなければならない仕事に精力を奪われることのない幼児にとっては全生活が遊びに向けられていることなどから見て一理あるのだが，疲れ果てても遊びをやめ

ない場合や，栄養過多でも遊ばない場合があり，また精神的・知的な活動としての遊びを十分に説明できない点などに限界がある。

　また，**ルソー**（Rousseau, J. J.）は，それより以前の 1762 年に，すでに，「子どもはよけいな力をもっているどころではない。自然がもとめることをみたすのに十分な力さえもたないのだ。だから，自然によってあたえられたすべての力，子どもが濫用することのできない力を，十分にもちいさせなければならない。第一の格率。」（今野一雄（訳）『エミール（上）』p.83,岩波書店）といっている。

２）休養説

　遊びは人間の身体的・精神的疲労を休養回復させるためのものであるとする見方で，1883 年に**ラツァルス**（Lazarus, M.）が唱えたほか，通俗的に行われている説である。大人の場合にはあてはまることもあるが，全生活がほとんど遊びで，しかも，積極的活動的な幼児の遊びをこれで説明することは不可能である。

３）生活準備説

　子どもの遊びは，大人の行動の型を学習して将来の生活に適応するように準備練習する活動であるとする見方で，1898 年に**グロース**（Groos, K,）が唱えた学説である。確かに，子どもの遊びは結果として生活の準備となる部分が少なくないが，功利主義的な結果論に過ぎて原因と結果を混同している点や，大人になっても遊びがあることなどについて説明のつきにくい点がある。

４）浄化説，補償説

　遊びは，抑圧された情緒や欲求や葛藤を解消させる浄化的反応，あるいは補償的行為であるとする見方で，1902 年に**カー**（Cerr, C.）が，1920年に**ロビンソン**（Robinson, E. S.）が，また，1932 年に**クライン**（Klein, M.）が唱えるなど，精神分析学者たちが主張する考え方である。精神分析の理論と実践は臨床心理学や精神医学の領域で支持されているが，必ずしも定説とはいいがたく，すべての遊びを説明することには難がある。

５）反復説

　遊びには，祖先の経験した生活活動の節約された繰り返しが多いとする

見方で, 1906 年に**ホール** (Hall, G. S.) が唱えた学説である。ホールは,「個体発生は系統発生を繰り返す」という発生における原理を遊びに適用し, グロースの生活準備説を批判した。

　これによって, 余剰エネルギー説をはじめ休養説, 生活準備説などでは解釈が困難な遊びについての解明がもたらされた。一方, 後天的な学習による遊びや, 同一形式の遊びの環境条件による変化・発展などについての解明がまだ残されている。

6）生物学説

　心身の発達, 特に生理的な発育が基礎となり, その発育が進むに伴ってそれぞれの機能が活動するようになり, それらの発達の要求を充たすような行動が遊びとして現れてくるとする見方で, 1910 年に**アップルトン** (Appleton, L. E.) が「野蛮人のおとなと文明人の子どもの遊戯活動の比較研究」で唱えた学説である。遊びを心身の機能との関連で考察し, 個体発生と系統発生の関係を正当に理解して, 反復説, 生活準備説などの対立に解決を与えた。しかし, あらゆる機能活動が遊びであるとはいいきれないところに問題が残されている。

7）弛緩説

　遊びを, 仕事の緊張から弛緩して原始的な活動様式に帰すことであるとする見方で, 1916 年に**パトリック** (Patrick, G. T. W.) が唱えた説である。反復説を取り入れてはいるが, 休養説同様, 成人の遊びを説明するのには都合がよいが, 子どもの遊びについてはあてはまらない。

8）競争本能説

　遊びを, 人間が生得的にもっている本能または衝動の一種, すなわち, 競争本能または衝動であるとする見方で, 1918 年に**マクドゥーガル** (McDougall, W.) が唱えた学説である。しかし, この学説の基礎になっている本能や衝動という概念は, あまりにも実体化され, 恣意的にさえ用いられたことから現代の心理学で批判された。

9）反射活動説

　遊びはひとつの反射活動（反射の複合）であって, 子どもの成長に伴って一定の順序で出現するものとする見方で, 1947 年に**トーリス** (Thooris,

A.）が唱えた学説である。これによれば，遊びは大脳の活動が始まる前にすでに起こり得るもので，自由の反射，把握の反射，探究の反射の順に起こり，これらの反射活動である遊戯活動が，後には大脳を中心とした人間の精神，すなわち思考力や言語などを構成していくという。生物学説の長所とともに競争本能説の短所をもつものといえよう。

③ 遊びに関する比較的新しい理論

このような諸説にはそれぞれ特徴があり，中には遊びの本質を鋭くとらえたものもあるが，一面的な見方も少なくない。近年は，哲学，心理学，教育学，社会学，文化人類学，生態学などの諸科学がその対象とするとともに，より総合的・分析的にとらえる試みがなされてきている。

１）ホイジンガの理論

1938 年，**ホイジンガ**（Huizinga, J.）は『ホモ・ルーデンス』（遊ぶ存在としての人間）を著し，その中で，遊びの基本的な特徴を総合的な立場から分析し，文明の発達そのものにおける遊びの役割の重要性を文化史的に論じた。彼によれば，遊びは外見上，日常生活の外にあるもの，いわば，本気でそうしているものではないように見えて，実は遊ぶ者を心の底まですっかりとらえてしまうことのできる自由な活動といえる。また，何の物質的利害も無関係で，ある限られた時間と空間の中で決められた規則に従うものである。またそれは，秘密に取り囲まれていることを好み，日常とは違った生活を演じることを楽しむという集団を生み出すこともある，としている。

２）ピアジェの理論

1945 年，**ピアジェ**（Piaget, J.）は『子どもにおけるシンボルの形成』を著し，その初めに，「純粋な構造的分析によって遊びの研究を進める」とした。彼は遊びの構造の３つの類型を次のように明らかにしたが，これは発生論的にも，個人の発達に対応する段階としても，広く認められるところである。

①機能的遊び

生まれながらにもっている反射的な行動をもとに，さまざまな新しい感

覚運動を獲得していく行動で，自ら学習した感覚運動機能を，あくまでも機能的な快楽のために実践する遊びが機能的遊びであって，それ以外の目的をもっていない。それは，身ぶりやしぐさ，おしゃべり，手でいじる遊び，探究の遊び，破壊の遊びなどといった多様な形式をとる。この遊びは2歳ごろを最盛期として次第に減少の傾向をたどるが，成人となってもけっして消滅することはない。

②象徴的遊び

　幼児が，前に行った行動や，前に観察し，現在は目の前に存在しない事物を頭の中で思い浮かべることができるようになると現れる行動で，機能的遊びに代わって幼児の生活の中心となる。たとえば，小石をお団子とみなし，おいしいおいしいといいながら食べるふりをする「ごっこ遊び」がこれにあたるものである。つまり，鉛筆を注射器に見立てたり，母親役を演じたりするなどして，楽しむことである。

③ルールのある遊び

　5歳のころから，象徴的遊びに代わってルールのある遊びが次第にさかんに行われるようになる。このルールのある遊びは急速に重要なものとなり，やがて青年期以降の遊びの主な形式となる。それは，この遊びが社会化された活動であるからである。ルールのある遊びはひとつの社会的制度を構成し，世代から世代へ伝達され，成員の協力の成果として成り立つ。この遊びの中で，子どもは自ら進んで義務を果たすことを身につけていく。

3）カイヨワの理論

　1958年，**カイヨワ**（Caillois, R.）は『遊びと人間』を著し，遊びの基本的な性格として，①自由な活動，②分離した活動，③不確定な活動，④非生産的な活動，⑤ルールのある活動，⑥虚構的活動，の6項目を挙げている。

　社会学者である彼は，遊びの中に含まれる要素としてさらに次の4項目を挙げ，そのどれが強いかによって遊びを類型化することができるとした。

①アーゴン（競争）

　これは，ギリシャ語で「競技」を意味する。平等のチャンスが人為的に設定された闘争で，スピード，耐久力，強さ，記憶力，技，器用さなどを

競う。その競技の分野で自分がすぐれていることを認めさせようという願望がこの種の遊びの原動力であり，その願望達成のためには，多くの注意，練習，努力，意志などを前提とし，規律と忍耐が要求される。

②アレア（偶然）

　これは，ラテン語で「サイコロ」を意味する。遊ぶ人の力が全く及ばない決定を基礎とする遊びで，遊ぶ者は完全に受け身で，期待と不安のうちに運命の決定を待ち，そのスリルや結果を楽しむ。アーゴンとは正反対のようであるが，遊ぶ者同士の間で純粋に平等な条件を人工的に創造し，日常の世界から脱出するという点では共通である。

③ミミクリー（模擬）

　これは，英語で「物真似」を意味する。自分自身が幻想の中で登場人物になりきって行動することで，子どもにおいては象徴的遊びの形式で現れ，大人の場合は仮面，役割など，心理社会的な現象行為の中に現れる。

④イリンクス（めまい）

　これは，ギリシャ語で「渦巻」を意味する。知覚の安定を崩し，意識に一種のパニックをひきおこすことを楽しむ遊びで，ブランコ，ソリ，スキーなど，回転や落下などで自分の内部に混乱狼狽という生理的状態をひきおこすことによって日常生活の自己から離れ，別の世界に没入する。

4）その他

　1973年，アンリオ（Henriot, J.）は『遊び－遊ぶ主体の現象学へ－』を著し，その中でホイジンガ，カイヨワの説を中心に，詳細に哲学的な批判を行い，「行為である以前に遊びは意識である」として，遊びを行動としてとらえる客観的心理学の挫折の必然性を述べている。

　遊びは，人間探究の切り口として，一層深く論じられていくに違いない。

④ 遊びの教育的意義

　これまで述べてきたように，遊びについては各方面からの研究がなされてきている。しかし，その多くは人間にとって遊びとは何か，人類にとって遊びとは何かというアプローチであって，子ども，特に幼児を対象として，遊びが心身の発達にかかわる意味やメカニズムを探り，その教育的意

義を明らかにする研究は必ずしも十分ではない。

　さらに，その遊びを幼児教育の中心にすえて発展させ，望ましい成果を
あげる指導法の実践的研究については，ほとんどこれからの課題であると
いっても過言ではない。

　われわれは，諸説を参考にするとともに，実際の幼児の生きた姿を観察
しながらその意味を探り，仮説を立てては検証するという実践の繰り返し
によってそのことを行わなければならないだろう。

　幼児はよく遊ぶ。幼児の生活は，ほとんど遊びに終始するといってもい
い。そして，遊びながら心身の成長・発達をとげる。それはなぜか。それ
は，反復説や生物学説が指摘するように，遺伝子の中に人類発達の歴史が
組み込まれており，直立歩行から手と頭の使用によって今日の文明を築い
てきた過程を個体の中で繰り返していると思われるところが大きい。たと
えば，幼児は，水や土や砂や木などの素材を好んで遊びの材料にし，大人
が手を出すのを振り切って，失敗を繰り返しては工夫し，幼児なりに何か
を作っては満足する。

　それは，幼児の中で成熟しつつある器質・機能を実際に働かせたいとす
る自発的使用の原理に合致し，文字通り，一人一人の幼児の発達に即した
ものなのである。

　また，遊びの中で，ごく自然に発生するトラブルがある。たとえば，ひ
とつのボールを取り合っていると誰も使えないことを知る。そこで順番を
決めれば，待つことによって交互に独占して使えることを知る。さらに，
ルールを作れば，同時にみんなで，ひとつのボールによって大きな楽しさ
を生むことができることを知る。これは社会のルール発生の過程を繰り返
すもので，葛藤場面を通じて自己をコントロールすることを知る経験でも
ある。

　このようにして，遊びは，幼稚園教育要領や保育所保育指針に示されて
いる保育内容のすべてのねらいを実現するための方法として，ほとんどの
必要十分条件を満たすものをもっているのである。

⑤ 援助のあり方

　要するに遊びの本質を守ることによってのみ，十分に教育上の成果をあげることができるのである。以下は，そのために留意すべき要点である。

1）自発性

　遊びの最も本質的な特徴は，自発性にある。幼稚園教育要領，保育所保育指針などで，敢えて，「自発的活動としての遊び」とされているのは，保育界には往々にして「○○遊び」と名をつけさえすれば遊びだと考えて，学校の授業のような学習活動や訓練を強制している場合があるからである。これは，「遊び」という名はついている（保育者が名づけた）が，子ども本来の遊びではない。遊びとは，自ら選んで行う活動であり，遊びを終えるタイミングも，遊んでいる者の意思によるべきものなのである。

2）時間・空間・仲間という環境

　遊びに必要な要素として，たっぷりと遊ぶ時間，遊ぶためのスペース・空間が挙げられる。また，一緒に遊ぶ仲間がいて，遊びの楽しさをより味わうことができるものである。幼児は身近な環境を取り込み，遊ぼうとする。あるいは，環境に誘発されて遊びを起こす。幼児は，興味・関心をひくものがあるときは，必ずそれに取り組もうとするが，その際には，幼児が取り入れやすい環境の構成が必要である。保育者も仲間も人的環境であって，その人たちが遊び始めることによって誘われることを生かす必要もある。

3）遊びの展開

　遊びは，いろいろな経過をたどって発展したり消滅したりする。その主要な原因に，一人一人の幼児が素材や遊びそのものに対してもつイメージがある。年齢が進むにしたがって，物から誘発される遊び（たとえば，ダンボールの箱を見て，自動販売機を連想する）から，遊びの実現のために必要なものを求める（たとえば，大きな自動販売機をつくるためには，さらに大きなダンボールが必要になる）。そこには，その幼児のイメージがあり，そのイメージを大切にしながら，新しい素材やアイデアを提供することによって遊びの発展を図る必要がある。ときには保育者が先頭に立つ

ことも必要であるが，多くの場合は，保育者は，よき相談相手として幼児たちの遊びを支えるべきであろう。

4）評価

　遊びの評価は，①幼児自身が喜んで十分に遊び込めたか，②遊び自身が十分に展開したか，③遊びによって幼児の育ちに必要な経験が十分に得られたか，という3つの視点がまず大切で，その評価に直接関連して，④遊びのための物的な環境条件は適切であったか，⑤保育者の援助（かかわり方，言葉のかけ方，距離の持ち方，等）は適切であったか，という保育者側の指導の評価が行われなければならない。

2　「楽しさ」をどうとらえるか

　「遊び」は自分で始めるものである。そこには，「楽しさ」がなければならない。また，「遊び」は活動である。したがって，その形にこだわりやすいが，形にこだわれば遊びが遊びでなくなるという矛盾をはらんでいる。

　幼児が環境に興味・関心をもってかかわり，自発的に作り出す活動が遊びであり，幼児の生活は，この遊びが中心になっているのであるが，では，幼児は何を求めてこうした生活をくり広げているのであろうか。

　子どもは「快楽原理」によって行動し，大人は「必要原理」によって行動する。これまで，教育は快楽原理をやめさせ，必要原理によって行動できる人間をつくることだといわれてきたが，ここには，「楽しさ」を罪悪視し，同時に子どもを否定的にみる見方の根源がある。つまり，直接役に立たないものは価値が低いという見方である。

　保育のねらいとして，「楽しく○○する」とか「○○することを楽しむ」といった表現が用いられることが少なくない。それに対応して，保育の評価も，「楽しく○○できたか」「○○することを楽しめたか」といった表現になる。「喜んで○○する」「○○して遊ぶ」などについても，これと同じである。

　このことに対して，ねらいはもっと厳密・明確なものでなくてはならないとか，情緒的な修飾語は避けるべきであるとか，評価は具体的目標とし

てのねらいに対応して到達度を表すものであるべきであるとか，保育の理論化や科学化に反し，心情に流されていて，これでは教育とはいえない，といった批判が行われることもある。しかし，果たしてそうであろうか。

幸せな子は眼が輝いている。生き生きしている。静かにしていても穏やかで明るい。それは，心身の働きが順調で，楽しいことがあるからである。不幸な子は眼が死んでいる。じっとさせられていても，運動をさせられていても，生気がなく，どこか暗い。楽しくないからである。

著名な小児科医は，精密検査のデータよりも，子どもの顔つきの中に見える明暗を診断の決め手とすることが多いという。その理由は，楽しいか否かは，「生きている」ことが楽しいかどうかと直結しているからだということである。

「楽しさ」こそ，適当な環境を与えて幼児の心身の発達を助長する，保育の中心となるべき概念のひとつである。

以下，幼児はどのような場合に楽しいのか，について洗い出した結果を10項目にまとめて概述したい。それは，幼児が人間の原型であって，その楽しさに対して極めて純粋であることによると考えられるからである。

① 自発・主体性の発揮―したいことをする楽しさ―

したいことをすれば楽しく，したくないことをさせられれば楽しくない。これは，当然のことである。人間は一人一人，自由な人格が与えられ，自分の人生に責任をもつための主体性，つまり，自分の生命の主人公として，自分の判断や意志によって行動するよう，自我というものが与えられている。

ある漁村で，ベテランの船頭から聞いた話であるが，素人は舟が波にもち上げられると，そうされまいとして身をかがめるようにし，舟が下がると逆に伸び上がろうとする。これでは，自分の意志とは反対に動かされるわけで，船酔いをわざわざ求めているようなものである。漁師たちは，舟がもち上げられるときは自分から伸び上がるようにし，下がるときは自分から沈み込むように，つまり，自分の意志で揺らしているように，無意識でやっている，という。

　確かに，たとえば，高級車の後部座席に座らされ，専門の運転手によって運ばれるのは，待遇としては最高かもしれないが，けっして楽しいというものではない。どんな下手な運転でも，自分で運転しながら車酔いを起こす人はいないのと同じことだといえる。

　主体性が発揮されるということは，快適なばかりでなく，その人の力が十分に発揮され，発達することにもつながる。たとえば，どんな学校，どんなクラスにも，ある分野について知識や技能のずば抜けた子どもがいるものである。テレビやアニメの主人公・草花・鳥・自動車などの交通機関・地理・天文・オーディオ・音楽，果ては芸能界の事情に至るまで，教師をしのぐ知識・技術の持ち主がいる。そしてそれは，また例外なく，授業中に教師から教科書を通じて学んだというものではなく，すべて自分の興味，あるいは趣味で，自分自身が進んで研究したことで教師を超えているのである。これは，子どもが自発的に取り組むとき，学習の成果がいかに大きいかということを示している。

　その理由の第1は，自発的に活動するとき，脳をはじめ全身の神経が活発に働くことによる。その子どもにやる気がなければ，何時間勉強を強制しても，字ひとつ覚えられない道理である。

▲穴の中には何がいるのかな？

第2の理由は，人間の能力は練習量（学習量）に対応して発達すること
による。そして，自発的に活動する場合，その密度も時間も，そうでない
場合と比較して飛躍的に増大するからである。

　人間の知識・技能は一代限りのもので，けっして遺伝しない。生まれつ
き何かができる，何かを知っているということはないのである。すべては
後天的学習によるもので，誰かが何かができるということは，それだけやっ
た，そのことに取り組んだ，ということにほかならない。

　したがって，よい指導者とは，結論を教える人ではなく，そのことに取
り組むこと，研究することがどんなに楽しいかということを知らせる（経
験する機会を与える）人だということができるのである。つまり，教師は，
答えを教えるのではなく，解決策を教える立場にいなければならないので
ある。

② 全力の活動—全力をあげて活動する楽しさ—

　ルソーは『エミール』の中で，「人は子どもの身をまもることばかり考
えているが，それでは十分でない。（…中略…）生きること，それは呼吸
をすることではない。活動することだ。わたしたちの器官，感官，能力を，
わたしたちに存在感をあたえる体のあらゆる部分をもちいることだ」（今
野一雄（訳），岩波書店，1962）と述べている。

　体や心は使うためにあるのであって，休ませておくためではない。たと
えば，筋肉は，ときどき最大限の力を出さないと衰える一方だといわれる。
幼児が息をはずませながら遊んでいる。それを，「そんなにしたら疲れる
からよしなさい」といって休ませても，その幼児は喜ばない。

　発達心理学の「自発的使用の原理」は，子どもが何かをしたがるのは，
そのことができるような準備ができたからだ，ということを意味している。
乱暴をするというのは，体力がついたので，それを使おうとしているのだ
し，理屈を言うのは，たとえそれが屁理屈であっても，一応，理論的なこと
がいえるようになったということが基礎にある。それを十分に試みさせる
ことによって，より洗練された段階に進ませることが大切なのである。使
わせないということは，いつまでも未熟な段階にとどめることを意味する。

③ 能力の伸長—できなかったことができるようになる楽しさ—

　満1歳前後の幼児がつかまり立ちをして，よちよち歩きをするときのうれしそうな表情には，格別のものがある。「はえば立て，立てば歩めの親心」といわれるが，前に述べたように，失敗を責めず，成功を喜ぶ雰囲気の中で，何度ころんでも起き上がり，歩こうと努力する。E難度の技術をこなす一流の体操選手でも，一生の間に獲得する最も困難な運動技術は，立つことと歩くことだといわれている。人類が文明を得るに至った最大のエポックである直立歩行の技術を獲得するのは容易なことではないが，幼児は，今までできなかったことができるようになる楽しさに支えられて，自ら猛練習をするのである。

　もう少し大きくなって積み木遊びをするようになると，たとえば，3段目まで積めた子どもは，必ず4段目に挑戦する。さらに5段目へと，何度も失敗しながらやっと積めたときの喜びようは大変なものがある。この楽しさこそ，人間としての発達の原動力の重要なひとつである。

　すぐれた野球のコーチは，守備位置についた選手に対し，その守備範囲の限界をつくノックをする。それだけでも全力をあげて活動する楽しさがあるのだが，次に，横っとびで投げ出すように伸ばしたグラブの10センチほど先を抜けていく球を放つ。「あと一歩」というそこのところで，「打たれる前から球を見ておけよ」とか「今度は左の足から出てみろ」と一言だけ助言して，また，全く同じコースに同じ速さの球を打つ。選手は集中して，その捕球に成功する。一寸きざみに守備範囲が広がる楽しさに，選手は自ら求めてノックを受け続ける。

　ここには，指導者の選手に対する愛情と，指導法についての専門知識と，そして，それを実行する技術という3要素が不可欠であることが示されている。保育における指導も全く同様で，幼児への愛情と，幼児教育についての専門知識と，そして，最終的にそれを実践する技術が，保育の質を決定するのである。

4 知識の獲得―知らなかったことを知る楽しさ―

　生き物は，環境からプラスのエネルギーを取り入れ，マイナスのエネルギーを避けて生きる。したがって，高等な生物とは，環境を認識する能力が高いことを意味し，人間はその最高の存在である。

　乳児は視覚・聴覚・触覚などから，自分の生まれた身の回りの世界を知ろうとする。何にでも手を差しのべ，つかみ，口へもっていく。やがて，はいはいをして，部屋の隅で向きなおって笑みを浮かべる。これらはすべて，自分の生きる環境の状況を知ったり，確かめたりするための行為である。「これ何ていうの？」「どうして？」と質問ばかりする時期を経て，幼児期に話を聞いたり，探索行動や探検ごっこを好むのも，すべてこのことの現れである。

　パパは何でも知っている，先生は何でも知っていると信じるのも，自分の知らないことを知っている人，幼児の知的好奇心に満足を与えてくれる人への敬愛の念からである。

　ここで誤ってはならないのは，幼児が知りたいと思うことに応ずることが大切なのであって，けっして，興味のないと思われるものに無理に目を向けさせようとしてはならない，ということである。自然の状態にあって知識欲・探究心・知的好奇心のない幼児は存在しないのである。

5 創造―考え出し，工夫し，作り出す楽しさ―

　時実利彦（故人・大脳生理学者）によれば，刺激と反応の間に神経が果たす役割，機序（メカニズム）は，3種類あるという。

　第1は「コンダクター（伝導器）」としての役割――ある刺激があると，それがそのまま伝えられて反応を起こす，つまり，反射である。したがって，行動はすべて刺激拘束的となる。

　第2は，「インテグレーター（統合器）」としての役割――いろいろと複雑な刺激のトータルな結果を瞬時に計算して結論を出す，つまり，情報を処理して結果を指令するわけである。しかし，その結論は常に紋切り型となる。

　第3が、「**クリエーター（創造器）**」としての役割——刺激（情報）に対してそれに拘束されず、紋切り型にもならず、新しい行動の指令が発せられる。これは、人間だけに与えられている能力と考えられるのである。

　第1の伝導器的役割によって生きている動物は、何代を経ても親の世代と少しも変わらぬ生活を繰り返す。それに対して、人間はどうだろうか。保護者の一生と子どもの一生は全く異なっている。そのために人類は現在のような進んだ生活をするようになったのであるが、それは、すべて創造の働きによるのである。

　第2の統合器的役割は、コンピュータに置きかえることができる。しかしそれは、決められたプログラムに従って計算するだけで、新しい方法を生み出すことはできない。結局、創造活動のすべては、人間の大脳の新皮質、前頭連合野の部分によって営まれるほかないのである。

　時実は、創造とは「過失の自由」によってもたらされるものであるとし、「三尺退がって師の影を踏まず」とは、そのくらい先生から遠ざかって、影響をまともに受けないようにせよということだと解釈している。

　先ほども例に挙げたが、幼児が積み木を積む。4段目がどうしても積めない。しかし、倒れた積み木の上に積んでみたところ、5段も6段も積めた。幼児は、それから、ときどき積み木を横に使うようになる。このように、過失の自由の中で新しいやり方を発見するのは魅力的なことである。

6　有用・善行—人の役に立つ・よいことをする楽しさ—

　子どもは、正義の味方が好きである。幼児期には、まだ深い意味での道徳性を期待することはできないが、その芽生えは十分に見られる。生後9か月のころから、「役割行動」といって、たとえば、「新聞はどこ？」と聞くと「あっち」と場所を教えたり、「パパにどうぞは？」というと「どうぞ」と手渡ししたりする、といった具合に、何か人の役に立つことをして喜ぶのである。

　「生きがい」とは、自分の存在を人から必要とされることにあるといってよい。人の役に立つ、よいことをする楽しさの根もそこにあるのである。現代の青少年の問題の根本に、昔と比較して、すべての役割をはずされ、

自分のための勉強をしいられて, 生きがいを失っているということがある。

　幼児が集団の中で自然に役割を受けもち, それを果たす楽しさを十分に経験する必要がある。しかしそれは, 役務として強制するものであってはならないものであり, また, 幼児の善行をやたらにほめることもよくない。人が見ている, いないにかかわらず, 地味ではあるが, 本格的なよいことをする楽しさを味わうことが大切なのであって, 賞罰はかえってそれをそこなうこともあるのである。

⑦　人格の承認─存在を人に認められる楽しさ─

　反社会的行動によって人々に迷惑をかける青少年たちの中に潜在する動機の少なからぬ部分は, 自分が無視されている不満から, 人に注目されたい, かまってもらいたいという願望にあるといわれる。「自分たちだって, これくらいのことはできるという自負をもっている」ということからの行動だといえるのである。

　幼児の場合, 純真な若い保育者が次のような失敗をよくやっている。「さあ, みなさん, ○○をしましょうね」と呼びかけているのに, 窓ぎわのほうで勝手なことをしている子どもがいたとする。それこそ, 一人一人を大切に, 落ちこぼれのないように, という気持ちから, 「さあ, 太郎ちゃん, こっちへいらっしゃい」と呼びかける。

　保育者がその子の名を呼べば呼ぶほど, その子は気をよくし, ほかの子どもたちまでそこへ行ってしまう。それは, 先生のいうとおりに集まっていても「よい子のみなさん」と十把一からげの扱いとなるが, アウトサイダーになれば, 「太郎ちゃん」「花子ちゃん」と名前を呼んでもらえるからである。先生に名前を呼んでもらい, かまってもらうことによって, 存在を人に認められる楽しさを味わうのである。だから, こういう場合は, わざとかまわずに, 集まっている幼児たちの名前を呼びながら活動を進めることである。そうすると, いつの間にか, 窓ぎわにいた子どもも仲間に入ってくる。

　自分の名前を呼ばれるというのは, 人格の承認の表れとして, とてもうれしいものである。さらに, 前項でも述べたように, 事実として, 幼児一

人一人が，自分はみんなから必要とされているという実感がもてる経験を園生活の中で十分に味わえるような保育が必要なのである。

⑧ 共感―共感する楽しさ―

先に引用したルソーの言葉に，「一般の意見に反して子どもの教師は若くなければいけない。賢明な人であれば，できるだけ若い方がいい，ということだ。できれば教師自身が子どもであれば，生徒の友だちになって一緒に遊びながら信頼をうることができれば，と思う」というのがある。

これは，共感のないところに教育はないという意味であって，単なる年齢の差の問題ではない。事実，人間は自分と共通部分の多い人の意見の影響を大きく受け，その逆の場合，差異を強調されればされるほど無関心となる。

恋人たちの会話が，多少無理をしても共感や共鳴が多くなるのも，日常の会話が天候・時候のあいさつで始まり，パーティの席上では政治と宗教の話題がタブーとされるのも，すべて，共感の楽しさを求めてのものである。

幼児が同年代の友だちを欲しがり，童謡・紙しばい・漫画・アニメの主人公たちに一喜一憂するのも，保育者の話に耳を傾けるのも，すべて，共感の楽しさを求めてのものである。保育者の資質として最も大切なものは，幼児との共感性であるとしても過言ではないだろう。

⑨ 出会いと認識―よりよいものに出会う楽しさ―

幸福とは何か。これは永遠の課題であるが，少なくとも，価値あるものと出会うという客観的側面と，その価値を認識するという主観的側面との双方があって初めて幸福が成り立つものであると考えることができるだろう。人間的なものと出会えなかった野生児は不幸であり，同時に，どんなによい音楽を聞いてもその値打ちを感じないことも幸福とはいえない。

幼児期に，人間的なものに出会う機会を与えなければならない。同時に，その人間的なものとの出会いの値打ちを知らせなくてはならない。それは，その時期の幼児にとって最もよい経験を用意することであって，大人の考

えだけで価値の高いものを強制したり，教え込んだりすることではない。幼児が潜在的に求めているよりよいものとの出会いを保障し，そのことの楽しさを十分に楽しませることが大切なのである。

⑩ 愛・友好―好きな人とともにある楽しさ―

好きな人と一緒であれば，仕事をしても，遊んでも，話し合っても，お茶を飲んでも，何もしなくても楽しく，そうでない場合は，相当努力しても楽しくない。幼児は極めて正直にそれを表す。明日の登園を楽しみにするのは，大好きな先生や仲間がいるからである。大好きな先生とは，けっして子どもを甘やかす保育者ではない。それは，自発・主体性の発揮をはじめ，ここに述べたような楽しさを，確実に幼児に与えてくれる保育者なのである。

これらの 10 項目を，幼児に保障しているかどうか。こうした視点から指導や指導計画を点検することは，教育課程，全体的な計画にとって欠くことのできない重要なことと思われるのである。

第8章

目的・目標と、ねらい及び内容

1 目的・目標・ねらいの意味

先述したように，小学校以上の教育機関における目標と幼児教育の目標の違いは，前者が「到達目標」であるのに対して，後者は「方向目標」というところにある。たとえば「幼児期の終わりまでに育ってほしい10の姿」は，「到達目標」ではなく，「こうした方向に育ってほしい」という「方向目標」である。

人間のあらゆる営みは，一般に，成し遂げようとめざすことから出発する。その実現が意志によって欲求され，行為を決めたり，方向づけたりされるものである。行動の向けられる結果ということもできる。幼児に限定していえば，今，行動する幼児がどのような方向に向かおうとしているのか，あるいは，保育者が，その子どもをどういう方向に向かわせたいのか，という意図があるはずである。それが目標である。

ところで，目的，目標，ねらいの違いは何か。最小限度共通の概念を取り出せば，次のようになるだろう。

　　目的……結果として最終的にめざすもの。多くの場合，総括的・抽象的
　　　　　　である。
　　目標……具体的に達成されることをめざすもの。目的より個別的・直接
　　　　　　的である。
　　ねらい…個別の事例の中で達成をめざすもの。目標の，より具体化・細
　　　　　　分化された個々の事項や，その意図である。

一般に，目的を達成するために目標が定められ，目標を達成するためにねらいが定められるのであるから，明確な目的認識が大前提となる。具体的な目標やねらいは，常に，より上位の概念に対して適切であるかどうかがチェックされなければならない。個々のねらいに忠実であろうとするあまり，それにこだわることによって，かえって目的や目標に反することがある。

逆に，具体的なねらいを定めない行動は，実質を伴わないものになりやすく，反省・評価も生まれない。こうした3者の関係や位置づけを確かなものにすることは，極めて大切なことである。

　ところで，幼児教育における「目的」「目標」「ねらい」については，一般的な概念のほかに特定の意味をもつ場合がある。たとえば，「幼稚園教育の目標」と「幼稚園の教育目標」とは異なるわけで，後者を論ずる前に，前者について正しい認識をもつ必要がある。

　そこでまず，幼児教育施設における「目的」および「目標」について再認識することにしよう。

② 幼稚園，保育所，認定こども園の教育の目的と目標

① 法律に示されている目的

　前にも述べたが，幼稚園の目的については，学校教育法第22条に次のように定められている。

> ＜学校教育法＞
>
> 第22条〔幼稚園の目的〕
> 　幼稚園は，義務教育及びその後の教育の基礎を培うものとして，幼児を保育し，幼児の健やかな成長のために適当な環境を与えて，その心身の発達を助長することを目的とする。

　保育所の目的については，児童福祉法第39条に，また児童福祉施設の設備及び運用の基準第35条に，次のように示されている。

> ＜児童福祉法＞
>
> 第39条
> 　保育所は，保育を必要とする乳児・幼児を日々保護者の下から通わせて保育を行うことを目的とする施設（利用定員が二十人以上であるものに限り，幼保連携型認定こども園を除く。）とする。
>
> ＜児童福祉施設の設備及び運用の基準＞
>
> 第35条
> 　保育所における保育は，養護及び教育を一体的に行うことをその特性とし，その内容については，厚生労働大臣が定める指針に従う。

また認定こども園の目的については，就学前の子どもに関する教育，保育等の総合的な提供の推進に関する法律（通称：認定こども園法）第7条に下記のように記されている。

<就学前の子どもに関する教育，保育等の総合的な提供の推進に関する法律>
第7条
　この法律において「幼保連携型認定こども園」とは，義務教育及びその後の教育の基礎を培うものとしての満三歳以上の子どもに対する教育並びに保育を必要とする子どもに対する保育を一体的に行い，これらの子どもの健やかな成長が図られるよう適当な環境を与えて，その心身の発達を助長するとともに，保護者に対する子育ての支援を行うことを目的として，この法律の定めるところにより設置される施設をいう。

　ここには幼児教育を行う施設である幼稚園，保育所，認定こども園の目的が示されているが，教育の根本目的について，より上位の教育基本法では以下のように記されている。

<教育基本法>
（教育の目的）
第1条　教育は，人格の完成を目指し，平和で民主的な国家及び社会の形成者として必要な資質を備えた心身ともに健康な国民の育成を期して行われなければならない。
（幼児期の教育）
第11条　幼児期の教育は，生涯にわたる人格形成の基礎を培う重要なものであることにかんがみ，国及び地方公共団体は，幼児の健やかな成長に資する良好な環境の整備その他適当な方法によって，その振興に努めなければならない。

　教育とは「人格の完成」を目指すものであり，幼稚園，保育所，認定こども園等の幼児教育施設で行う教育とは，そのための「生涯にわたる人格形成の基礎を培う重要なもの」として位置づけられている。そして「健やかな成長に資する良好な環境」を与えて保育することが目的とされているのである。
　これら幼児教育施設の目的は，小学校教育などと異なる幼児教育の特質を表すために工夫されたものである。前にも触れた通り，小学校の目的

は，「心身の発達に応じて，義務教育として行われる普通教育のうち基礎的なものを施すことを目的とする。」(学校教育法第29条〔小学校の目的〕)とある。すなわち，小学校が主として学年段階に応じ，「義務教育として行われる普通教育のうち基礎的なもの」という定められたものを「施す」という，どちらかといえば教師主導型の「授業」を中心とするのに対し，幼児教育施設では，発達するのは幼児自身であり，それを助長すること，つまり発達する幼児を守り育てる「保育」が目的となっている。それも，「良好な環境の整備」という方法を示すことによって，その特質を明らかにしているのである。

② 法律に示されている目標

　たとえば幼稚園における教育の目標については，学校教育法第23条に次のように定められている。

＜学校教育法＞

第23条〔幼稚園の目標〕
　幼稚園における教育は，前条に規定する目的を実現するため，次に掲げる目標を達成するよう行われるものとする。
1　健康，安全で幸福な生活のために必要な基本的な習慣を養い，身体諸機能の調和的発達を図ること。
2　集団生活を通じて，喜んでこれに参加する態度を養うとともに家族や身近な人への信頼感を深め，自主，自律及び協同の精神並びに規範意識の芽生えを養うこと。
3　身近な社会生活，生命及び自然に対する興味を養い，それらに対する正しい理解と態度及び思考力の芽生えを養うこと。
4　日常の会話や，絵本，童話等に親しむことを通じて，言葉の使い方を正しく導くとともに，相手の話を理解しようとする態度を養うこと。
5　音楽，身体による表現，造形等に親しむことを通じて，豊かな感性と表現力の芽生えを養うこと。

　これは法律上の規定であって，前条を受けて，その目標を示したものである。これらの目的および目標を達成するために幼稚園での教育は行われるのであるが，時代・社会の変化に伴って，より現実に合った目標が必要

になる。

　また保育所ではその保育の目標について，保育所保育指針に以下のように定められている。

<保育所保育指針＞

第1章総則　1保育所保育に関する基本原則 (2) 保育の目標

（ア）十分に養護の行き届いた環境の下に，くつろいだ雰囲気の中で子どもの様々な欲求 を満たし，生命の保持及び情緒の安定を図ること。

（イ）健康，安全など生活に必要な基本的な習慣や態度を養い，心身の健康の基礎を培うこと。

（ウ）人との関わりの中で，人に対する愛情と信頼感，そして人権を大切にする心を育てるとともに，自主，自立及び協調の態度を養い，道徳性の芽生えを培うこと。

（エ）生命，自然及び社会の事象についての興味や関心を育て，それらに対する豊かな心情や思考力の芽生えを培うこと。

（オ）生活の中で，言葉への興味や関心を育て，話したり，聞いたり，相手の話を理解しようとするなど，言葉の豊かさを養うこと。

（カ）様々な体験を通して，豊かな感性や表現力を育み，創造性の芽生えを培うこと。

　なお，認定こども園における3歳児以上の子どもの教育目標は，幼稚園と同じく学校教育法第23条に掲げる目標が達成できるよう保育を行うことが定められている（認定こども園法　第3条第2項）。

③ 幼稚園教育要領と5領域

　幼稚園教育要領の1998（平成10）年改訂の際には，幼児期とはどういうものであるか，幼児期に育つものは何か，ということを発達の側面ごとに専門研究者と実践家がペアを組んで報告し，それを土台にして集中討議を重ね，それを繰り返して総括した。その成果は5つの領域にまとめられたが，結果として学校教育法の5つの目標に近い区分となった。現行の2017（平成29）年改訂の幼稚園教育要領もこれを踏襲しているのであるが，これは，けっしてあとから無理に合わせたものではなく，また，法律から演繹的に5つの領域を考えたものでもない。改めて調査研究した幼児発達

の事実が，奇しくも法律と一致したのである。

　法律と一致したことは，当為を示す法律が実在に立脚していたことの証でもあり，喜ぶべきことなのであるが，心配がないわけでもない。それは，5つの目標から5つの領域が生まれ，その中がねらいと内容に分けられて次々と具体的に示されているかのような誤解が生まれると，それを受けた教育現場で，幼児の実体を後まわしにして，法律の延長として領域のねらいと内容を教育課程におろし，それをまた指導計画におろして実施する，といった上意下達の演繹的実践が生まれる恐れがあることである。つまり，実態の伴わない形式的な「案」になってしまう恐れがある，ということである。

　あくまでも幼児の実態が出発点であり，帰結点でもある。その実践を行ううえでしっかりした教育的な視点が必要なのであり，そのためにねらいと内容が領域ごとにまとめられて示されているのであって，むしろ5つの領域に示されたねらいと内容は，幼児の実態から帰納的に集約されたものなのである。

④ 幼稚園教育要領・総則の前文の意義

　特に幼稚園教育要領の総則において，前文として，幼児期が生涯にわたる人間形成の基礎を培う時期であることを踏まえ，幼稚園教育の基本に基づいて展開される幼稚園生活を通して，目標の達成に努めるべきことが述べられている。これは，とかく目標をそのまま幼児に押しつけ，これができるのがよい子，できないのはいけない子だといった指導がなされやすいことから，幼児期はけっして完成を求める時期ではなく，基礎を培う時期であることを，まず，示したものである。「つちかう」というのは，土を根にかけて草木を養育することで，広く深く力を養う意味で用いられる言葉である。その方法は，幼児期にふさわしい生活の展開をはじめとする幼児教育の基本に基づく幼稚園生活を通じて，ということである。これは最も自然な，子どもらしい生活ということで，保育者が勝手にあるべき生活を頭で考えて，幼児に強制することではけっしてないのである。

③ 園の教育目標・保育理念

① 基本的な性格

　現在，全国のほとんどすべての幼稚園，保育所，認定こども園には，各園独自の「教育目標」「保育理念」が定められている。それは，教育課程，全体的な計画の冒頭に記されるのが普通である。多くの場合，園長室などに掲げられ，現在では，園独自のホームページなどの冒頭にも記されている。

　それぞれの園に教育目標を設定しなければならないという法律上の規定はない。たとえば「各幼稚園の教育目標」という言葉は，国の基準でもある幼稚園教育要領にもないが，幼稚園教育要領解説（文部科学省　2018（平成30）年の教育課程の「具体的な編成の手順について（参考例）」の中に，次のように記されている。

---

②各幼稚園の教育目標に関する共通理解を図る。
・現在の教育が果たさなければならない課題や期待する幼児像などを明確にして教育目標についての理解を深める。

　また，保育所保育指針解説（厚生労働省「全体的な計画作成の手順について（参考例）」2018（平成30）年）の中で，また幼保連携型認定こども園教育・保育要領解説（文部科学省，厚生労働省，内閣府「具体的な作成の手順について（参考例）」2018（平成30）年）の中でも，以下のように述べている。

＜保育所保育指針解説＞
３）各保育所の保育の理念，目標，方針等について職員間の共通理解を図る。

＜幼保連携型認定こども園教育・保育要領解説＞
（イ）各幼保連携型認定こども園における教育及び保育並びに子育ての支援等の目標に関する共通理解を図る。

　なぜ，各園に教育目標，保育理念を設定することが一般化してきているのであろうか。

　歴史的には，戦前，公私立を問わず諸学校に「校訓」のようなものが存在した。いわゆる「建学の精神」などの教育理想を端的に表現したものである。そうした意味もないわけではないが，現在の学校や園の教育目標には，より多くの意味が与えられているのである。

　各園に教育目標，保育理念を設定する第1の意義は，**園の教育課程，全体的な計画は，園で編成し，園で実践し，園で責任をもつという，自主編成の精神を現すものである**，ということである。言葉をかえれば，その園の，その園による，その園のための教育課程，全体的な計画である。法律に基づく国の基準や，教育委員会の規則なども，もちろん守らなければならないものであるが，そこに示されているものは一般的普遍的な原理原則の規定であって，それを各園それぞれの条件に応じて具体化し，個別化するのでなければ，現実的な生きた教育課程，全体的な計画は生まれない。また，国の基準もそれを求めているのである。したがって，思いつきや，借りものなどの粗末な教育目標，保育理念は，ただちにその園の教育課程，全体的な計画がそのようなものであることを露呈してしまうことになる。

　第2に，園の教育目標，保育理念は，**園長をはじめとするその園の保育者全員の共通の，具体的な実践目標である**，ということである。保育者一

▲教育目標，保育理念はみんなが見えるところに

人一人が全国レベルの一般的抽象的な教育目標，保育理念をめあてに保育を進めることも大切であるが，それだけでは多様な解釈が成り立つし，力の入れどころもまちまちになりかねない。その園の保育者集団として，保育の方向づけをし，よりよい保育にしていくための核になるものとしての意義が，園の教育目標，保育理念にはあるのである。したがって，園の教育目標，保育理念は，保育者全員の共通の願い，教育意志が表明されたものとしての性格をもつものでなければならないのである。

第3に，園の教育目標，保育理念は，**幼児および保護者，さらには社会に対する教育上の公約としての性格をもつものである**，ということである。義務教育学校であっても，そのような意義は存在すると思われるが，特に就園の義務がなく，国公私立の別なく選択の自由があるような幼稚園，保育所，認定こども園において，この園に入園すれば，このような教育・保育が受けられるということを宣言することの意味は大きい。自由主義先進国においては通例となっているもので，その園の教育理念が保護者たちの支持を得られるかどうかは極めて重大である。

第4に，園の教育目標，保育理念は，**園の教育・保育実践を反省評価する基準としての意味をもつものである**，ということである。心身の発達を助長するという保育も，より具体的なめやすがなければ評価ができず，実践を反省し，改善する糸口がつかめないことになる。折あるごとに実践を照らす鏡としても，教育目標，保育理念は有効に活用されなければならない。

第5に，これは目に見えないことであるが，**幼児自身の願いであり，自己形成の目標である**，ということである。保育とは，幼児の内面的要求（内発的であり潜在的であるが，本質的な，人間としての全面的な発達への願望）を，自らの力で実現できるように援助することであるといえるのであって，幼児自身の願いに基づかない教育目標，保育理念は無意味であるか，弊害を伴うかのどちらかだといってもいい。保育者や保護者や社会の願いは，幼児自身が自己を実現することを中心として教育目標，保育理念の中に結集されなければならないのである。

② 設定と改善の手順

　教育課程，全体的な計画の最終的な責任者は園長である。また教育課程，全体的な計画の前提ともいえる教育目標，保育理念の最終的な責任者もまた園長であるが，園長が一人で作成し，決定することを意味するものではない。もちろん，園によっては創設者や初代園長以来の目標，理念があって，新しく設定することや変更することが容易でない場合もあるだろう。

　以下に記すのは，そのような特別な事情のないかぎり望まれる手順の例で，それぞれの園の条件の中で，最も適切な方法がとられる必要がある。

1）一般社会・地域社会・保護者たちの願いを知る

　公教育は社会の付託に応えるものである以上，法的な根拠に立つことのほか，現実の一般社会やその地域社会や保護者たちが，幼児教育に何を求めているかを，まず把握する必要がある。これは，それをそのまま受け入れるということではない。善悪の価値判断は後に回し，事実を知らなければならない，ということである。

　地域や保護者の願いを知るには，アンケート調査や，代表者による懇談会などによって，その願いをとらえる方法がある。この際，望まれる幼児像と，それを実現するための方法の2面について調べる必要がある。

2）幼児を取り巻く環境や幼児の生活の実態を知る

　社会や保護者の願いとは別に，幼児がどのような環境で，どのように生活しているのか，その実態を知る必要がある。善悪の価値判断を離れること，および，調査の方法については「1）」で触れたことと同様である。

3）現実の幼児の姿をとらえる

　現在入園している幼児の姿を，いろいろな角度からとらえる必要がある。健康や運動能力をはじめ，心身の発達の状況やそのバランスなどについて，分析的・総合的にとらえる。その際，客観的なデータがあれば用いてもよいが，体力テストや知能テストを行うよりも，実践記録や実践における実感を基に保育者が話し合って結論を導くのがよい。

4）以上の3項目をふまえ，保育者の願いを明らかにする

　一般社会・地域社会・保護者たちの願いと，幼児を取り巻く環境や幼児

の生活の実態，そして，それらの中で育てられている現実の幼児の姿を対比・総合し，幼児に内在する本来の願いやあり方に立ってそれらをていねいに評価・点検して，保育者の願いを明らかにする。その内容は，現実の幼児の姿についていっそう確実にしたり，伸ばしたりすべきものと是正したり補ったりするべきものを明確にしたりすることである。

5）法的・歴史的根拠をふまえ教育目標，保育理念の原型をつくる

「4）」までをふまえて実際に教育目標,保育理念の原型をつくる際には，教育基本法，学校教育法，幼稚園教育要領，保育所保育指針，幼保連携型認定こども園教育・保育要領，教育委員会規則（公立の場合）や，児童憲章の関係法規などの精神にのっとっているかどうかを十分点検するとともに，幼児の発達についての理解や，幼児教育思想の歴史などの幼児教育に関する専門的知識の裏づけを大切にしなければならない。

6）表現上の工夫を加え，教育目標を決定する

表現上の工夫の主なものとしては，①体系的（普遍的・重点的）であること，つまり，思いつき的であったり羅列的であったりしないようにすること，②なるべく簡潔であること，そして，③親しみやすいものであること，などが挙げられる。

「体系的であること」を第1に述べたのは，教育目標，保育理念は園の教育課程，全体的な計画のすべてをカバーすべきものであることによる。より重点的であるべきとする考えもあるが，それは年度目標や，学年や学級の目標として考えるべきものであろう。

次に園の目標の一例を示す。

教 育 目 標
子どもの人間的発達の基礎を守り育て，生きること（自立）と愛すること（連帯）の能力をつちかう。
（1）健康で活動的な子ども
（2）よく見，よくきき，よく考える子ども
（3）よくつくりだし，よくあらわす子ども
（4）愛情ゆたかな子ども
（5）正しいことに向かって協力する子ども

　ここには，教育観や発達観を表す前文と具体的幼児像の5項目が記され
ている。前文には，「人間的発達」の「基礎」を「守り」「育て」と，一語
一語に思いがこめられ，以下，健康・学習・創造という主として自立面か
ら，愛情・協同という連帯に及ぶものであるが，たとえば，「愛情ゆたか
な」というのは単に「思いやり」ばかりでなく，人間をはじめ，あらゆる
物事に対するそれを指し，「正しいことに向かって協力する」というのも，
付和雷同や主体性のなさを排除する意味がこめられている。
　また，この中には「仲よく」「素直な」「明るい」「やりぬく」「頑張る」
「がまんづよい」「礼儀正しい」というような表現が見られないことに気づ
くであろう。その理由は，ひとつには，教育を幼児自身のためよりも，大
人の都合のための「よい子」にしてしまう恐れがあること，もうひとつは，
過程を省略して結果を幼児に求めてしまうことを恐れたからである。
　たとえば，仲よくするために自己発揮が妨げられ，素直であるために自
分で考えることをさせられない，問題を訴える子どもが暗いという評価を
受ける，というようなことがあれば，幼児期に経験すべき課題，たとえば，
葛藤場面を経験することによって，正しい価値観を自ら形成するという課
題を達成する機会を圧殺することになりかねない。
　幼児教育は，幼児期に完成を求めるのではなく，一生の基礎を培うもの
であるのだから，結果を求めるかたちの幼児像はなるべく避けるべきであ
ろう。そのためには，「仲がよければいいのか」「素直であればいいのか」
「明るければいいのか」「やりぬけばいいのか」「頑張ればいいのか」「がま
んづよければいいのか」「礼儀正しければいいのか」……という問いかけ
を十分にすることが必要である。文字そのものがいけないのではなく，そ
の取り扱いが教育目標，保育理念として十分吟味されなければならないの
である。

4　ねらい・内容とその領域

　幼児教育の基本が環境による教育であることを中心とし，幼児期にふさ
わしい生活の展開，遊びを通しての総合的指導，一人一人の発達の特性に

応じた教育が重視されなければならないことが十分に理解されたとしても，これらのことは主として，幼児教育の方法にかかわる基本的な理念であって，幼児教育の内容を直接に示すものとはなっていない。また，幼児教育の目標が示されてはいるが，これは包括的なものであって，より具体化されたものがなければ，実際の教育課程，全体的な計画を編成する手がかりとはなりにくい。

2017（平成29）年の幼稚園教育要領，保育所保育指針，幼保連携型認定こども園教育・保育要領の改訂（定）では，3歳児以上の幼児教育の場において育みたい「3つの資質・能力」，および小学校就学前の「幼児期の終わりまでに育ってほしい10の姿」が示された。ただし，既に述べたように，この「3つの資質・能力」も「育ってほしい10の姿」も，個別に取り出して指導したり，到達すべき目標ではない。「3つの資質・能力」は，適切な環境の下，子どもたちの自発的な活動である遊びを通した総合的な指導・援助によって，子どもたちに育まれていくものであり，そうした子どもたちの具体的な姿が「育ってほしい10の姿」なのである。

そして「3つの資質・能力」「育ってほしい10の姿」は，5領域の「ねらい及び内容」に基づく教育・保育活動全体を通して育まれるものである。

では，幼稚園教育要領，保育所保育指針，幼保連携型認定こども園教育・保育要領のそれぞれの第2章に記されている「ねらい及び内容」が，どのように成立したのか，以下にわかりやすく私見をもまじえて説明することにする。

① 幼児期に育つものこそ育てるべきもの

前にも触れたように，1998(平成10)年，2008（平成20）年の幼稚園教育要領，保育所保育指針の改訂（定），そして2017（平成29）年の幼保連携型認定こども園教育・保育要領を含む3法令の改訂（定）の基本は，1989（平成元）年の幼稚園教育要領の改訂を踏襲している。その基礎となる1989（平成元）年告示の幼稚園教育要領に関する調査研究協力者会議では，もっぱら幼児とは何か，幼児期とは何か，幼児の発達とはどういうことか，という観点から調査研究を行った。全体討議のあと，発達のそ

れぞれの側面ごとにその分野の専門研究者と実践家がそれぞれの立場から，これまでの経験を含め最新の研究成果を報告し，それをもとに集中討議を繰り返してこのことを明らかにしていった。

そこで確認されたのは，幼児期に本来育つものがある，ということであった。その幼児期に育つものこそ，幼児期の発達課題であり，臨界期（そのときでないと育たないという考え）的な見方を含めた教育の適時性の観点からも，生涯学習体系の観点からも，まさに幼児期に育てるべきものなのである。

それまでも，こうした考え方が全くないわけではなかった。しかし，教育とは100％の知識・技能・態度をもった理想の大人を基準にして，その知識・技能・態度を子どもに教えたり訓練したりして授け，一人前になるべく早く仕立て上げることだという通念がどこかにあり，そうはいっても，まだ幼いのだから手心を十分加えなければ，ということが発達に即するということであるという考えが，現在でも多分に見られるのである。

こうした傾向の中にあって，「幼児期に育てるべきもの」を考えようとすると，多分に「あれも教えておきたい」「これもできるようにさせたい」「もっと立派な態度を身につけさせねば」とエスカレートし，踏み固められるべき幼児期の発達の道すじを省略して，あるべき姿を押しつけることになりがちになるのである。

それを排除して，「幼児期に育つものこそ育てるべきもの」であるとした考え方は，間違いのない，最も合理的なあり方といえる。育たないものを育てようとするのではなく，育つべきものが十分に育つ環境を与えて，育つようにするのである。現代社会にあって，幼児期に育つものが育っていない悲劇が，青少年期を中心とする教育問題・社会問題の原因となっているとの指摘は枚挙にいとまがない。犯罪の低年齢化は，こうしたことの弊害と考えてよいだろう。人間としての全面的な発達の基礎を守り育てる保障が求められているのである。

② 5つの領域の成り立ち

こうした現実的・理論的背景のもとに，幼児期に育つもの（＝育てるべ

きもの。以下略）を洗い出し，総括すると，第1に「**心身の健康**」の分野が挙げられる。健康な心身といってもいい。従来，健康といえばもっぱら身体的な面だけを考えることが多かったが，ＷＨＯ（世界保健機関）が健康とは身体的，精神的，社会的に良好な状態をいうと定義しているように，単に，身体的な面に限らず，精神的社会的な健康にも多くの目が注がれるようになってきた。特に，幼児期は心と体の関連が深いこと，また，心の発達の基礎が築かれる時期であることから，心身の健康という分野が大きく浮かび上がるのである。

次に，幼児期に育つものとして大きいのは，「**環境とのかかわり**」である。環境とかかわる力といってよい。前にも述べた通り，生き物はすべて環境の中に生まれ，環境から自分に必要なもの，必要と思われるものを取り入れて生きる。生物が高等であるということは，その力がすぐれていることを意味するといってもいい。従来の教育は，ともすれば，自然環境と社会環境の知識を子どもに教えることによってその力を育てようとしたが，幼児期には，より基礎的に，環境に興味・関心をもって取り組む喜びを知り，それを自分の生活に取り入れようとする態度を養うことが大切である。

環境とのかかわりの中でも，特に「**人とのかかわり**」は重要である。人とのかかわりをもつ力といってもいい。人間は，まさに人とのかかわりの中で生きていくのであって，もし，その力が不十分であれば，幸福な人生も社会への貢献も望めない。人とのかかわりは物とのかかわりよりもむずかしい。物は裏切ることがないが，人は予想と異なる反応をする。そこにこだわらず，信じ合って生きていく力を身につけていくように幼児期はできているのであって，十分にその力をたくわえる時期である。

さらに，幼児期に育つものとして大きいのは，「**感性と表現**」である。自然や人間や文化など，環境のすべてを認識する力は，まず感覚であり感受性である。さらに，その受けた印象をどのように表現するかにも，すぐれた感覚的なものが必要である。こうしたものをトータルして感性と呼ぶが，この感性の基礎は幼児期に養われる。また，自分の感じたことや考えたことを表現する力も，人間として生きていくために極めて大切であるが，そのための意欲や積極性も幼児期に養われる。

　感性と表現に深くかかわるものとして「**言葉**」がある。言葉は，感覚的なものを受けとめ，概念化することによって，感性をも育てることができる。たとえば，「わあ，きれい」と教師や仲間が声を出すことによって，子どもたちは「ああ，こういう感じをきれいというのだな」と確認し，自分のものにできるが，もし「きれい」という言葉を知らなかったら，その感覚は次々に流れ去ってしまうだろう。さらに言葉は，論理的思考とその表現のためになくてはならない道具である。このように大切な言葉は，まさに幼児期に育つものであり，育たねばならないものである。

③　5つの領域相互の関係

　これら，「幼児期に育つもの」を示したものが図8−1である。

　全体を円にしたのは，幼児の育ちは文字通り「まるごと」のものであることを示している。学校の教科のように並列にするわけにはいかない。本来ならば，その内部を分割することもできないのであるが，発達の諸側面をしっかりとらえる分析的な視点も必要であるので，最小限度の区分けをした。

　まず，「心身の健康」が基礎中の基礎であることから，円の下の部分に置いた。その上に，大きくいえば2つの分野が成り立つ。左側の「環境とのかかわり」と右側の「感性と表現」の両者は，深くかかわっている。環境とかかわるために感性と表現が必要であり，また環境とかかわる中で感性と表現が育つ。また，感性と表現が育つことによって，環境とかかわる力が育つ。したがって，リンゴの切り口のように両者は重なるものといってもいい。

　そして，環境とのかかわりの中に，重要な「人とのかかわり」を独立させた。また，感性と表現の中に，これも重要な「言葉」の分野を独立させたのである。人とのかかわりと言

図8−1　「幼児期に育つもの＝
　　　　　幼児期に育てるべきもの」

葉とは，特に関連が深く，接している。こうして，「心身の健康」の上に「環境とのかかわり」「人とのかかわり」「言葉」，そして「感性と表現」という発達の諸側面が円内に接して立ち，その相互性と総合性を表していると考えるのである。

この「幼児期に育つもの」こそ助長されるべき発達の諸側面であり，それぞれ「健康」「環境」「人間関係」「言葉」「表現」と名づけられた5領域に該当するものなのである。

各領域には，3つずつの「ねらい」と，8ないし13項目の「内容」と，3ないし6項目の「内容の取扱い」が示されている。

④ ねらい

3つのねらいは，それぞれ，①主として心情に関するもの，②主として意欲に関するもの，③主として態度などに関するもの，となっている。そしてこれらは，ある意味でその順序が重要であるといえる。すなわち，幼児の場合，心情的なものがすべてに大きく影響を与えることから，「①」のねらいをまず優先的に考える必要があり，そのことが土台になって「②」の意欲的なねらいが達成に向かう。そして，意欲をもって行動することを通じ，その結果，「③」の態度などが養われる，という順序である。

また，小学校以降の教育が，知識・技能・態度を育てることを目標として行われるのに対して，幼児教育は心情・意欲・態度を育てることをねらいとしているという特質も，これによって明らかである。

また2017（平成29）年の改訂（定）によって，明記された「3つの資質・能力」もこの3つのねらいに基づくものであることが理解できると思う。合計15のねらいは，幼稚園，保育所，認定こども園における生活の全体を通じて幼児がさまざまな体験を積み重ねる中で相互に関連をもちながら次第に達成に向かうものであるとされているが，これは，特定の活動によってねらいが達成されるものではないこと，ねらいは到達目標ではなく，方向目標であることを示している。

それぞれの園では，園生活の全体を通してこれらのねらいが総合的に達成されるよう，さらに具体的なねらいを考えていく必要がある。すなわち，

教育課程，全体的な計画の軸をなす各時期のねらい，それを基に具体的に環境を構成して指導を行うための指導計画に必要な，より具体的なねらい，それも，必要な場合には長期の指導計画のねらいと短期の指導計画のねらいとがある。

　幼児教育におけるねらいが，小学校以降におけるねらいと異なる性質のものであることを示す典型的なエピソードがある。ある公立幼稚園の研究会でのこと。地区の指導主事が，その日の指導計画を見て，「これだから幼稚園はだめなのだ」と担任に向かって強い口調で指導した。そこには，その日のねらいのひとつに「気の合った友だちと仲よく遊ぶ」とあった。その指導主事の言い分は，「気の合った友だちと仲よく遊ぶのはあたりまえではないか。教育上のねらいであるからには『気の合わない友だちとも仲よく遊ぶようにさせる』というのでなくては」というのである。確かに筋の通った話である。しかし，ここが幼児教育の特質である。将来，気の合わない人とも仲よくできるようになるための原動力は，「友だちっていいな」「仲よくするって，素晴らしいことだな」という体験があって生まれる。これを「**原体験**」という。気の合った友だちと，とことん遊び込んだことのある人は，たとえ気の合わない人と出会っても，仲よくなりさえしたらあの素晴らしい世界がひらける，という原体験に支えられて，自分をおさえてでも仲よくしようとすることができるだろう。もし，教育だからといって気の合わない友だちとわざわざ組ませ，「仲よくしなさい」と命令したらどうなるだろう。「ああ，いやだな」「友だちってめんどうくさいな」「一人で遊んでいた方がいいな」という，人間嫌いの原体験となる恐れが多分にあるのである。

　同じ体験学習といっても，幼児教育におけるそれは，あくまでも原体験としての学習なのである。完成を求めた体験は，マイナスの原体験になる恐れがある。一般に原体験という言葉は，将来の人格形成に大きな影響を及ぼす初期の直接の経験という意味で用いられる。幼児期にはプラスの原体験を十分にさせる必要がある。このことは，ねらいや内容を考える際に，先ず，考慮されなければならないことである。

　各領域に示されている内容は，３つのねらいを達成するために指導することがらである。指導するということは，幼児が幼児期にふさわしい生活を主体的に展開することを通して，幼児自身が育つことを期待して援助することである。したがって，指導する内容とは，いわば「幼児期にふさわしい，遊びを中心とする幼児の主体的な生活の中で，幼児にぜひとも経験させてやりたいことがら」ということができる。ここでいう経験とは，幼児の内面的な経験であって，外形的な活動ではない。したがって，こうした経験が得られるような環境を工夫することが大切なのである。

　ではなぜ，「望ましい経験」としないで「内容」とされたのであろうか。ひとつには，いま述べたように，指導内容としての意味で用いられることからである。いまひとつは，1964（昭和39）年の旧教育要領で，常に，「望ましい経験や活動」としてまとめて用いられていたことにある。当時は，教師が望ましいと考える「経験や活動を選択し配列」することが教育課程の基本であったから，指導計画も同様であり，幼児はそれに従うことが保育を受けることであった。そのため，いくら経験は内面的なもの，活動は外形的なものとことわっても，両者が常にまとめて用いられていた以上，混同はさけられず，弊害を生む恐れがあったことが反省されたため，1989（平成元）年告示の幼稚園教育要領以降は，「内容」とされているのである。

　これら内容は，それぞれのねらいについて，いくつかずつの内容が仕分けされるという性質のものではない。また，特に必要な場合は，示されているねらいの趣旨に基づいて適切な，具体的な内容を工夫し，それを加えても差し支えないが，その場合には，それが幼児教育の基本を逸脱しないよう慎重に配慮する必要があるとされている。

　これは，幼稚園教育要領が，幼稚園の教育課程の国の基準として示されるものである以上，限定的な意味あいが強いので，例外規定がないと困る場合があり得ることを予想して設けられたものである。この表記があるためにかえって明らかになっていることは，各幼稚園の内容があまりにも多

すぎるということではないだろうか。合計 52 の内容で十分なのである。この内容をじっくり検討してみることによって，もっとゆとりのある，行き届いた指導が行われることが期待されるのである。

　内容の表記は，主として，「進んで戸外で遊ぶ」というように，「○○する」という表現になっている。「○○することができる」という表現はない。また，小学校の学習指導要領のように「○○させる」という表現もない。また，「上手に」「正しく」という表現もない。これは，どこまでも幼児の主体的な生活を重んじ，幼児自身が活動を展開することを指導の内容としてとらえていること，できるできないを問わず，意欲的にかかわる経験の機会を与えることが指導の内容であることの表れである。

⑥ 領域は教科とは全く異なる

　領域は，すでに述べたように，幼児期の発達の諸側面である。幼児の行う活動のひとつをとっても，すべての領域のねらいに通ずるものがあり，すべての領域の内容にかかわっている。したがって，領域は活動の分類ではない。これに対して小学校の教科は，主として，文化の体系の系統的学習という観点から，教科ごとに独立して目標・内容が定められ，教科ごとに授業が行われ，学習活動が展開する。

　幼児期にふさわしい生活という，区切りようのない流れの中で，幼児期に育つものをしっかりと支えるために，育ちの分野ごとにまとめられた，いわば，ねらいと内容の束としての領域が活用されなければならない。それはあくまでも，幼児の育ちをとらえるための分析的な視点であって，そのまま幼児に課すべき課題ではないのである。

　したがって，一斉保育，設定保育を領域にあてはめて指導するような領域別の活動や指導は望ましくない。なぜならばそれは，必ず，特定の知識・技能を指導することになって，一部の幼児には適することがあっても，他の多くの幼児にとっては無益，もしくは有害なものになる恐れがあるからである。

　各領域に示された3ないし6項目の「内容の取扱い」も，実態調査などによって明らかにされた誤解されやすいことがらや，現実に配慮を欠いて

弊害を生じていることについて，本来の幼児教育のあり方から見ての留意
事項を示したもので，指導にあたっては十分に留意されなければならない
ことがらである。

第9章

教育課程，全体的な計画の編成と
指導計画の作成

1 教育課程，全体的な計画編成の手順

これまでにも述べたように，カリキュラム（幼稚園の教育課程，保育所，認定こども園の全体的な計画）は極めて総括的・基本的な意味をもつものであり，その編成にあたっては，十分にその意義を実現するように取り組まなければならない。以下は，カリキュラムの編成（カリキュラム・マネジメント）にあたって欠くことのできない主な留意事項を挙げたものである。

1 入園から修了までの園生活の総体

第2章の冒頭でも触れたように，カリキュラムという言葉の語源が，走路，つまり通り道であるように，幼児が入園してから修了するまでに経験する園生活のすべてが，教育課程，全体的な計画である。

明治初期，わが国の近代学校制度発足のころ，カリキュラムは学科課程と訳された。学校は学問所と考えられたからである。その後，教育内容は学問ばかりでなく，体操や音楽などの実技教科もあることから教科課程と改められたが，さらに，教科以外にも特別教育活動，学校行事など（現在は道徳，特別活動）の領域が置かれ，学校生活全体を通じて教育が行われることから，教育課程と呼ばれるようになっているのである。

ここには，教育という人間形成作用が生活全体によって行われるという認識の進展があるのだが，生活主義教育というようなかなり進んだ考え方においても，教育というものを生活化することによって効果をあげようとする考え方にとどまる場合が少なくない。「生活が陶冶する」といったペスタロッチ（Pestalozzi, J. H.）の理想（第6章，103ページ）は，学校教育の現実からはまだまだ遠いのである。

しかし，幼児教育においては，倉橋惣三が「教育の生活化という言葉には，教育を基としてそれをどう生活的にしていくかという調子がありますが，われわれの考え方では，少なくも幼児教育の場合においては，教育の生活化ではなくて，むしろ生活の教育化といいたいのです」と述べているように，まず幼児の生活があって，その生活が，幼児の生涯のために欠く

ことのできない大切な発達を保障するものであるという，真の意味で教育的であるように配慮するものでなければならない。

　したがって，1年保育の幼児のためのカリキュラムと，3年保育の幼児のためのそれとは当然異なるものであるし，純粋かつ厳密にいえば，一人一人の幼児に即した，幼児の数だけのカリキュラムが存在しなければならないのである。少なくとも，一人一人の幼児に即した園生活のすべてが含まれているカリキュラムでなければならないのである。

　幼児教育施設の教育課程，全体的な計画は，まさに，「入園から修了までの園生活のすべて」である。園における生活そのものが教育課程，全体的な計画であって，園生活の中に教育課程，全体的な計画に属する部分と属さない部分があるわけではない。

　しかし，そのすべてを書き表すわけにはいかないので，幼児教育において「育みたい3つの資質・能力」をふまえつつ，「幼児期の終わりまでに育ってほしい10の姿」を参照しながら，「入園から修了までの園生活の大綱」を書き出したものが教育課程，全体的な計画といわれるものである。実体としての教育課程，全体的な計画は，生活そのもの，その大綱を定めたものが書き表された教育課程，全体的な計画ということになる。

　入園から修了までの園生活の大綱ということになれば，当然，園の教育目標・保育理念，教育年数による学年組織，学級編成などが示されることも多い。しかし，中心となるのは，あくまでも具体的なねらいと内容を組織し，編成したものである。幼児教育施設は公教育の機関であるから，子どもをどのように育てるかがその生命である。その「どのように」が「ねらいと内容」であり，幼児教育の一般的なねらいと内容が各3法令に示されている。

　この一般的なねらいと内容は，入園から修了までの全生活を通じて，その方向に向かって達成が図られるものであるが，いつ，どの時期に，そのような具体的なねらいをもって，どのような内容が幼児の育ちに期待されるのであるかについては示されていない。それは，時間の経過とともに，幼児の心身の発達と園や地域の実態に即応するものでなければならないからである。

そこで，3法令に示された幼児教育のねらい全体を見通しながら，保育年ごとの教育課程，全体的な計画を編成することになる。たとえば，入園の時期には，幼児たちは保護者のそばを離れて，初めての場所で初めての人たちと一緒に，一定時間を過ごすことになるのであるから，まずは，たとえば，「園に親しみ，自分の家と同じような気持ちで生活できるようになる。」というようなねらいが立てられる。内容としては，「遊具などに興味・関心をもち，一人で遊ぶ。」「最小限度の生活の仕方を知り，自由に遊ぶ。」「先生の提案する簡単な遊びや歌を，友だちと一緒に楽しく遊んだり歌ったりする。」などが考えられる。

　共通する点はあるものの，3歳児以上を対象とした場合，3年保育の3歳児の入園時と，2年保育の4歳児の入園時とでは，ねらいも内容も少しずつ異なる。また，同じ5歳児の学年当初でも，3年保育，2年保育の違いがあり，特に1年保育では大きく異なる。こうしたことを実態に即して考えていくことが，具体的なねらいと内容を組織するということなのである。

　入園の時期から始まり，いろいろな時期を経て修了の時期がくる。たとえば，ねらいの表現としては，「クラス全体で目的をもって園生活を楽しく展開するようになる」ということが考えられる。また，内容としては，「園における生活の仕方を知り，自分たちで生活の場を整えようとする。」「友だちと一緒に遊びや仕事を進める楽しさを知る。」「人の話を注意して聞き，相手にわかるように話そうとする。」などもあろうか。それぞれの園で，さらに具体的に，幼児の実態に即していろいろな時期ごとのねらいと内容が定まり，2年保育は2年間の，3年保育は3年間の，入園から修了までの園生活の大綱が定まる。これが教育課程，全体的な計画である。

　したがって，単に，1学期・2学期・3学期という区分で学期ごとのねらいと内容を考えたのでは，やや粗すぎるのではないだろうか。「幼児期の終わりまでに育ってほしい10の姿」を参照しながら，幼稚園であれば，年間39週，または，それ以上を幼稚園生活の流れに沿った節目でとらえ，2～3週の期もあれば10週前後の期もあるといった形で，しかも，教育年数や学年によって期の立て方が異なるなどの工夫により，入園から修了

に至るまでの長期的な視野をもって，充実した生活が展開できるように編成し，全体を通して幼児教育のねらいが総合的に達成されるようにするのである。

② 教育課程，全体的な計画の編成（カリキュラム・マネジメント）の実際

教育課程，全体的な計画は，それぞれの園において，保育者である全職員が協力し，園長の責任において編成するものである。

幼児教育は，法令や，教育課程，全体的な計画の国の基準である3法令に基づいて行われるものであることは，すでに述べた通りである。したがって，全職員がこれらに示されていること，特に各3法令について十分な理解をもつことが望ましく，しかも，それらを無批判に受け入れるのでなく，実践を通して確かめ合い，その園の幼児たちにとってよりよい教育課程，全体的な計画を創り出すことが必要である。

そのためには，何よりもまず，民主的な園内研究体制作りが大切である。子どもたちのためにみんなで話し合ってよりよいものを創り出すのが保育者集団の基本的な責任であるという自覚と，明るく意見を出し合える雰囲気がなければ，決してよいものは生まれないであろう。

以下，実際の作業の手順について，「幼稚園教育要領解説」（文部科学省，2018（平成30）年）において記されている教育課程の「具体的な編成の手順について（参考例）」に沿って述べてみよう（保育所保育指針解説，幼保連携型認定こども園教育・保育要領解説においても「全体的な計画作成の手順について」「具体的な編成の手順について」が記されているので参照してほしい）。

1）編成に必要な基礎的事項についての理解を図る

- ・関係法令，幼稚園教育要領，幼稚園教育要領解説などの内容について共通理解を図る。
- ・自我の発達の基礎が形成される幼児期の発達，幼児期から児童期への発達についての共通理解を図る。
- ・幼稚園や地域の実態，幼児の発達の実情を把握する。
- ・社会の要請や保護者の願いなどを把握する。

それぞれの幼稚園の状況は，その規模や園内外の既存の環境によって大きく異なるものがある。幼児の発達の実情についても同様で，これらをまず確認する必要がある。教育課程の編成にあたっては，各幼稚園に保存されている記録などの資料から，幼児の発達の過程や実情を的確に把握する必要がある。

2）各幼稚園の教育目標に関する共通理解を図る

> ・現在の教育が果たさなければならない課題や期待する幼児像などを明確にして教育目標についての理解を深める。

　このことについては第8章（141〜147ページ）において述べたが，園の教育目標を絶対視せず，むしろ教育課程の重要なポイントとして討議し，必要があればよりよいものに改善することが望ましいと思われる。

3）幼児の発達の過程を見通す

> ・幼稚園生活の全体を通して，幼児がどのような発達をするのか，どの時期にどのような生活が展開されるのかなどの発達の節目を探り，長期的に発達を見通す。
> ・幼児の発達の過程に応じて教育目標がどのように達成されていくかについて，およその予測をする。

　このことは，各保育者の現在までの経験や記録が有力な材料となる。あるべき姿を考えるというより，今までの幼児の姿からして，何歳児の何学期にはこういうことが活発に行われ，こういうことができるようになった，というような，幼児の生活の自然な発展をあとづけて予測するということである。

4）具体的なねらいと内容を組織する

> ・幼児の発達の各時期にふさわしい生活が展開されるように適切なねらいと内容を設定する。その際，幼児の生活経験や発達の過程などを考慮して，幼稚園生活全体を通して，幼稚園教育要領の第2章に示す事項が総合的に指導され，達成されるようにする。

　入園から修了までの幼児の生活の自然な発展を予測した上で，それぞれの時期にはどのようなねらいが考えられるか，そして，そのねらいを達成するためには，内容としてどのような経験が考えられるかを，具体的に検討していくのである。

　「幼児の発達の各時期」というものが固定的に，あるいは，明確にあるわけではない。それをそのように考えたら，かえって幼児の自然な生活や発達がゆがめてしまう恐れさえあるのであって，これは十分に気をつけなければならない。発達の時期をとらえるための視点はいろいろあるが，教育課程が環境と援助のプランである指導計画の基盤となるものであることから，①幼児の幼稚園生活への適応の状態，②幼児の興味・関心の方向などの状態，③季節などの周囲の変化の状態，などから，実際に幼児が展開する生活に大きな変容の見られる時期を節目としてとらえるのが適当であろう。たとえば，次のようなとらえ方がある。

①一人一人の遊びや保育者との触れ合いを通して，園に親しみ，安定していく時期

②周囲の人や物への興味や関心が広がり，生活の仕方やきまりがわかり，自分で遊びを広げていく時期

③友だちとイメージを伝え合い，ともに生活する楽しさを知っていく時期

④友だち関係を深めながら，自己の力を十分に発揮して生活に取り組む時期

⑤友だち同士で目的をもって園生活を展開し，深めていく時期

　こうしたとらえ方を参考にしながら，それぞれの園の実態から，こうした流れが把握されるべきであって，観念的・論理的に批判したり構想したりするよりも，あくまでも幼児の園生活の実態を踏まえ，実感に即した重点的なとらえ方が大切である。

　そして，それぞれの時期にねらいと内容を設定するにあたっては，幼稚園教育要領に示されている15のねらいと52の内容を視野に入れ，入園から修了までの間に総合的に指導されるようにする。特に，幼児期に育みたい3つの資質・能力である「知識及び技能の基礎」「思考力，判断力，表現力等の基礎」「学びに向かう力，人間性等」が，それぞれの活動（遊

び）を通して達成に向かうように，という配慮が大切である。また，発達
の側面にしたがって５つの領域にまとめて示されているねらいと内容であ
るが，それらがどう相互に関連しているかを十分に考慮して，「幼児期の
終わりまでに育ってほしい10の姿」を参考にしながら，具体的なねらい
と内容を設定していくようにしなければならない。幼児は，まるごとの生
活の中で，まるごと成長し，発達していくのである。

５）教育課程を実践した結果を反省，評価し，次の編成に生かす

> ・教育課程の改善の方法は，幼稚園の創意工夫によって具体的には異なるで
> あろうが，一般的には次のような手順が考えられる。
> ア．評価の資料を収集し，検討すること
> イ．整理した問題点を検討し，原因と背景を明らかにすること
> ウ．改善案をつくり，実施すること

　教育課程は園生活の大綱であるから，これを基に具体的な指導計画が立
てられ，保育が実践される。子どもに始まり子どもに帰る営みであるから，
実施という固いものでなく，常に創造的に展開される実践でなくてはなら
ない。実践は常に反省・評価され，その結果は実践のあり方の改善と，そ
れを支える指導計画の反省・評価・改善へと向かう。同時にその基盤であ
る教育課程が反省・評価され，次の編成に生かされることになる。
　その反省・評価・改善の視点には，次のようなものがなくてはならない
であろう。
　①幼児期にふさわしい生活が展開され，幼児たち一人一人の特性と発達
　　課題に即した育ちが保障されているか。
　②それぞれの期のとらえ方が適当か。
　③それぞれの期に設定されたねらいが適当か。すなわち，大切なものが
　　落ちていないか，不必要なものが入っていないか，無理なものが入っ
　　ていないか，その表現が適切か，ということである。
　④それぞれの期に設定された内容が適当か。すなわち，大切なものが落
　　ちていないか，不必要なものが入っていないか，無理なものが入って
　　いないか，その表現が適切か，ということである。

⑤教育課程として記述する様式が適切か。すなわち，園生活の大綱を示す必要にして十分な様式か，指導計画の基盤として使いやすいものになっているか，ということである。

2 「指導」の意義

1 一般に用いられる「指導」の意味

わが国では，一般に，「指導」ということは，何らかの意味で強い立場の者が弱い立場の者に対して，自分の考える一定の方向を指示し，導き，従わせるといったひびきで用いられることが少なくないようである。しかし，これは指導というよりも，指示であり，命令であり，強制であって，本来の意味の指導をゆがめたものということができる。

ちなみに，「指導する」の訳語（英）は guide,lead,coach であって，direct や command や conduct ではない。guide の本来の意味は，道をよく知っている人が案内することであり，lead は先頭に立って案内すること，coach はよい方向に進むように助言することである。

教育に関してしばしば用いられる guidance が，わが国でも「指導」と訳され，主として生活指導（生徒指導），進路指導，職業指導などの面に用いられているのは知られているとおりである。ガイダンスとは，個人が自分の能力を見出し，その能力を発揮できるように助言を与えて指導する過程をいうのである。それは単に，相手に悩みを聞く単純な作業ではなく，その個人自身の力で問題を見つめ，価値観を変え，解決法を見出していくよう指導する専門的な技法を必要とする過程なのであって，そのためには，長期にわたる専門的な研修を経なければならないとされている。その中核となるのがカウンセリング・マインドである。

幼児を対象とする指導は，このガイダンスやカウンセリングそのものではないとしても，その「本質的な性格＝幼児一人一人が自分の力で問題に取り組み，新しい価値観を生み出し，課題解決の力を高めていくように援助する」ということにおいて，極めて共通のものをもっているということ

ができる。

　指導が，単に指示し，命令し，強制するものであるとか，逆に，単に一緒に遊んだり話し合ったりすればいいというものであるならば，幼児の指導にあたる保育者にそれほど高い専門性を必要とはしないだろう。指導という，一見単純な言葉で表されている内容は，想像以上に深いものがあり，したがって，保育者は高度に専門的な，長期にわたる研修を必要とするのである。

② 教育と保育と指導

　「**教育**」とは，人間形成，特に意識的な人間形成をいう。すなわち，人間生命に内在する成長・発達の可能性を現実のものとするため，環境からの刺激や，環境とのかかわりによるいろいろな人間形成作用を意図的に編成して，人間としての全面的発達を保障することである。

　わが国では，とかく，「教育＝学問」ととらえられ，学校教育ないし学歴という線で教育が扱われやすい。したがって，幼児教育といえば，知識や技能の早期教育のように思われる風潮がある。しかし，そのような伝統的教科主義は，欧米ではすでに過去のものとなり，ルソー（Rousseau, J. J.），ペスタロッチ，フレーベル（Fröbel, F.），デューイ（Dewey, J.）らによって児童中心主義教育の近代教育思想の洗礼を受けて以来，教育とは人間を人間たらしめる全人的なものとしてとらえられ，教授や教訓などは，単に教育の一部の方法として理解されているのである。

　「**保育**」という言葉は，わが国独自のものである。元来は乳幼児を預かり，養うという，欧米のナーサリ，またはデイ・ケアの意味で用いられたものであるが，次第にその意味に特別な内容が加えられ，現在では数種の用い方がなされている。

　ひとつは，乳幼児を預かり，養う意味で，むしろ，預かることに重点を置き，大事に預かるとか保護するという意味として用いる場合である。また，この大事という意味を，深く子どもの側に思いを寄せれば，心身が未熟で，成長・発達の著しい時期であることから，養護と教育という内容をもつこととなる。さらに，保育は幼児という対象の特性に根ざした教育そ

のものであるとすれば，発達しようとする生命を守り育てることであるとすることができる。

　第4章でも述べた通り，幼児教育という言葉が，幼児を対象とする教育という客観的な表現であるのに対して，保育という言葉は，幼児教育のあるべき様態を，思想においても実際においても示そうとする価値的な表現，ひとつの主張として用いられる場合が少なくない。

　実際上，もうひとつの用いられ方がある，それは，「今日の保育はなかなかよかったね」というような場合である。これは，養護と教育というような機能の概念ではなく，具体的な保育者の実践活動そのものを指す言葉である。

　「指導」とは，以上のような教育および保育の具体的方法である。すなわち，教育や保育の目的を達成するための保育者の実践的活動のすべてであり，幼児期にふさわしい教育の基本に基づく方向性をもった援助のすべてである。

③ 幼児教育における指導の本質

1）発達の主体は幼児自身

　たとえば学校教育法における幼稚園の目的が「心身の発達を助長する」（第22条）とあるように，幼児教育における指導は心身の発達への援助活動であるが，その心身を発達させる主体は幼児自身である。幼児自身が，自分の心身を発達させるのであって，保育者が発達させるのではない。保育者は，その手助けをするだけである。

　このことは2つの意味をもつ。ひとつは，たとえば，小児科医が病気を治すのは，子ども自身の生命の状態を的確に診断して手当をし，子ども自身の生命力が病気を克服する手助けをするのであって，医師が病気を治すのではない。これと同様に，保育者が幼児を育てるのは，幼児自身の状態を的確にとらえて，幼児自身が育つ手助けをするのであって，実は，保育者が幼児を育てるのではないということである。保育者の役割は，幼児への発達の指導である。もうひとつは，幼児教育の基本的な目標は「主体的自我の形成」にあるということである。すなわち，自分は自分の一生の主

人公であって，自らの意志で，自らの責任で生きるべきものであるという主体性がこの時期に培われなければならないのであって，保育者の指導が過保護，過干渉，あるいは放任に流れれば，そのことは妨げられてしまうのである。

2）環境による援助がすべて

　同じく学校教育法第22条に，「幼児の健やかな成長のために適当な環境を与えて」とあるように，指導，すなわち幼児の心身の発達に対する援助は，それを触発させて幼児自身が幼児期にふさわしい生活を展開するような，物的・人的環境をはじめとする環境条件を用意することによって行われる。用意とは事前の用意および，幼児の生活の状況に応じて刻々環境を操作して，次の展開を導く用意のことである。

　われわれ人間が，一人一人もっている知識のすべてと技能や態度のほとんどは，環境からの後天的学習によるものである。

　直立歩行をはじめ，言語の使用・思考・道具の使用・生産・創造・火の使用・着衣の習慣・調理・泣くこと笑うこと・芸術・道徳・宗教など，人間だけに見られる特徴や能力のすべては，発達の可能性としての素質を遺伝された人間の子どもが，その置かれた直接の環境の刺激を受け，その環境とかかわりつつ行動することによって学習するのである。

　その後天的学習の内容は，環境として存在する人間の文化であり，その文化のあり方によって個人の内容が決定されるといってもいい。しかも，その文化とは，人間の行動様式そのものを大きな要素として含んでおり，また，学習そのものも平面的な伝達によるものではなく，個体と環境との相互作用としての経験によって行われるのである。したがって，環境を物的環境と人的環境に分けることは可能ではあるが，子どもの学習や発達の観点からすれば，両者は極めて密接しており，分かちがたい面をもつものである。

　人的環境の実質は，主として人間関係である。乳幼児は，まず，保護者との関係によって最初の精神的安定と，人間らしい情緒と，言語の基礎となるコミュニケーションを学ぶ。そして，第7章でも触れたように，「はえば立て，立てば歩めの親心」といわれる，失敗を責めず成功を喜ぶ家族

関係の中で，人を模倣して，困難な運動技術などに自分から挑戦する。

　そして幼稚園や保育所，認定こども園では，自分だけが愛情や関心の中心であった人間関係から離れて，それぞれの思いで生きているほぼ同年齢の幼児たちとの人間関係を知る。保護者とは違った大人である保育者と新しい人間関係を結び，仲よしのグループや，クラス全体や，園全体と，いろいろな集団の中で，自分がどういうときに受け入れられ，どんなときに受け入れられないのかを知る。また，自分と異なる考えに出会い，それを模倣して取り入れたり，自分の内面での対話を豊かにしたりする。こうして積極的に集団思考に参加し，その一員として創造的活動に貢献し，自らを成長させる喜びを知る。

　幼児の育ちを保障する土台は，まさに，人間関係そのものである。人間関係と切り離して，知識や技術や態度だけを教え込もうとするのは教育的な指導ではない。そのようなことをしても，かしこく，強く，心やさしい人間が形成されることはない。なぜならば，人間関係の中でこそ，知性も，たくましさも，心の豊かさも，育てられるのだからである。

　人間関係による指導というと，幼児が自分をおさえたり，ころしたりすることを連想するのも誤りである。しっかりした自分をもたなければ，人間関係は成立しない。人間関係の中で，初めて，自分で考え，自分で行動し，自分で責任をもつという自立の能力も，相手のことを他人事（ひとごと）と思わず，わがことと思うという連帯の能力も育てられるのである。

③　指導計画の意義

① 指導計画の必要性

　入園から修了までの園生活の総体が教育課程，全体的な計画そのものであり，その大綱を記述した教育課程，全体的な計画には，時期ごとのねらいと内容が組織されなければならないことは，すでに述べた通りである。

　この教育課程，全体的な計画が現実の園生活になるためには，もう一段階がどうしても必要となる。それは主として，

①時期ごとのねらいと内容をさらに具体的にする必要があること。

②そのねらいと内容にふさわしい生活が展開されるための環境が用意される必要があること。

③その環境にかかわって幼児が活動を生み出し，生活する中で，ねらいをよりよく達成するための援助を考える必要があること。

という３つの必要からである。この必要を満たすものが指導計画である。つまり指導計画とは，「教育課程，全体的な計画のねらいや内容を具体的にし，それを実現するための環境や援助を計画したもの」ということができる。さらに簡単にいえば，「具体的なねらいと内容のための環境と援助の計画」であり，さらに省略すれば「環境計画」あるいは「援助計画」であるということができる。なぜならば，前述の通り，指導とは，環境による援助の実践的活動にほかならないからである。

　従来の幼児教育においては，保育者が望ましいと考える活動を幼児に行わせることが指導であるとする傾向があった。そのために，保育者も幼児もどれだけ辛い思いをしたかわからないといっていいだろう。辛くてもそれが教育上有益ならばいいのだが，活動が幼児自身の興味・関心と無関係に行われる場合，幼児にとってほとんど益はなく，逆に幼児の主体性をそこない，意欲や充実感をそぐなど，有害な場合が多いのである。

　幼児期の発達の特性として，幼児が自分から興味・関心をもって周囲の友だちや環境とかかわり，いろいろな活動をくり広げる充実感を十分に味わいながら発達に必要な体験を積み重ねていくことが何より大切で，物事に取り組む主体的な意欲や態度を育てる上で，きわめて重要な意味をもつものである。

　そのためには，環境が幼児の発達に応じたものでなければならず，活動に対して適切な援助も必要である。そうでなければ幼児の興味・関心が生まれる機会がなく，活動を通しての経験が必ずしも幼児期の発達課題にふさわしいものとならない恐れがある。保育者は，一人一人の幼児が必要な経験をしていく時期などを見通し，環境や援助のあり方などについて予想を立て，それを計画的に行わなければならない。これが，指導計画と指導の実践である。

　これまで指導計画といえば，その計画通りに幼児を活動させようとすることがあり，それでは幼児のためにならないということから，計画そのものを否定する考えもあった。現行の3法令の考え方は，幼児の主体的な生活を支え，その生活を通じて幼児期に必要な体験を得させるための環境と援助の計画であるということで，幼児の主体性と保育者の主体性に矛盾がない。さらに，幼児の行う具体的な活動の性格が，次に述べるように従来と異なる点からもその心配はなく，無計画に放任したり，場あたりで指導したりするよりはるかに確実に幼児の主体性を育てるものとなっている。倉橋惣三も，無計画な保育は保育の名に価しない無責任なものであって，ともに語るに足る仲間とはいえないといっている。

　もちろん，指導計画は，あくまでも予想に基づく仮説であって，それを頭に置きながら，幼児自身および幼児を取り巻くすべての条件の変化に柔軟に対応するのでなければ，実践とはいえないはずである。

② 指導計画と活動

　1989（平成元）年度まで用いられていた以前の幼稚園教育要領においては，教育課程の編成について「望ましい幼児の経験や活動を選択し，配列して，適切な指導ができるように配慮しなければならない。」とあり，さらに指導計画作成上の留意事項には「経験や活動の選択・配列」という言葉がしばしば登場していた。つまり，かつては，教師が選択し配列した活動を，幼児にやらせていたのである。

　これに対して，1989年以降，現行の幼稚園教育要領，保育所保育指針，幼保連携型認定こども園教育・保育要領においては，具体的な活動の選択，展開は，およそ次のような過程を経て行われている。

　①具体的なねらいや内容に基づいて環境を構成する。

　②幼児が自ら環境にかかわって活動を展開する。

　③幼児が望ましい方向に向かって活動を展開していけるように保育者が
　　適切な援助を行う。

　つまり活動は，保育者が具体的なねらいや内容に基づいて構成した環境に幼児が自分からかかわって生み出すものであり，保育者が決めた活動を

させられるというものではない。したがって，用意された環境にかかわって生み出される幼児の活動は，けっして一定のものではなく，保育者の予想の範囲を超えたものや，一人一人さまざまなものである可能性がある。それらは，「○○遊び」「○○ごっこ」などといった名前がつけられないようなものもあり，つられて走り回る子も，じっと見ている子もいるだろう。これらはどのようなものであっても，一人一人の幼児にとって，意味がある。保育者はこれらをすべてを受け入れ，それぞれどのような状況の中でその活動が生まれてきているのかを理解しながら，望ましい生活となるように援助していかなくてはならない。

具体的な活動は，生活の流れの中でいろいろに変化し，いくつかのものが組み合わされたり，また，分離したりして展開していくもので，一人一人で行う活動となったり，グループや学級全体で行う活動となったり，さまざまな形態で行われる。常に幼児の発想を生かしながら，保育者も適切な提案やアイデアの提供を行うなどして幼児期にふさわしい生活が楽しく展開するように援助することが大切である。問題は，形の上でどのような活動が行われるかよりも，その活動を通して，幼児期として必要な経験，生涯にわたる望ましい原体験が得られるかどうかということなのである。

4 指導計画の作成

1 発達する幼児の姿

指導計画作成の第1の要素は，幼児の実際の姿をとらえることである。前述の通り，指導計画とは援助計画であって，何を援助するかが出発点である。日々展開される園生活の中で，幼児がいろいろな経験を積み重ねていくことによって，幼児期に育てておきたい力を自分のものにしていくように，計画性のある援助をしなければならないのであるから，まず，園の中で幼児の生活がどのように展開されていくのか，その中で幼児は興味・関心をどのように広げたり深めたりしていくのか，友だちとの関係はどのように変化していくのか，などをとらえる必要がある。

　ある日の幼児をとらえたとしても，それは，その幼児の瞬間の姿をとらえたに過ぎない。幼児は日々発達しつづける存在なのである。それも，3歳，4歳，5歳などの年齢段階ごとの平均値を並べた発達標準表などとはあまり関係なく，一人一人の発達の姿を見せる。幼児の発達は，経験，つまり環境との相互作用を大きな要素とするから，家庭やそれぞれの園のあり方によって，興味・関心をはじめ，一人一人の幼児の発達の姿は異なってくる。したがって保育者は，実際に幼児と一緒に生活をしながら，全体を通じて一般に幼児がどのような発達の過程をたどるものであるか，発達のいろいろな側面がどのように関連しあうものか，などの実際を学ぶとともに，一人一人の幼児が現在どのような発達の途中経過の中にいるのかを，できるかぎり正確にとらえる必要があるのである。

2 具体的なねらいと内容

　指導計画作成の第2の要素は，その時期の，より具体的なねらいと内容を設定することである。

　各園で編成された教育課程，全体的な計画は，入園から修了までの園生活の全体を見通して大きな変化をとらえ，その時期ごとのねらいや内容を設定したものであって，そのままでは具体的な環境を構成したり，具体的な援助を準備したりすることが難しい。そこで，教育課程，全体的な計画に基づき，ある時期ごとに，より具体的なねらいと内容を考えていかなくてはならないのである。

　すなわち，教育課程，全体的な計画を現実のものとするために，幼児の生活に即して具体的に作成するのが指導計画である。それには，「幼児期に育みたい3つの資質・能力」「幼児期の終わりまでに育ってほしい10の姿」を念頭に置きながら，幼児の発達する姿を長期的にとらえたねらいや内容を想定することと，その見通しのもとに具体的な毎日の生活に即して，一人一人の幼児の興味・関心，発達の実情などに応じたねらいや内容を考えることとの両面が必要である。前者に重点を置いたものが年，学期，期，月などの長期の指導計画であり，後者に重点を置いたものが週，日などの短期の指導計画である。

どちらの場合も，保育者は幼児と生活をともにしながら，幼児の中に育つもの，育てたいものは何か（ねらい），そのために経験する必要のあること，経験させたいことは何か（内容），などを感じとっていくことが大切である。

第8章でも述べたように，内容とは，活動という外形的なものではなく，いろいろな活動を含む生活の中で体験していく主として内面的精神的な経験をいう。もちろん，活動そのものを経験させたいという場合もあるが，その場合でも，形の上で何かしたということでなく，それを通じて達成感や充実感を得るという内面的なものが重視されるのでなければ，有害無益となる恐れがあるのである。

③ 環境の構成

指導計画の第3の要素は，環境の構成である。幼児は幼児期にふさわしい生活を展開する中で幼児期の発達課題を充足し，育っていくのであるが，その幼児たちの生活は，真空の中で行われるわけではない。幼児が置かれているさまざまな環境条件の中で，幼児の一挙手一投足があり，いろいろな体験（直接経験）が生まれるのである。そして，その環境条件を支配しているのが保育者である。環境を構成するということは，これまでにも何度も述べてきたように，幼児の周囲にある物や人，自然や社会の事象，時間や空間，それらのかもし出す雰囲気など，さまざまな要素を相互に関連させながら，幼児の興味・関心に即して主体的な活動を促し，その活動の中で必要な体験を重ねていけるような状況を作り出すことなのである。

1）環境を構成する要素

環境を構成するには，幼児が興味・関心をもって取り組んでいる素材，遊具，用具はもとより，それらが置かれている保育室，遊戯室，廊下などの園舎から，砂場，築山，池，プール，林，芝生，畑，飼育小屋，物置などのある園庭のすみずみに至るまでをどのような状態にするか，といった物的環境を工夫することはもちろん，周囲の自然の変化や身近な出来事などと，どうかかわらせるか，幼児同士のコミュニケーション，発想や活動の交流をどう図るかなど，幼児の生活を幅広くイメージして予想しなければならない。中でも，言葉かけを含めて保育者の立ち居振る舞いが，幼児

の行動や感じ方，考え方のモデルになるなど，幼児の生活に大きな影響を与えることはいうまでもない。

　また，幼児の発達は環境との相互作用の中で促進されるのであるから，幼児自身が環境を変化させ，あるいは保育者単独，または共同して環境を再構成するなど，幼児の活動の展開に伴って，常に幼児の発達に意味のあるものとなるよう流動的に考えることが大切である。

2) ねらいと内容にふさわしい環境

　160ページで挙げた例を用いて，実際の指導計画作成の例を考えてみよう。

　入園の時期，教育課程，全体的な計画のねらいは「園に親しみ，自分の家と同じような気持ちで生活できるようになる。」ということであった。そして，そのねらいを達成するために経験させたい内容として，「遊具などに興味・関心をもち，一人で遊ぶ。」「最小限度の生活の仕方を知り，自由に遊ぶ。」「先生の提案する簡単な遊びや歌を，友だちと一緒に楽しく遊んだり歌ったりする。」が挙げられた。

　指導計画の場合，週・日などの短期の場合は，より具体的なねらいと内容になるが，月以上の長期の指導計画の場合は，入園期＝4月ということで，ほぼこれと同様のねらいと内容になるだろう。

　入園当初の幼児は，不安と緊張のかたまりである。それを，生まれて以来暮らしてきた家庭と同じような気持ちにするのは容易なことではないが，その際，最も重要なことは，自分の居る場所がほしいということである。居場所というのは，机と椅子を与えればいいというものではない。不安や緊張を感じないで，安心して過ごせる場所ということである。それは，とりもなおさず自分が日ごろ親しんでいて安心して使うことのできる遊具のあるところなのである。だから，園によっては，お家で遊んでいるいちばん好きなおもちゃをひとつだけもっていらっしゃいというところもある。これもひとつの環境計画である。もっとも，そんなことをすると親の見栄競争になりかねないからと，逆に持参を禁止する園もあるが，これも見識である。いずれにしても，日ごろ親しんでいるおもちゃか，それに近い遊具のあることが環境として望ましく，あるいは，家にあるものよりもっと面白い遊具があるということもいいことである。それもあまり多いと目移

りがして落ち着かなくなる。取り合いにならない程度の数が望ましい。

　さらに，せっかく入園したのであるから，ほかの子どもたちと一緒に，簡単なゲームをしたり，歌を歌ったりすることの楽しさを経験させてやりたい。これが内容であるから，そのためのゲームや歌を環境として用意する。これを活動として計画し，有無をいわせず実施するから，かえって登園拒否を多発させるのであって，ゲームや歌を，「幼稚園に親しみ，自分の家と同じような気持ちで生活できるようになる。」というねらいを達成するための内容のひとつである「先生の提案する簡単な遊びや歌を，友だちと一緒に楽しく遊んだり歌ったりする。」という経験のための環境として用意するということであれば，それをさせなければならないというプレッシャーもなくなり，保育者も幼児も辛い思いをしなくて済むわけである。あくまでも，その時期にふさわしいねらいを立て，そのねらいのための内容，そのための環境として活動の材料も用意されているという構造が指導計画に望まれるのである。

４ 活動の予想

　指導計画の第４の要素は，活動の予想である。前述のように，幼児の活動は，具体的なねらいと内容に基づいて構成された環境に，幼児が自発的にかかわって生まれるものであり，保育者は幼児が望ましい方向に向かって活動を展開していけるように適切な援助を行って，ねらいの達成をめざすのである。したがって，指導計画では，ねらいと内容に基づいた環境に幼児がかかわって，どのような活動を展開するのかを予想しなければならない。この予想は裏切られてもいいが，活動の予想が裏切られると，予想した活動に応じた援助を行う心づもりが役に立たなくなったり，つい予想通りの活動に幼児を引っ張ろうとしたりしてしまう恐れがあるから，活動の予想は可能な限り幅広いものでなくてはならない。

　長期の指導計画の場合は前年度までの，そして前期までの幼児の生活の様子が，短期の指導計画の場合には前週あるいは前日までの幼児の生活の様子が，それぞれ重要な参考資料になる。これまで自由に，あるいは一斉に行ってきた活動が，どの時期に，どういう条件の中で盛り上がりを見せ，

幼児の生活を充足させたかなどの経験やその記録も有効な資料となる。

⑤ 継続的な援助

　指導計画の第5の要素は，環境にかかわって活動する幼児たちへの継続的な援助である。まず，用意された環境へかかわる場面も，幼児と保育者が一緒にかかわることがあってもいい。むしろ，時には率先して保育者がかかわることによって，幼児の活動が始まることもある。また，いろいろと相談しながら活動が展開することもある。さらに，環境を再構成することや，承認，激励，助言などの直接的な援助を行うこともある。

　こうした援助は，あくまでも幼児が自分で活動を展開し，ねらいを達成していけることに向けて行うことが大切である。幼児の生活の全体から，個々の幼児の生活までを幅広く予想して，いろいろな場面での援助のあり方についてあらかじめ要点を考え，指導上の留意点などとして記述しておくことが必要である。

第10章

教育課程，全体的な計画の評価

1 教育評価の意義

　教育が人間形成という目的をもった活動である以上，その目的がどのくらい達成されたのかを確かめる必要がある。さらに，人間形成とは，人間に中に価値を実現することであるから，評価を伴わない教育は存在しないのである。教育という営みの初めから終わりに至るまで，評価は常に行われなければならない。

　評価は，それ自体が目的ではない。あくまでも，教育活動がどのような成果をあげ，または，あげ得ないでいるか，また，その手段方法についてどのような問題があるか，といった実態をとらえ，それを価値的に意味づけて反省し，よりよいあり方に改善するためのものである。教育実践へのいわゆるフィードバックこそ，評価の目的である。

　したがって，保育における評価は，保育の客体である幼児の実態に発し，保育の主体である保育者の保育実践の実際を明らかにしつつ，最終的には保育の目的・目標・ねらいを含めた教育課程，全体的な計画や指導計画のあり方をも問題にしていくものであって，単に，幼児の能力を査定するようなことでは，けっしてないのである。

　かつてソーンダイク（Thorndike, E. L.）は，「すべてのものは量として存在する。だから客観的に測定できないものはない」という命題をかかげて，それまでもっぱら主観的であった教育の評価に「測定」という考えを導入した。このことの意義は少なくなかったが，逆に，すべてを数量化しようと考えたり，数量化できないものの価値を認めないという傾向も生じた。これはけっして正しいあり方とはいえない。

　自然科学の分野の多くは，確かに，数量化して追求することができる。しかし，哲学・倫理・宗教などの思想や，文学・美術・音楽などの芸術を数量化して，どれが価値が高いなどとすることはできない。総じて，これら極めて人間的な人文科学的な分野に関しては，正確な概念規定や深い洞察によって，より真実なるものに迫るほかないのである。

　人間を育てるという教育の営みは，まさに，人間そのものの本質や内容にかかわるものであって，容易に外部から測定できるものではない。まし

て，人格や能力を数量化して表すことは，最終的には不可能である。一種の仮説によって，いろいろな面を切り捨てた場合にのみ可能であるが，それを全人格・全能力と誤解させる弊害も極めて大きい。このことは，現実の教育問題の核心でもあるのである。

　評価が客観的・科学的であることは望ましいことであるが，評価とは価値を評定することであって，その根本に存在するのは保育者の価値観である。個人の価値観を排除するところに近代の科学は成立したのであるから，評価は科学の方法としての測定などを用いながら，それを越えるものでなければならないのである。

　保育における評価を支えるものは，個人および集団としての保育者の人間観，幼児観，教育観といった体系的な価値観であり，その正しさや深さが，よりよい評価を創造するといってよいのである。一方的に大人の都合で評価基準を定めたり，表面的な見方で幼児を決めつけたりするのでなく，幼児の実態を内面的にとらえ，その育ちや停滞を見抜き，それがどのような人間関係や環境とのかかわりで助長されてきたのか，妨げられているかを的確にとらえることにより，自らの保育のあり方の改善に資する，この一連の営みが保育における評価なのである。

計画（Plan）→実践（Do）→（反省）評価（Check）→改善（Act）

という循環（PDCA サイクル）で，常に，フィードバック（feed back）されなければ，評価の意義はない。「実践に生かす」という観点があって初めて，評価の意義があるといえるのである。

2　指導計画と指導の評価

　指導の評価とは，指導の成果，指導の過程，指導のための諸条件などについての実態をとらえ，教育的な判断の資料として示すことである。

　これまでは，指導の成果を，ある教育活動が終了した時点で行う「総括的評価」として評価することが主であったが，近年では次第に，指導の経

過の中での「形成的評価」が重視されるに至っている。したがって，以下のようなことがらが評価の対象となり，多角的な方法が活用されなければならない。

① 指導計画の評価

　指導計画は，幼稚園においては教育課程，また保育所，認定こども園においては全体的な計画に基づいて，年，期，月，週，日など，長期ないし短期の保育の流れを支える具体的素案であって，そこには，当該各時期の幼児の姿，「幼児期に育みたい３つの資質・能力」および「幼児期の終わりまでに育ってほしい10の姿」，ねらいと内容，環境構成，予想される幼児の活動，および指導上の留意点などが挙げられている。指導計画はあくまでも環境計画を中心とした「保育の流れを支える具体的素案」であり，実際の幼児の動きに応じて，柔軟かつ弾力的に実践されなければならない。

　したがって，指導計画と実際に行われた保育との違いに着目し，それが何に起因するものであるかを検討すること，保育の成果について，何がよく，何がよくなかったかを明らかにすること，自他のクラスや園の事例を参考にすることなどによって指導計画をいろいろな角度から評価し，改善に資さなければならない。

② 環境構成の評価

　適当な環境を与えて幼児の心身の発達を助長する保育において，環境は指導計画の中心である。

　幼児が活動を展開するにあたって，保育室や園庭の状態や，素材・遊具がどのように用意されているかによって，その結果が大きく変わってくる。さらに，家庭や社会における生活環境との関係において幼児は育つのであるから，極めて広く，個別ならびに総合的に環境を評価し，改善に役立たなければならない。

③ 活動の展開における指導の評価

　指導計画に従って用意された環境の中で幼児は活動を展開する。いろい

ろな活動が自発的に開始されるように，援助する段階としての導入の方法
が適切であったかどうかが，まず，問題になる。

　開始された活動が，もし放置されるなら，それが望ましい展開を遂げる
保障はない。幼児の活動を，より豊かな内容に導くためには，あくまでも
幼児自身の自発的活動に沿って活動の拡大・深化，時には統合が支えられ
なければならない。そのための環境操作が適当であったかどうか，保育者
自身の行動から大きな刺激を受ける幼児たちにとって，それらはどうで
あったかを点検しなければならない。

　特に言葉かけについては，疑問の投げかけ，誘いかけ，貢献の認識，評
価の意識，行動の承認（追認），想像力のかきたて，自覚の促し，例示，
見通しの提示，励まし，安心感の付与，依頼，反動の期待，競争心の活用，
好意（愛情）の表現，自由の尊重，アイデアの提供，立場の尊重など，多
くの類型を用いる指導が行われるはずであるが，それらの用い方が適切で
あったかどうかが，幼児の活動の展開に沿って検証される必要がある。

　最終的には，その日の生活がどのような形で展開し，どのような成果を
あげたかについて，ねらいに照らして評価しなければならない。この際，
ねらいに忠実に指導のあり方を反省評価するとともに，その上で，ねらい
自体やそのための内容が適切であったかどうかをも反省評価の対象として
検証しなければならない。

④ 個人および集団の評価

　指導の経過および結果において，幼児一人一人がどのように変容し，ど
のような状態にあるのか，クラスが集団としてどのように変容し，人間関
係がどのような状態にあるのかを評価することは，保育の第一歩であり，
ゴールであるともいえよう。

　その際に，特に留意しなければならないのは，表面的な知識・技能・態
度の評価でなく，内容的な心情，意欲，主体性，興味・関心の深さや広さ
などといったピアジェ（Piaget, J.）のいう，子どもの発達の「エネルギー
的側面」を正しく把握することである。

　また，不足する部分を強調するよりは，果たしつつある部分を取り上げ

て評価すべきである。これらは，幼児の人間としての発達を全面的に保障
し，非認知能力を育むうえで欠くことのできない視点である。

　個人および集団の評価は，幼児にレッテルを貼ったり，選別したりする
ためのものであったりしてはならない。あくまでも一人一人の幼児を守り
育てるための重要な資料を得る過程そのものであるべきなのである。した
がって，ある時点で決定的な評価を下すことのないよう，経時的・追跡的
な評価を重んじなければならない。

⑤ 指導の評価の方法

　評価の方法については，観察法，評定法，面接法，事例研究法，逸話記
録法，ソシオメトリー・検査法など，各種の方法があるが，それぞれに長
短がある。こうした方法を活用すること，および，よりよい方法を開発す
るように努めることは意味のあることだが，指導における評価の方法とし
て特に重要なのは，実践記録と，ディスカッションである。

　「**実践記録**」は保育者による指導の記録であり，幼児とのかかわりにお
ける生活の記録である。そこには，保育者の主体的な働きかけと，一人一
人の幼児がそれとかかわりつつ，どのような活動を行い，どのような内面
的経験をしたかが観察され，記録される。保育者は実践記録を記すことに
よって指導のあり方を意識化するとともに，幼児から学び，自らを育て，
充実を図るという，保育者の自己変革の過程を記録することができる。

　その実践記録を資料に，保育者集団が，一人一人の幼児，クラス集団，
指導の工夫や問題点について「**ディスカッション**」することは極めて意義
がある。それは，指導の評価は主観性と客観性の調和的な深まりを必要と
するからで，それぞれの考えを出し合うことによって，評価が弁証法的に
発展し，所期の目的に無限に近づくことができるからである。

　園長・主任などは，こうした集団思考のよき助言者である。時には他の
園との交流や，スーパーバイザーを招いての研修など，幼児を見る目を不
断に養うことによって幼児教育の専門家としての保育者集団の質を高める
こと，これなくして指導の評価を本当のものにしていく道はないといえよ
う。

3　教育課程，全体的な計画の評価

　教育課程，全体的な計画が入園から修了までの幼児の園における生活の総体そのものであり，その大綱を記述したものであるとすれば，前節に述べた指導計画と指導の評価は，そのまま教育課程，全体的な計画の評価につながるものである。

　毎日の保育実践を反省評価するところから短期の指導計画が反省評価され，それが土台になって長期の指導計画が反省評価される。長期の指導計画は教育課程，全体的な計画を基盤とし，教育課程，全体的な計画を具体化したものであるから，まず，その具体化の仕方に問題がなかったかどうかが反省されなければならない。したがって，指導計画は毎年改善されるが，大きな問題がなければ教育課程，全体的な計画は数年間改訂されない場合も多い。

　しかし，少なくとも1年，あるいはそれ以上の実績の上で，教育課程，全体的な計画を編成し直すことは，当然，試みられてしかるべきことである。本書を通じて明らかなように，教育課程，全体的な計画は，幼児が主体的に幼児期にふさわしい生活を展開し，幼児期に必要な体験を積み重ねて幼児期の発達課題をクリアしていくように組み立てられるものであり，それぞれの園と幼児の実態に即して編成されるものであるから，年を経て実態が変われば，当然，教育課程，全体的な計画も改められる必要があるのである。

　園の教育目標，保育理念さえも，もし改善の余地があれば，よりよいものに見直されるべきであり，教育課程，全体的な計画は常に仮説として編成され，実践によって検証され，よいところはいよいよ確かなものにしつつ，不十分なところを改めて前進しつづけるものでありたいものである。このことは，けっしてわずらわしいものでなく，幼児たちと創る生活に夢と願いをもちつづける保育者集団にとっては，極めてやりがいのある仕事なのである。

第11章

教育課程，全体的な計画と指導計画の実例

これまで述べてきたように，一定の知識・技能を系統的に学習させよう
とする学校では「教科カリキュラム」をとるが，幼児期にふさわしい経験
を何よりも大切にする幼稚園・保育所・認定こども園では「生活カリキュ
ラム」をとる。

したがって，園生活の大綱としての教育課程や全体的な計画，また指導
計画においても，教科別に時間割を決めて学習活動をさせるようなもので
はなく，子どもたちが主体的に，幼児期にふさわしい生活を展開して，そ
の中で発達に必要な経験を得ていくようにしなければならない。

つまり，子ども一人一人が，集団の中で，十分に充実した楽しい生活が
送れるような計画を立てる必要がある。そのためには，基本的に，次のよ
うな6つの要素が必要となり，それは，現実の「子どもの姿」から順次，
生まれてくるものなのである。

---

①子どもの姿→②ねらい→③内容→④環境の構成→⑤予想される活動→
⑥援助のポイント

この6要素のまとめ方や表現の仕方は自由であるが，この順序を誤っ

■3歳児教育課程　注)「ねらい」の（　）内は「幼児期の終わりまでに育ってほしい10の姿」。

3歳児	期	I		II		
	月	4	5	6	7	8
子どもの姿		・新しい生活に緊張感や不安感をもっている。 ・見るもの全てが珍しく，何でもさわってみようとする。 ・好きな道具，用具を使って遊ぶ。 ・一緒に遊んだり認められたりすることで保育者に親しみを感じる。		・同じ遊びをしている子ども同士が集まって遊ぶようになる。 ・物の取り合いや思いを上手く伝えられないことから，トラブルがよく起こる。 ・身の回りのことを自分なりにしようとする。 ・外での遊びが多くなり，解放感を味わって遊ぶ。		
ねらい		・園生活に親しむ（健康，社会生活）。		・好きな遊びをする（健康，自立心）。		

てはならない。

　以下の実例は，いずれも，かねてから先進的な保育を実践し，実績をあげてきた園のものである。形の真似ではなく，そこに示されている取り組み方について，大いに参考にしていただきたい。

1　A園の教育課程

　A園は，教育目標を下記のようにおいている。

（1）子どもらしく，のびやかに　いきいきとした子

（2）自分で考え，行動し，責任をもとうとする子

（3）まわりのすべてに心をかよわせ生活する子

　またA園の教育課程の「ねらい」は，さまざまな発達段階での「友達と遊ぶ」ことがテーマとなっている。このことから「幼児期の終わりまでに育ってほしい10の姿」のうち「健康な心と体」「自立性」「協同性」「社会生活との関わり」が重視されていることがうかがわれる。

III		IV		V		
9	10	11	12	1	2	3
・夏休み明けはとまどいが見られるが，徐々に園生活のペースを取り戻していく。 ・夏休みの中の経験や1学期に楽しんだ遊びを思い出して遊ぶ。 ・言葉が増え，思いを話しながら遊ぶ。 ・体を動かして遊ぶ。		・安心して，保育者や友達と一緒に，のびのびと自分を表現して生活する。 ・物語や劇遊びを好み，空想の世界に入り楽しむ。 ・新しい遊びに喜んで参加する。 ・友達のすることを自分もしてみようとする。		・伝承遊びや雪遊びを通して友達とのかかわりが広がってくる。 ・気の合う友達と言葉を交わしながら遊ぶことを楽しむ。 ・身の回りのことが自分でできるようになり，自信をもつようになる。 ・進級への喜びと期待から意欲的に生活するようになる。		
・好きな遊びを楽しむ（健康，自立心）。		・気の合う友達と好きな遊びをする（健康，自立心，協同性）。		・気の合う友達と遊びを進めていく（健康，自立心，協同性，言葉）。		

内容	・保育者との出会いを楽しむ。 ・好きな遊びを見つける。 ・身の回りのことや園生活の仕方を知る。	・身近な素材に触れながら遊ぶ。 ・自分の思いのままに表現する。 ・片づけや衣服の着脱，脱いだ服の始末を自分なりにする。
環境や援助への配慮点	・やさしく温かい受容的な態度で接する。 ・一人一人のあるがままの姿を受け入れて対応する。 ・歌，手遊び，絵本の読み聞かせなどをして，子どもたちが保育者に親しみがもてるようにする。 ・家庭で親しんでいるような材料や用具などを用意する。 ・すぐに遊び出せるように環境を整えておく。 ・子どもと一緒に遊んだり，身の回りの始末を手伝ったりしながら生活の仕方が分かるようにする。	・子ども一人一人の興味，関心や思いを受け入れ，遊びが続けられるようにする。 ・使いやすいように遊具や用具を配置し，天候に応じて遊びのコーナーを工夫する。 ・遊びに入りにくい子どもの様子に気を配り，言葉をかけたり，一緒に遊んだりする。 ・トラブルになったときは，双方の気持ちを十分に受け止め，認めながら話を聞く。 ・片づけや身の回りの始末は自分でやろうとする気持ちを大切にし，時間を十分にとる。

■**4歳児教育課程** 　［　］内は，新入園児。

注）「ねらい」の（　）内は「幼児期の終わりまでに育ってほしい10の姿」。

4歳児	期	Ⅵ		Ⅶ		
	月	4	5	6	7	8
子どもの姿		・年少組からの友達と遊びながら，自分の生活をつくっていく。 ・自分の好きな遊びを見つけて楽しむ中で，友達を誘ったり，友達の遊びを真似たりする。 ・新しい友達に園の生活の仕方を教えてあげる。 ・保育者のそばで過し，一緒に遊ぶことで，安定する。友達の遊ぶ様子を見，真似しながら好きな遊びを見つける。保育者や友達に認めてもらうことを喜ぶ。		・好きな遊びや繰り返してする遊びがはっきりし，自分を出すことができるようになってくる。 ・新しい友達とも遊ぶようになり，気の合う友達ができるようになる。 ・好きな遊びの中で，保育者や友達の動きにも気づき，つながりをもって遊ぼうとする。 ・友達とのトラブルを通して，自分の思いを保育者に伝えたり，相手の思いに気づいたりしていく。 ・年長児からの誘いを受けて，遊びに参加することを喜ぶ。		
ねらい		・新しい友達や保育者に親しみをもつ（協同性，社会生活）。 ・園生活に慣れる（健康，社会生活）。		・保育者や友達と，好きな遊びを楽しむ（健康，自立心，協同性，社会生活）。		

190

・思いを言葉で表現しながら遊ぶ。 ・体を動かす心地よさを味わう。 ・秋の自然にふれる	・のびのびと自分の気持ちを表現する。 ・友達と言葉のやりとりを楽しみながら遊ぶ。	・友達のしていることに興味・関心をもち，一緒にする。 ・自分の考えを出して遊ぶ。 ・冬の自然に全身でかかわる。
・園生活のリズムが取り戻せるように言葉をかけたり，遊びのコーナーを工夫したりする。 ・興味や関心をもったことにじっくりとかかわることができるように配慮する。 ・十分に体を動かして遊べるよう環境を整える。 ・友達とかかわって遊ぼうとする姿も，自分のしたいことをじっくりとしている姿も認めていく。 ・自然に親しむ機会を大切にする。 ・自分のことを自分でする姿を十分に認める。	・いろいろな経験ができ，満足感が味わえるような素材や遊具を用意する。 ・友達と遊ぶと楽しいなと思えるような経験が増えるようにする。 ・それぞれの遊びがつながるように，仲立ちをする。 ・劇遊びが楽しくなるような雰囲気づくりをする。 ・子どもたちのごっこ遊びに対する思いや願いが実現するように，一緒に遊ぶ。	・自分で納得いくまでできるように時間を十分に確保する。 ・トラブルが生じた時はすぐに仲介しないで，双方の言い分をしっかりと聞き，子ども同士が相手の思いに気づき，自分たちで解決していけるように援助する。 ・進級への期待から何事にも意欲的に取り組む子どもたちの気持ちを大切にし，いろいろなことができるようになったことを共に喜ぶ。 ・寒さに負けずに雪や氷とかかわって遊ぶ楽しさが伝わるように，保育者も一緒に遊ぶ。

	Ⅷ		Ⅸ		Ⅹ		
	9	10	11	12	1	2	3
	・保育者や友達のしているおもしろそうな遊びを真似て自分なりにやってみようとする。 ・気の合う数人の友達と誘い合って，したい遊びを楽しむ。 ・自分の思っていることを言葉で伝え，受け入れられる心地よさを感じる。 ・体を動かして遊ぶことを好む。		・一緒に生活するうちに，友達の得意なことや成長がわかり，それを認められるようになる。 ・劇遊びやお話づくりで自分たちのアイディアを出し合って遊ぶ。 ・周囲の自然に興味をもち，遊びの中に取り入れていく。		・友達への親しみが増し，友達と相談しながら遊びを進めていくようになる。 ・関心が広がり，新しい経験や遊びに進んで取り組むようになる。 ・互いのやりたいことが分かり，見通しをもって遊ぶ。 ・年長児との交流を通して，ありがとうの気持ちをもったり，年長児になるという気持ちから自分のことは自分でしようとしたりする。		
	・気の合う友達とかかわりをもちながら遊ぶ（健康，協同性，道徳性）。		・気の合う友達とかかわりながら，自分なりの力を出して遊ぶ（健康，自立心，協同性，道徳性）。		・気の合う友達と考えを出しながら遊びを進めていく（健康，自立心，協同性，道徳性，思考力，言葉）。		

内容	・新しい環境や保育者に自分からかかわりをもつ。 ・好きな遊びを見つけて楽しむ。 ・保育者とのふれあいを楽しむ。 ・好きな遊びを見つける。 ・園生活の仕方を知る。	・友達を真似て作ったり，作ったものを身に付けたりして遊ぶ。 ・いろいろな素材に興味をもって遊ぶ。 ・身近な自然とのふれあいを楽しみながら遊ぶ。
環境や援助への配慮点	・一人一人が安定して生活できるように，遊びや心の動きを見守る。 ・材料や用具は使いたいときに自由に取り出せるように，また片づけがしやすいように，整理しておく。 ・新入園児にかかわろうとする姿を認め，自信をもって行動できるようにする。 ・毎日，同じような流れでゆとりをもって生活し，園生活の仕方が分かるようにする。 ・一人一人の子どもとふれあいをもち，温かく受け止める。 ・遊びに誘ったり，一緒に遊んだりしながら，遊ぶ楽しさに気づけるようにする。 ・一人一人が安定して遊べるような場をつくる。	・好きな遊びを見つけるのに時間がかかる幼児には，友達がしている遊びを伝え，興味をもった遊びができるようにする。 ・遊びの中で，自分の思いを伝えたり，友達の思いに気づいたりすることができるように，機会をとらえて仲立ちをする。 ・遊びの仲間となって楽しい雰囲気をつくったり遊びのアイディアを出したりすることで，子どもたちのつながりが広がるようにする。 ・遊びに工夫や変化がもてるように，素材の種類や量に配慮する。 ・身近な自然や生き物などへの関心をとらえ，一緒に観察したり，図鑑で調べたりする。 ・身の回りの始末や片づけなどを進んでしている姿を認める。また，友達のためにしてあげようとする気持ちの芽生えを大切にする。 ・道具の使い方や安全について必要に応じて指導する。

■5歳児教育課程　注）「ねらい」の（　）内は「幼児期の終わりまでに育ってほしい10の姿」。

5歳児	期	XI		XII		
	月	4	5	6	7	8
子どもの姿		・年長児になった喜びをもち，いろいろなことに挑戦する。 ・年少児，年中児とかかわることに喜びを感じている。 ・新しい保育室などの環境に慣れ，遊びの場が園全体に広がる。		・友達の遊びを見て興味をもったり，困っている友達を助けようとしたりする。 ・大きな素材に取り組み，力を合わせて作っていこうとする。 ・身の回りで起こるできごとに関心をもち，話題にしようとする。		
ねらい		・年長児になった喜びを感じ，自覚をもって園生活を楽しむ（健康，自立心，社会生活）。		・友達とのつながりを深め，遊びを広げていく（健康，協同性）。		
内容		・身の回りの環境に進んでかかわり，自分たちの生活をつくっていく。 ・年長児になった自覚をもち，年少児，年中児とかかわる。 ・身近な動植物に触れたり，世話をしようとしたりする。		・自分の考えを出したり，友達の考えを受け入れたりして遊ぶ。 ・運動遊びや伝承遊びなどを通して，友達とかかわる。 ・身の回りの自然や社会のできごとなどに関心をもち，よく見，考え，知っていることを友達に話そうとする。		

・気の合う友達と，誘い合い，場を共有して遊ぶ。 ・自分の気持ちを友達に伝えながら遊ぶ。 ・秋の自然の中で体を思いきり動かして遊ぶ。	・友達と共通のイメージで遊ぶ楽しさを味わう。 ・遊びに必要な物を準備したり場をつくったりする。 ・歌ったり踊ったり，感じたままに表現する楽しさを味わう。	・自分や友達が，できるようになったことに気づいたり共に喜んだりする。 ・友達と相談しながら遊んだり行事を進めたりする。 ・冬の自然に興味をもち，体ごとかかわるおもしろさを味わう。
・夏休み明けで気持ちが不安的になっている子には，徐々に園生活のリズムを取り戻せるように接する。 ・工夫したり試したりできる素材や遊具を用意し，一人一人が満足感を味わえるようにする。 ・遊びの拠点となる場を子どもたちと工夫し，友達との遊びが十分に楽しめるようにする。 ・トラブルが起きた時は，互いの気持ちが分かり合えるように聞いたり伝えたりする。 ・体を動かす遊びを共に楽しむ。	・一人一人のよさやアイディアを認め，のびのびと自分を表現できるような雰囲気をつくる。 ・子どものイメージや願いが周りの子どもにも広がるようにする。さらに，子ども同士でも広げていけるように援助する。 ・遊びがさらに深まるような素材や遊具を必要な時に使えるよう準備し，自分たちで遊びを続けることができるようにする。 ・遊びの中での子ども同士の関係づくりに気を配り，見守ったり話を聞いたりする。	・冬休み明けは家庭での経験（お正月の遊び）が共通のものとして広がることを予想し，遊具や遊びのコーナーを整える。 ・グループやクラス全体で進める活動を通して，自分で見つけた役割を果たそうとする姿を受け入れ認めていく。 ・年長児の活動や遊びを紹介し，進級することへの期待がもてるようにする。 ・子どもたちが，冬の自然や春の訪れなどを敏感に受け止められるように保育者もその世界に浸り共感する。

XⅢ				XⅣ		XⅤ		
9	10	11	12			1	2	3
・共通の目的に向かって，意見を出し合い，互いのよさを認め合い，遊びや活動を進めていく。また仲間意識が高まり，遊びの中で教え合い，励まし合う。 ・感じたことや考えたことを友達と一緒に表現して遊びをつくり上げていくことを楽しむ。 ・トラブルを自分たちで解決しようとする。						・友達と共通の目的をもち，互いの考えに共感し工夫して遊びを進める。 ・1 年生になることへの期待と喜びをもつ。 ・知っている文字や数，図形を友達同士で聞いたり教え合ったりしながら，遊びの中に取り入れて使おうとする。		
・友達と力を出し合い，試したり工夫したりして遊びを進めていく（健康，自立心，協同性，道徳性，思考力，言葉）。						・グループやクラスの友達と共通の目的をもち，力を出し合い遊びを進める（健康，自立心，協同性，道徳性，思考力，言葉）。		
・友達と励まし合ったり競い合ったりしながら，運動的な遊びを楽しむ。 ・友達と意見を出し合い，工夫して遊ぶ。 ・感じたことや考えたことを，友達と一緒にいろいろな方法で表現する。 ・秋冬の自然を取り入れて遊ぶ。						・友達と考えを出し合い，力を合わせて遊びをつくっていく。 ・積極的に遊びや仕事に取り組みやり遂げる。 ・知っている文字や数を取り入れて遊ぶ。		

環境や援助への配慮点	・進級の喜びを受け止める。年少児や年中児に親しみがもてるような話をしたり一緒に遊んだことを話題にしたりする。 ・園での生活に必要なことを考える機会をもち，進んで係活動をしようとする意欲につなげる。 ・話し合いの場で自分の思いを出して話すことができるような雰囲気をつくる。 ・子どもと一緒に動植物の世話をしながら，子どもが動植物に親しみをもったり，生命の大切さを感じたりできるようにする。	・じっくり遊びに取り組めるように，子どもの願いをとらえ，天候や家から持ち込んでくるものも考えて環境を準備する。 ・友達とのつながりが深まるように，材料，用具の種類，大きさ，数や出し方などを工夫する。 ・ルールのある運動的な遊びや伝承遊びを取り入れ，集団で遊ぶ楽しさが味わえるようにする。 ・困っている友達に親身になって声をかけたり，教えたりしている姿を認め，そのよさを周りの子どもたちに広げていく。 ・いろいろなできごとに対する興味や関心をとらえ，共感したり伝え合ったりする場をもつようにする。

2 B園の教育課程と長期指導計画

　ここに示す教育課程の例は，第8章（146ページ）の教育目標の例に挙げた園のものである。

　この園では，幼児の自発的な活動を重んじながら環境を操作し，その時期その時期に活発に展開される幼児の遊びと，その中に見られる幼児の育ちを丹念に記録し，その記録や実践の経験を基に20年以上をかけてこの教育課程を編成している。一見，抽象的に見える表現も，その奥にこうした蓄積があるのであって，単に理念的にねらいを割り振ったようなものではないところに価値があるのである。

　またこうしたことから，B園の教育課程の特徴は「自発的な遊び」を中心にしており，「幼児期の終わりまでに育ってほしい10の姿」のうちの「健康な心と体」「自立性」「協同性」「思考力の芽生え」に重点が置かれていることがわかる。またそれは同時に「言葉による伝え合い」「豊かな感性と表現」につながることになる。

・遊びを深め，充実感が味わえるように，子ども同士で話し合う場や共感し合う場を大切にする。 ・やってみたい，できるようになりたいという気持ちの高まりを大切にし，挑戦する場を設ける。 ・子どもの遊びの様子を見ながら必要な環境を準備したり提案したりしていく。 ・子どもたちなりのイメージや表現方法を認め，より膨らませる環境に配慮する。 ・ルールのある運動的な遊びを取り入れ，集団で遊ぶ楽しさが味わえるようにする。 ・自然と触れ合う機会を多くもち，自然の美しさや変化に感動したり，遊びに生かしたりできるようにする。 ・園外の人や公共の施設や機関とかかわる時のマナーを知って守る機会をもつようにする。	・自分たちの力で遊びをつくる楽しさ，充実感が味わえるような声かけをする。必要に応じて，相談にのる。 ・冬休み中に経験した遊びやルールのある遊びを積極的に取り入れるようにする。 ・1年生への期待と意欲をもって生活できるように，一人一人の実態をしっかりと把握する。また，自分の生活を振り返る機会をもてるようにする。 ・修了に向けての準備に余裕をもって取り組み，一人一人が自信をもって自分を表現できるように認めたり励ましたりする。

本園の目的

　本園は，教育基本法および学校教育法第22条の規定に基づき，幼児を保育し，幼児の健やかな成長のために適当な環境を与えて，その心身の発達を助長するとともに，大学の幼児教育の研究および教育実習に資することを目的とする。

教育目標

　子どもの人間的発達の基礎を守り育て，生きること（自立）と愛すること（連帯）の能力をつちかう。

（1）健康で活動的な子ども

（2）よく見，よくきき，よく考える子ども

（3）よくつくりだし，よくあらわす子ども

（4）愛情ゆたかな子ども

（5）正しいことに向かって協力する子ども

■ 教育課程

育っていく過程	期	○ ね ら い　・留 意 点
園生活の中でありのままの自分を出して遊べるようになる	はじめに	○保育者との信頼関係をもとに，園生活に安心感をもつ。 ○自分から遊びに目を向けたり，かかわろうとする。 ○保育者や2，3人の友だちとほのぼのした触れ合いを通して，友だちと遊ぶ楽しさを感じる ○「～のことね」など，そのものになりきって，つもりの世界で遊ぶ。 ・入園した幼児には一人一人に対する保育者の細やかな日常の世話を受けることによって愛情を感じ，それを支えにして保育者に依存しながら安定する。初めて家庭から離れた不安感や個々の発達の差から生ずるさまざまな行動を温かく受容しながら一人一人としっかり心の糸を結ぶ。 ・幼児は好きなように遊ぶ中で，一人一人心のままに感情や言葉や身体の動きで表す。その表現は日常のなにげないつぶやきのようであったり，素朴な行動である場合が多い。幼児からのサインを見逃さないようにする。 ・自分のしたい遊びが十分できるように配慮して，一人一人の遊びたい気持ちを満足させながら，次第に友だちと遊ぶことの楽しさを知らせていく。
友だちとかかわりながら，いろいろな遊びを楽しむようになる	しだいに	○自分のしたい遊びを見つけ，その中で友だちとひたって遊ぶ。 ○遊びの中で思ったこと，考えたことを話したり，友だちの話に耳を傾ける。 ○遊びの中で自分の見立て，考えを友だちに伝え合ったりして遊びを楽しむ。 ○2，3人の仲よしの友だちができつつあるので，遊びを楽しむ中でお互いのつながりを深める。 ○いろいろな役になって遊び，なりきって動いたり，言葉を交わしたりして，自分を表現する楽しさ，想像の世界にひたって遊ぶ楽しさを味わう。 ・友だちと触れ合って遊ぶことを喜ぶので，保育者も一緒に遊んだり，支えたりして，友だちと遊ぶ楽しさを一人一人に感じさせる。 ・行動が活発になり，身近なことがらに興味をもつようになる。この時期の経験から得たものは自分たちの遊びを進めていく力となるので，多様な経験をさせる。
友だちと力を出し合い，したいことを実現していくようになる	さらに進んで	○戸外で十分体を動かし，いろいろなことに挑戦したりする。 ○グループの友だちと思ったことを言ったり，相手の考えを聞いたりして，遊びを進める楽しさを味わう。 ○遊びの中で不思議さを感じたり，自分なりに試したりする。 ○いろいろな活動に取り組み，充実感を味わう。 ・今までの経験をもとにして自発的に遊びを進めていくようになるので，遊具，材料などの自由な選択ができるようにする。 ・友だちと気持ちを合わせて遊んだり，考えたことを工夫して表現する面白さを感じる中で，満足感や充実感を味わわせる。 ・幼児一人一人が自分を発揮しているか，どのようにして友だちと協力し自分たちの願いを実現させようとしているかなどに目を向ける。 ・それぞれが自分をのびのびと表し遊ぶ中で，幼児と保育者，幼児同士，互いに大切な仲間として一緒に生活できる喜びを感じ合っていけるようにする。

■ **長期指導計画**　注）「ねらい」の（　）内は「幼児期の終わりまでに育ってほしい10の姿」。

時　期		1期（3歳4月〜6月中旬）
生　活	幼児の実態	・入園当初，母親から離れられない子，黙ったまま体をかたくしている子，保育者から離れない子など，不安な姿が多い。 ・見るものなんでも触ってみたくなる，動きまわる，大人の声など耳に入らないなど落ち着かない姿もある。 ・すべり台をすべったり，高いところから飛び降りたり，体を動かしながら気持ちがほぐれる様子もある。
	ねらい・内容	○保育者に親しむ。 ・保育者から世話をしてもらったり，触れ合ったりして親しみの気持ちをもつ（健康，社会生活）。 ・好きなおもちゃや遊具で遊んで安定する（健康，自立心）。 ○保育者のそばで歌を歌ったり，身体を動かしたりして遊ぶ。 ・絵本や紙芝居を見て喜ぶ（言葉，感性と表現）。 ・知っている歌を歌ったり，模倣表現を楽しんだりする（感性と表現）。 ・保育者と話をする（社会生活，言葉）。
	環境の構成・援助	・保育室の中は家庭的な雰囲気にし，朝，保育室内に「おかあさんといっしょ」などに出てくるCDをかけ，柔らかい雰囲気にしたり，家でもなじみがあり親しみがもてそうな遊具を出しておく。 ・椅子に座布団を敷き，自分の場所として安定できるようにする。 ・園生活に慣れてくると遊ぶ範囲も広がる。ベランダ，木の下などにござを敷いたり，パラソルを立て，机，テーブルなどを出したりして遊ぶ場に変化をもたせる。 ・後半，築山のわきのヘビイチゴ，グミ，ノバラ，シロツメクサ，テントウ虫の幼虫など，園庭の豊かな自然物に十分気づかせていく。 ・体を動かしたり，見立てて遊ぶことが盛んになってくるので，スポンジ積み木を出したり，保育室を広く使えるようにするなど，工夫する。 ・遊びの終わりの様子を見て，次へ続いていきそうであればその場を残しておく。 ・登園してきた子どもを迎え，身の回りの世話をしたり，遊びにかかわったりして，一人一人かわいがっている保育者がいるから大丈夫という気持ちを伝えていく。 ・世話をしたり一緒に遊んだりする中で，どこを接点にしてその子に気持ちが届くかかわりができるのかを探りながら，保育者を身近に感じていけるようなかかわりを心がける。 ・保育者も心を開き生活するとともに，一人一人がどんなものや遊びに目を向けているか，どのようなきっかけで動き出したか，どんなことを喜んでいるのかなど，内面をよく見ていく。 ・「おやつ」では，ナフキンを敷く，コップ・食器を出すなど，少しずつ慣れるようにしていくが，待つ時間が長くならないよう楽しい雰囲気で待てるように工夫する。椅子にかけて待つことを，繰り返しの中で育てていく。 ・子どもの興味の方向をよく見ながら，そのことが「楽しい」「面白い」と思っていけるように共感したり，保育者もさりげないかたちでかかわったりする。 ・生き物，花，雨など，自然に触れることが多くなる。そうした中で子どもの表現をきめ細かく受けとめ，感じること表すことの楽しさを感じていけるようにする。 ・降園時に，ひと時，保育者の話をじっくり聞いたり，歌を歌ったりする中で，落ち着いて過ごす心地よさ，みんなの中の一人としている心地よさといったものが感じられるよう，内容の工夫，毎日の繰り返しを大切にしていく。

時 期		2期（3歳6月下旬～9月）
生活	幼児の実態	・生活に慣れて少しずつ自分を出すようになると，たたく，物を取り合う，泣いたり怒ったりなど，トラブルになることが多い。 ・遊びは断片的であるが，気に入ると，ある程度の時間遊ぶ。 ・園庭での遊びも多くなり，活動的な遊びを喜ぶ。
	ねらい・内容	○好きな遊びをする。 ・保育者や他の子の遊んでいる様子や雰囲気を手がかりにまねたりする（感性と表現）。 ・自分のしたいことを見つけて遊ぶ（健康，自立心）。 ○保育者のそばで歌を歌ったり，身体を動かしたりして遊ぶ。 ・草花や実など，身近な自然物を遊びに取り入れたり，小動物に触れたりする（自然との関わり，感性と表現）。 ・園庭で身体を動かしたり，固定遊具を使って遊ぶ（健康，自立心）。 ・砂，粘土，ぬたくり，フィンガーペイントなど，絵遊びを楽しむ（感性と表現）。
	環境の構成・援助	・描く，作ることへの関心が出はじめる。遊びの状況に応じて，色紙，画用紙などを用意する（大きさなどに留意する）。 ・生き物との触れ合い，歌（「ポケット」「あめちょこ」）など，いろいろな経験が描くこと，作ることへのきっかけになる。予想をして対応できるように用意する。 ・小動物については，園庭の自然の中での触れ合いを大事にする。保育室で飼っている小動物のえさやり，水かえなどを通して，保育者がかわいがって世話する姿に触れられるようにする。 ・晴れた日は，戸外遊びが十分にできるようにする。 　①日ざしをさえぎり，ゆっくり遊べるようパラソルを立てたり，木かげにござを敷いたりする。 　②走るなどの動きを誘うような遊具や場作りをする。 ・生き物との触れ合いや歌うという行為とともに，率直に自分の気持ちを動きの中で表そうとする。それぞれ独立した表現でなく，混然とした表しであるが，共感的に受けとめていく。 ・物の取り合い，トラブルが多くなる。せつない気持ちを保育者が受けとめ，気持ちをなおしていけるようにするとともに，相手の訴えもあることを少しずつ知らせていくようにする。 ・夏休み後は一学期と違う面があると思われるので，できるようになったこと，しようとしていることなど変化を感じたり，それに沿った応じ方をするなどし，それぞれに張り切った気持ちで生活していけるようにする。 ・たくさんの材料が出ると，つい，何もかも使ってみてそのままということになりがちである。大きさ，量，置き方などに配慮する。使い方を見ながらその子の発想に共感したり，遊びに生かされるよう保育者も必要に応じてかかわったり，作る楽しさを感じていけるようにする。 ・固定遊具へのかかわりをはじめ，体を動かすことは個人差が大きい。その子なりのやり方でしていることを十分受けとめ，体を動かす楽しさを感じていけるようにする。

時　期		3期（3歳10月〜12月）
	幼児の実態	・2, 3人の友だちとおしゃべりをしたり，同じものを身につけて遊んだりして，触れ合いが多くなる。 ・秋の草花を摘んだり，木の実，落ち葉などを拾って遊びに使ったりする。 ・同じ場で遊んでいる友だちのすることを見て，自分もしてみようと思う。
	ねらい・内容	○好きな遊びをする中で，保育者や友だちとのかかわりを楽しむ。 ・遊びの中で思ったことを話したり，友だちの話を聞いたりする（自立心，協同性，思考力，言葉）。 ・まねる，誘い合う，同じ場で遊ぶなどして友だちとかかわり合うことを喜ぶ（協同性，思考力）。 ○身近なものを見立てたり，そのものになりきって遊ぶ。 ・好きなように描いたり，作ったり，なりきって表現したりする楽しさを味わう（感性と表現）。 ・自然の中で思いきり体を動かす（健康，自然との関わり）。
生　活	環境の構成・援助	・子どもが始めた遊びを継続していけるように前日の遊びの場をそのままにしておく。片づけるにしても，子どもなりに思いをこめているところを感じ取り，遊びの場を尊重していく。 ・友だちがしていることをまねたり，一緒に同じ場で遊ぼうとすることが増えてくるので，一緒に入ったり，乗ったりできるような大きめの箱を用意したりする。 ・自然物を見つけたり，家からもってきたりするので，どのように遊んでいくのかを予想しながら材料や場を用意する。 ・保育者が率先して自然の変化に目を向けたり，話題にしたりしながら関心がもてるようにする。 ・期の後半になると戸外へ出られなくなるので，室内を広く使えるよう工夫したり，遊戯室，ろうかなど，3歳児の動きの手がかりになるような巧技台の組み合わせを工夫する。 ・作ることがさかんになり，作ったものを遊びの中に生かしていけるよう，保育者が関心を向けたり，受けとめ手になったりしていく。 ・遊びへの発想，工夫など，子どもが考えたことは保育者も一緒に喜んだりまねたり，その考えに沿って遊んだりして，「いいこと考えた」という楽しさや満足感がもてるようにする。 ・保育者が遊びに加わるときは，一員になって遊びながら楽しさに共感したり，子どもが「こういうこと」と取り決めたことに沿って遊び，その考えが他児にも伝わるようにし，子ども同士のかかわりや，一緒に遊ぶ楽しさが深まるようにする。 ・トラブルも多くなる。状況を見て，それぞれの考えていることや気持ちがわかるように伝え手になる。すぐ泣く，泣いて訴えるということに対して，自分で立ちなおれるよう励ましたり，気持ちをとりなおして遊びを続けていけるよう，保育者が心して見守ったり，かかわったりする。 ・小さな遊びの中でもストーリー的なものが出てきているので，保育者や友だちと一緒に遊ぶことで，お話の世界に遊ぶこと，自分の好きなものになって感じたことを動きや言葉で表すことを楽しめるようにする。

時　期		4期（3歳1月〜3月）
生 活	幼児の実態	・紙など身近な材料を使って，いろいろなものを作って遊ぶ姿がある。 ・絵本やお話の登場人物になって言葉を交わしながらひたひたと遊ぶ姿がある。 ・身の回りのことが大体できるようになる。 ・進級することを楽しみに待つ気持ちが大きくなる。
	ねらい・内容	○友だちと一緒にいろいろな遊びを楽しむ。 ・クラスのみんなで遊ぶ楽しさを味わう（健康，協同性）。 ・進級することに期待感をもつ（健康，自立心）。 ・遊びを同じくする2，3人と楽しさを味わう（協同性，社会生活）。 ○想像をふくらませながら，いろいろな表現を楽しむ。 ・話の登場人物になって身体表現をしたり，言葉を交わすことを喜ぶ（言葉，感性と表現）。 ・紙や小箱を切ったり貼ったりして，作って遊ぶ（数量や図形，感性と表現）。 ・友だちに自分の思ったことを言葉でいう（自立心，言葉）。
	環境の構成・援助	・新鮮な気持ちで遊びにかかわったり，室内でじっくり遊んだり，友だちとルールに沿って遊ぶといった経験ができるよう，単語カルタ，コマ，パズルなどを出しておく。 ・遊びに必要なものを自分たちなりに作ろうとするので，材料など，扱いやすいものを用意しておく。 ・劇的な遊びなどの表現活動は，子どもがなりきって遊べる場，小道具などを工夫する。 ・季節の変化にも関心が向いてくる。水栽培の球根を目につきやすいところに置いたり，自然に関した話，絵本を環境の中に入れる。 ・子ども自身が一年間の生活の締めくくりとして，環境の整理，次に来る人たちのためにどうしようかなど，積極的な気持ちを大事にする。 ・冬の自然現象（雪の降る様子，吹雪，氷，あられ，白い息）などについては，子どもが出会ったときや関心を向けたときを逃さずに共感したり，その様子を保育者と子どもとがゆったり見たり，冬の寒さ，季節感を実感していけるようにする。 ・友だちとのかかわりでは，触れ合う心地よさ，楽しさ，または思うようにいかないいやな気持ち，せつなさなど，いろいろな気持ちを感じてほしいので，子ども同士がかかわっているときは介入は控え，関心をもって見守っていくことを心がける。 ・室内での遊びがほとんどである。1日の生活の流れを工夫し，動と静のバランス，特に思いきり体が動かせるようにしていく。 ・「〜のつもりになってひたる」だけでは物足りなく，ストーリーをもって遊ぶことにも関心がでてくる。保育者もなりきって，ともに遊びながら表したり，表現を引き出すような応答を心がけ，一人一人がのびのびと自分を表していけるようにする。 ・「こうしてほしい」と求めてくることについて気持ちは十分受けとめ，応えながらも，どこまでできるのかを見極め，自分で取り組む機会を多くする。 ・友だちと一緒に遊びながらも自分の気持ちを思うように伝えられない，伝わらないと怒ったり泣いたりするが，あいだを取り持ち，話す・聞くということができるようにしつつ，言葉で伝え合う経験を重ねる。 ・「友だちっていいなぁ」と思えるような経験を大事にしていく。

時　期		5期（4歳4月～5月中旬）
生　　　　　活	幼児の実態	・新しい環境の中で，多少戸惑う様子もあるが，年中組になったということで，これからの生活に期待し，張り切った気持ちが見られる。 ・新しい友だちの名前を呼んだり，引き出しやフックの名前を見たりして，新しい友だちに関心をもつ姿がある。 ・年少組からの仲よしの2，3人と一緒に，言葉を交わしながらじっくりと遊ぶ。 ・タンポポ，オドリコソウなどの草花を見つけたり，摘んでごちそうにしたり，また，園庭を駆け回ったりして，春の訪れを喜ぶ姿が見られる。
	ねらい・内容	○新しいクラスの生活に慣れる。 ・新しい保育室や保育者に親しむ（健康，社会生活）。 ・保育者を囲んで，クラスの友だちと歌を歌ったり，一緒に遊んだりする（協同性，感性と表現）。 ○春の自然に触れる。 ・身近な草花を見たり，遊びに使ったりする（自然との関わり，感性と表現）。
	環境の構成・援助	・気に入った遊びができるよう4期末の環境を考慮に入れて環境を構成し，好きな遊具にかかわったり，親しい友だちと遊んだりして，新しい生活の中で安定していけるようにする。 ・3歳の時の別々なクラスが合わさって1クラスになる。新しい友だちや担任という存在が目に入りやすいような場の作り方を工夫したり，それぞれが触れ合えるような機会を意図的に取り入れたりし，互いに関心を向けたり親しみを感じたりしていけるようにする。 ・新しい経験にも出会えるようにし，進級した喜びを感じていけるようにする。 ・地面が乾き，外へ出られることや，陽の光，風の暖かさ，草木の芽や花など，身近なことを通して春を感じられる季節である。園庭で自然に触れたり，体を動かしたりして，ようやく巡ってきた春の心地よさを十分に味わっていけるようにする。 ・保育者も自分を表しながら一緒に遊び，初めての子どもたちにも安心できる親しみのある存在と感じられるようにする。

時 期		6期（4歳5月下旬～9月）
	幼児の実態	・2，3人の仲よしの子と，自分の思ったことを言ったり，同じものを持ったり身につけたりして遊ぼうとする。 ・遊びの中で「こうしたい」という主張が強くなり，自分の気持ちが言葉でうまく伝えられなかったりすると，遊びから抜けたり，トラブルになったりする。
	ねらい・内容	○友だちとかかわって遊ぶことを楽しむ。 ・遊びの中で思ったこと，したいことを言う（自立心，言葉）。 ・友だちのしている遊びに気づいたり，よせてもらったりして喜ぶ（協同性，社会生活）。 ○「～のことね」など，気持ちを表しながら遊びを楽しむ。 ・感じたことを言葉や動きに表す（言葉，感性と表現）。 ・友だちの話を聞こうとする（協同性，社会生活，言葉）。 ・身近なものに見立てて，想像をふくらます（数量や図形，感性と表現）。
生　　活	環境の構成・援助	・友だちと同じものを作ったり，遊びに使うものが作れるように，扱いやすい素材をいろいろと用意する。 ・外での遊びも盛んになるので，園庭の自然環境を生かしたり，遊びの特性をとらえながら，外にも拠点となる場を用意しておく。 ・遊びは次の日もできるように，ある程度残しておき，またしたいと思った時に自分で取ってくることができるように，使うものをわかりやすい場所に置いておくようにする。 ・園周辺に小動物が多くなる（オタマジャクシ，カエル，ダンゴムシ，テントウムシ，トンボ，ザリガニ）。よく出会える日，場などを保育者の中でとらえておき，積極的に目を向けていく。また，それぞれの生き物に直接触れたり，かかわりを楽しんでいけるように場の作り方，飼育の仕方などに配慮していく。特に命のあるものなので（扱いについては）保育者が大切に扱いながらモデルになっていく。 ・遊びの中で「～なんだよ」と，自分のしている様子を伝えたり，気持ちを言葉で表したりしているところを受けとめ応答したり，それをもとに新しい状況を作ったりして，遊びが広がっていくようにする。 ・絵遊びや身体表現，集団遊びなど，いろいろな新しい経験に出会い，自分を表したり，のびのびと活動したりして楽しかったという思いを感じていけるようにする。 ・「～のことね。だからこうしたい」という子どもの考えを受けとめ，共感し，保育者もそこにひたって一緒に遊び，想像して遊ぶ楽しさを感じていけるようにする。

時　期		7期（4歳10月〜2月）
生 活	幼児の実態	・仲よしの友だちができ，まねたり一緒にいたりしながら，持続して遊ぼうとする姿がある。 ・遊びの中にストーリーを取り入れ，友だちと役を決めたり，役になって遊ぶ。 ・手先が器用になり，製作的なことにも関心がでて，遊びに使うものなどを自分で作ろうとする。 ・花や落ち葉，木の実などをたくさん集めたり，ごちそうや身体を飾るものにするなど，自然物への関心が見られる。 ・仲よしの子だけでなく，クラスの仲間として一緒に楽しむ姿がある。
	ねらい・内容	○思ったことをやりとりしながら，友だちとのかかわりを深める。 ・2，3人の好きな友だちと一緒に遊ぶ（健康，協同性）。 ・「一緒にしよう」「こうしよう」など，誘いかけたり提案したりする（協同性，言葉）。 ・面白いと思ったこと，したいことなどを友だちに伝える（協同性，言葉）。 ○自分の思いをいろいろな方法で表し，伝え合って遊ぶ。 ・ストーリーのある遊びの中で自分なりに考えて話したり，身体表現したりする（思考力，言葉，感性と表現）。 ・自然物など，身近なものをきっかけに想像をふくらませたり，遊びに取り入れたりする（思考力，自然との関わり，数量や図形，感性と表現）。
	環境の構成・援助	・木の葉，木の実などの自然物については，園庭だけでなく周辺地域（短大構内，神社，農道，公園など）も積極的に活用していくようにし，出会えるものについての情報を保育者が把握しておく。 ・友だちがすることをまねたり，一緒にいようとする気持ちを十分に受け入れ，ゆったりと守っていくとともに，保育室，ホール，園庭などに友だちとじっくり遊んでいけるような場を作っていく。 ・自分の思いに沿ったものを作ったり，友だちをまねたり，刺激を受けて作ったりできるように，製作的な材料などを豊富に用意する。 ・花，木の葉，木の実，雪など，身近な自然を遊びに取り入れていけるように，保育者も一緒に探したり，表したりする。 ・子どもなりの発想で遊び始めたところを大切に見守っていく。時には子どもの考えたところに沿って遊び，互いの考えや表現に関心が向くようにする。 ・感じたことの表し方も多様になるので，表現にかかわるさまざまな環境を細やかに用意する（リズム的，絵を通して，製作，劇遊びやペープサート）。 ・「こうしたい」という目的をもったときには，それが実現できるように，材料やアイディアの面で支えていく。

時　期		8期（4歳3月～5歳5月上旬）
生　　　活	幼児の実態	・生活の面で張り切った様子が見られるが，園内の雰囲気や年長組という立場から興奮や戸惑いといった落ち着かない姿もある。 ・進級後も4歳終わりころの友だちが引き続いていることが多い。しかし，新しい環境の中で興味のもち方によっては流動的になっている様子もある。 ・春のきざしをとらえ，戸外へ出て体をいっぱいに動かして遊ぶなど，春を全身で受けとめようとしている。
	ねらい・内容	○年長組になることを喜ぶ。 ・どんなことをしたいか，どんなことができるかなどを話し合い，積極的に生活しようとする（健康，自立心，協同性，言葉）。 ・自分たちが生活する場を保育者や友だちと作っていく（協同性，道徳性，社会生活）。 ○春の自然に触れて積極的に遊びを進める。 ・木の芽，花，風などの自然に進んでかかわったり，遊びに取り入れたりする（自然との関わり，感性と表現）。 ・保育者や友だちと一緒に体を動かして遊び，みんなで遊ぶ楽しさを味わう（健康，協同性，社会生活）。
	環境の構成・援助	・一斉に花が咲いたり，若芽が出たり，強く風が吹くなど，春ならではの自然と出会える時期である。機会を逃さないように保育者も自然の変化に目を向けていく。また，出会ったその時に十分触れ合っていけるよう，材料，遊具などを多様に用意しておく。 ・遊具，材料の置き場などをできるだけ子どもとともに構成し，自分たちが生活する場という気持ちをもてるようにする。 ・年長組の生活に関心を向けたり，自分たちができること，したいことを話し合ったり，どんな風にお別れの会をするのかを考え合ったりし，そうした中から「次は自分たちが年長組になる」という気持ちをふくらませていく。 ・張り切っている反面，落ち着かない不安定さもあることを受けとめ，保育者と一人一人とのつながりを密にして，精神面で支えていく。 ・いろいろな活動を通して，5歳児になったということが実感できるよう，活動の内容や保育者のかかわり方などを工夫していく。 ・みんなで一緒に遊んだり体を動かしたりする中で，気持ちを開放したり，クラスの仲間という気持ちを感じたりできるようにする。

時　期		9期（5歳5月中旬〜7月）
生　　　　　活	幼児の実態	・年長組としての生活に落ち着きがでて，2〜4人位でじっくりと遊ぶ。互いに思ったことを話しながら遊び，気心が知れた関係にある様子が見られる。 ・遊ぶ方向を見出すと「もっとこうしよう」と積極的に考えを出しながら何日も持続する。 ・力いっぱい身体を動かす，できなかったことに挑戦しようとするなど，自分の力を試そうとする。
	ねらい・内容	○気の合う友だちの中で，自分の考えを言ったり，相手の考えを聞いたりしながら遊びを進める。 ・遊び方を提案したり，やり方を相談したりして遊ぶ（協同性，社会生活，言葉）。 ・友だちの遊び方に関心をもち，まねたり，取り入れたりする（協同性，社会性，思考力，表現と感性）。 ○いろいろな遊びの中で，考えたり工夫したりしながら，めあてをもって遊ぶ。 ・遊びに必要なものを工夫して作る（思考力，感性と表現）。 ・水や砂などで遊びながらいろいろな現象に関心をもつ（思考力，自然との関わり）。 ・「もっとこうしよう」などと遊び方やルールを工夫する（協同性，道徳性，思考力，言葉）。
	環境の構成・援助	・遊びの発想が豊かになるので，多様な材料，用具などが必要になる。子どもと置き場，置き方などを話し合ったりして，自発的な取り組みができるようにする。 ・素材が多くなるにつれ，接着材料もさまざまになってくる。必要に応じて援助し，それぞれにふさわしい接着ができるようにしていく。 ・用具（きり，カッターなど）は，初めてのものは使い方について個人指導をする。安全に扱っていくために，保育者が必ず位置し，使わない時の置き方や持ち方など，目を行き届かせていく。また，安全に扱えるように，きりやカッターの下敷き，金のこの持ち手にテープを巻くなど，補助となるものを工夫する。 ・大型積み木，巧技台などを外でも使えるようにしたり，段ボールなど大きな素材を用意したりして，ダイナミックな遊びができるようにする。 ・友だち同士で考え合って，一緒に遊んでいこうとしている姿を関心をもって見守っていき，一人一人の考えが生かされ，わかり合って遊びを進めていけるようにする。 ・さまざまな現象に気づいたり，いろいろな仕組みに関心が向いてくるので，保育者もともに遊び，試す，工夫する，といった経験を十分にできるようにかかわっていく。 ・畑の作物を世話したり，生き物を飼育したりしながら，育てる喜びや生命の大切さなどに気づいていけるようにする。

時　期		10期（5歳9月〜11月）
生活	幼児の実態	・グループの友だちとの結びつきがいっそう強くなり，遊び方について積極的に提案したり，めあてをはっきりもって遊ぶ姿が多くなる。 ・身体の動きが機敏になり，自分の力を試したり友だちと競うなど，手応えを楽しむ姿がある。 ・遊びに使うものを自分たちで作ったり，その使い方を工夫するなどして，じっくりと遊ぶ姿がある。
	ねらい・内容	○考えたことを友だちと伝え合ったり，受け入れたりして遊びを進める。 ・自分の考えたこと，したいことを友だちにわかるように伝える（思考力，言葉）。 ・目的を実現するために友だちの考えを聞いたり受け入れたりする（協同性，思考力，言葉）。 ・繰り返し挑戦したり，競争したりして力いっぱい取り組む（健康，自立心，思考力）。 ○いろいろな素材を工夫して使い，十分に表現を楽しむ。 ・想像をふくらませたり，工夫して表現することを楽しむ（思考力，数量や図形，感性と表現）。 ・イメージに合った材料，用具，遊具などを工夫して使う（思考力，数量や図形，感性と表現）。 ・見たり，比べたり，遊びに取り入れたりしながら身近な自然の変化に関心をもつ（思考力，自然との関わり）。
	環境の構成・援助	・より細やかな表現やイメージの実現の欲求に応じていけるよう，多様な材料，用具を用意しておく。 ・子どもたちが設定した遊びの場の安全性について常に留意し，安全に遊べるように物を補ったり，使い方を話し合ったりする。 ・固定遊具，用具などの安全な使い方，スムーズな動きのための基本的な動作について個々に援助したり話し合ったりしていく。 ・子どもなりの柔軟な発想や試したりする姿を大事にし，共感したり，時には保育者も一緒に考えをやりとりしながら遊んでいく。 ・子ども同士で遊びを進めているが，一方で同じ仲間で同じような遊び方をしている姿も見られる。より積極的な生活をしていけるように，時には遊びを提案したり，刺激したりしていく。

時　期		11 期（5 歳 12 月～2 月中旬）
生　　　　　　活	幼児の実態	・友だちの得意なことに気づいたり認めたりする反面，批判も厳しくするなど，友だちをしっかりとらえている姿が見られる。 ・グループで力を合わせたり，その中で自分の役割を果たすなど，目的に向かって取り組む姿が見られる。 ・きっかけがあると，あっという間にクラス全体の遊びに広がったり，グループ同士が交流し合うなど，みんなで遊びたいという気持ちの高まりが見られる。
	ねらい・内容	○気持ちを合わせてグループやクラス全体で遊び，幼稚園生活を十分楽しむ。 ・生活のさまざまな場面で自分の力を出して取り組む（健康，自立心，社会生活）。 ・互いに励まし合ったり，認め合ったりしながら友だちのよさに気づく（協同性，道徳性，社会生活）。 ・友だちと協力したり分担したりして遊ぶ（協同性，社会生活，言葉）。 ○互いに考えを出し合いながら，思いを実現する喜びを味わう。 ・目的に向かって取り組む（健康，自立心，思考力）。 ・友だちの考えを受けて，自分なりにイメージをふくらませたり考えたりする（協同性，思考力，言葉，感性と表現）。
	環境の構成・援助	・個々のイメージが具体的，多様になるので，製作材料，表現のための機会なども十分にし，さまざまな形で表現していく楽しさが味わえるようにする。 ・雪，吹雪，霜柱，氷など，冬のさまざまな現象に出会える時期である。じっくりと観察したり，確かめたりできるように，絵図鑑を出しておいたり，さりげなくベランダに大小の入れ物を出しておいたりして，関心を向けていく。 ・子どもが遊びを通して友だち同士のつながりを深めていけるように，自分たちで話し合ったり，考えたり，遊びを進めたりする場面を大事にしていく。 ・それぞれの表現の中に込められた思いをくみ取り，一人一人が今までの経験をもとに力を十分発揮できるようにする。 ・それぞれの遊び方についての情報が他のグループの遊びについてのヒントになったり，刺激になったりすることが多いので，互いの考えの伝わり合いを十分配慮する。 ・劇遊び，影絵など総合的な表現においては，保育者自身も豊かな表現を心がけ，互いに表し合う楽しさ，作りあげていく喜びを十分に感じられるようにする。 ・冬の現象にかかわりながら，自分たちで気づいたことや発見したことを情報交換したり，そこから，さらに試したりする姿を大切にする。保育者も仲間の一人として対等に考えを出し合ったりして，子どもが力いっぱい取り組んでいく支えになる。 ・互いに表現し合う中で自分の力を十分に発揮し，互いの力に気づき，認め合いながら心を通わせていき，一人一人がかけがえのない存在として生活していけるようにする。

時　期		12期（5歳2月下旬〜3月）
生 活	幼児の実態	・友だちと遊ぶ中で冗談を交わして笑い合うなど，気心の知れた関係を楽しむ余裕が見られる。また，お互いを受け入れながら穏やかに遊ぶ姿が多い。 ・小学校のことについての話題が多くなり，1年生になるという気持ちから年少，年中組に対して，いたわりや余裕の気持ちが見られる。 ・いろいろな行事や遊びに自分なりの見通しがもてる。
	ねらい・内容	○修了，進学に期待をもち，積極的な生活をする。 ・1年生になる喜びを感じ，期待をもつ（健康，自立心，社会生活，思考力）。 ・見通しをもって，進んで生活をする（健康，自立心，社会生活，思考力）。
	環境の構成・援助	・一日一日の生活が充実するよう，保育者も子どもも一緒に十分遊び，それぞれが自分をのびのびと表して遊ぶ中で，子どもと保育者，子ども同士が互いに大切な仲間として一緒に生活する喜びを感じ合っていけるようにする。 ・入園当初の写真を飾ったり，VTRを見たり，思い出を話し合って，園生活を振り返られるようにする。また，カレンダーを作ったりして，見通しのある生活ができるようにする。 ・修了に向けて慌ただしくなりがちであるが，ゆったりとした時が過ごせるよう心がけ，気の合う友だち，クラスの友だちと心ゆくまで遊べるようにする。 ・修了までの間どんなことをしようか，幼稚園最後の日をどう過ごそうかを話し合い，修了に向かっての気持ちを高め，一人一人が見通しをもって生活できるようにする。 ・修了式については，子どもたちがどのようにしたいのかなどをともに考え，心に残るようなもち方をしていく。

3　C園の教育課程・指導計画と特色ある年間計画

　ここで示す教育課程の例は，幼稚園教育要領に基づいて，「自発活動としての遊び」を保育の中心にすえている園のものである。

　この園では，子どもの自発的遊びを重視しながら環境を構成し，子どもの実態に即した環境づくりを行うことをモットーにしている。その時期その時期に見られる幼児の育ちをていねいに記録し，分析を進めその記録と実践をもとに教育課程を構成している。特に，3年周期をめどにして，園内研修をはじめとした職員間での話し合いの中で，教育課程見直しの作業を行っている。

　このほかに，C園では教育課程の柱に「学級経営の基本方針」を設けるとともに，教育目標にもあるように自然との触れ合いを重視している。こうしたことから「幼児期の終わりまでに育ってほしい10の姿」のうち「健

康な心と体」「自立性」「協同性」「道徳性・規範意識の芽生え」「社会生活との関わり」「思考力の芽生え」また「自然との関わり・生命尊重」「言葉による伝え合い」を重視していることがわかる。

教育理念

　本園の教育理念は「愛情教育」です。子どもを主体とし，子どものために，全力で教育を行います。

教育目標

（1）心もからだもじょうぶな子

　幼児期に大切なのは，まず健康な体をつくることです。自然の場で思う存分体を動かして遊んだり，専門講師による体操指導で，たくましい体力づくりに努めています。

（2）くふうしてよく考える子

　幼児期は身近なできごとや，自然の事象に大変関心を示し，興味をもちます。知的好奇心を育てるために，N公園，T動物公園などに行き，園外での体験学習をしています。

（3）思いやりあるやさしい子

　友達と一緒に協力し合い，相談しながら遊びや活動を進め，充実感や達成感を味わえるようにします。ごっこ遊びやグループでの活動を通してやさしい心，人と支え合っていく気持ちを育てるようにしています。

■ 教育課程 （3歳児）

注）「発達課題」の（　）内は「幼児期の終わりまでに育ってほしい10の姿」

学年目標	・基本的な生活習慣を身に付ける。 ・教師や友達といろいろな活動に喜んで参加する。 ・友達とかかわって遊ぶ中で自分の思いを伝え，相手に思いがあることを知る。	学級経営の基本方針

発達課題	幼稚園生活に慣れ安定して遊べるようにする（健康） 　　　　　　　　　　　　　　　　　　　　　　　　　　　友達の存在を知り 教師との関係が安定する（社会生活）　　個々の遊びを十分にする（自立心）

期	1期（4月〜5月）	2期（6月〜7月）	3期（9月〜10月）
期目標	・幼稚園に喜んで登園する。 ・基本的な生活習慣を身に付ける。 ・自分の好きな遊びをする。 ・教師や友達と一緒にいろいろな遊びをする。 ・好きな遊びを見つけて，楽しく遊ぶ。	・教師や友達といろいろな活動に喜んで参加する。 ・新しい経験や活動に喜んで参加する。 ・色水遊びやシャボン玉，プール遊びをしながら水に親しむ。 ・遊具や玩具を友達と一緒に使う。 ・友達と一緒にいろいろな表現活動を楽しむ。	・園生活のリズムを早く取り戻す。 ・いろいろな活動に自分から進んで取り組む。 ・運動会に期待をもち練習に取り組む。 ・体を十分に動かして遊ぶ。 ・運動会の練習を通して，友達と一緒に行動する楽しさを知る。 ・秋の自然に親しむ。
幼児の実態	・多くの幼児が幼稚園生活に不安や緊張感をもっている。 ・保護者から離れずに泣く幼児，教師の手や服をつかんでいないと不安な幼児が多い。 ・所持品の始末，排泄など，教師の援助が必要な幼児が多い。 ・自分の好きな遊びを楽しんでいる幼児が多い。 ・教師と一緒に遊ぶことで友達の存在に気付く。	・幼稚園の一日の生活の流れを理解してくる。 ・遊びの場を共有したり，教師や友達と一緒に遊んだりすることで友達の存在を意識する。 ・遊びが共通する友達と言葉を交わしながら遊ぶ姿が見られ始める。 ・教師や友達の動きを真似したり，同じことを一緒にしたりすることを楽しむ。	・ほとんどの幼児が元気に登園してくるが，夏休み明けのため数名の幼児に不安定な様子が見られる。 ・遊びのイメージをもつようになり，自分の思いを遊びの中で通そうとしたり，物や場所の取り合いのトラブルを起こすようになる。 ・運動会の経験から，競争遊びなどに興味をもつ。 ・教師が遊びに入ることで好きな友達だけでなく，他の友達とのかかわりを楽しめるようになる。
活動の選択基準	・幼稚園での園生活を知る活動 ・個々が安定する活動 ・学級全体の中で安定していく活動 ・園行事に参加する活動	・自分の好きな遊びを見つけていく活動 ・まわりの友達に目を向け，かかわりをもつ活動 ・いろいろな素材や用具を使って遊びに広がりをもたせる活動 ・表現を楽しむ活動 ・自然に親しむ活動	・幼稚園での生活の仕方を思い出し，園生活のリズムを取り戻していく活動 ・生活に必要な技術などを身につける活動 ・友達とかかわって遊ぶ活動 ・運動会に向けての活動 ・自然に親しむ活動
経験や活動	・日常くり返される活動（登園，挨拶，所持品の始末，排泄，手洗い，おやつ，昼食時の活動，降園） ・自分の好きな遊びをしたり教師や友達と一緒に遊びながら安定していく活動（ままごと，ブロック，ミニカー，ソフト積み木，粘土，絵本，描画，固定遊具，砂場，わらべ歌遊び） ・教師や友達と一緒にする活動（歌，手遊び，紙芝居，人形劇，映画，簡単なゲーム遊び）	・教師や友達と一緒に遊ぶ（ボール遊び，追いかけっこ，ごっこ遊び，ゲーム） ・プール，水鉄砲，シャボン玉，色水遊び ・リズム遊び，歌を歌う，楽器遊び ・フィンガーペインティング，スタンピング，小麦粉粘土 ・学期末子ども会（歌，楽器，リズム）	・はさみの活動 ・歯みがきをする ・友達と一緒にする好きな遊び（ごっこ遊び，色鬼，かくれんぼ，だるまさんがころんだ，中当てボール） ・F森公園に園外保育 ・運動会（クラス順に並ぶ，整列，行進，かけっこ，玉入れ，自由表現，Sマーチ）
教師のかかわり	・スキンシップなどにより一人一人の幼児と心のつながりがもてるようにする。 ・日常くり返される活動は一人一人に合った援助をし，一つずつ身に付けられるように丁寧に指導する。 ・園の中で安定して活動できるように家庭で親しんだ遊具などを用意しておく。	・幼児がゆっくりと落ち着いて遊べる場をつくり，時間にゆとりをもち個々の安定を図る。 ・新しい遊びや幼児の興味のある遊びに誘い，幼稚園が楽しいと感じられるようにする。 ・教師と友達と同じ活動をする中で幼児同士のかかわりがもてる機会を作る。	・教師が一緒になって遊ぶことで幼児同士のかかわりを深める。 ・トラブルが起きた時はお互いの話を聞いて教師が間に入って気持ちを伝えたりしながら，解決できたりするようにする。 ・気候的にもよい時期なので，体を十分に動かして遊べるようにいろいろな運動遊びなどを取り入れる。

- 一人一人の幼児が少しでも早く園の生活に慣れ，自分から活動できるようにするために教師とのつながりをもつようにする。
- ごっこ遊びやゲームなどを楽しく経験させ，個々を育てていくとともに，友達との遊びの楽しさを体感させる。
- 年中組になることへの期待を持つようになるとともに，活動を通して自分の成長を感じることができるようにする。

基本的な生活習慣を身に付ける（道徳性）
かかわりをもって遊ぶ（協同性，道徳性）
　　　いろいろな経験を生かして遊ぶ（健康，思考力）

4期（11 月〜 12 月）	5期（1 月〜 3 月）
・戸外で体を動かして遊ぶ。 ・ごっこ遊びやゲーム遊びを通して，友達とかかわって遊ぶことの楽しさを知る。 ・いろいろな経験を通して，興味や関心を広げる。 ・身近な環境にかかわって，友達と工夫して遊ぶ。 ・いろいろな表現活動に喜んで参加する。	・自発的に好きな友達といろいろな遊びをする。 ・いろいろな素材を使って描画製作表現を楽しむ。 ・友達とかかわって遊ぶ中で自分の思いを伝え，相手に思いがあることを知る。 ・年中組になる期待をもち，日常の生活習慣を見直す。 ・寒さに負けず，友達と戸外で元気に遊ぶ。
・ごっこ遊びや簡単なルールのあるゲーム遊びを通して，たくさんの友達とかかわることを喜ぶ。 ・遊びの中で友達を意識して行動するようになる。 ・友達と言葉のやりとりをしながら，自分のイメージを膨らませて遊ぶ。 ・友達と一緒に一つの活動に喜んで取り組む。	・気の合う友達を誘って，遊びを進めるようになる。 ・年中組になるという意識が見られ，基本的な生活習慣や遊びへの取り組みに自主性が見られる。 ・自分の経験したことなどを教師や友達に話したり，遊びに取り入れたりするようになる。 ・簡単なルールのあるゲーム遊びを教師や友達と一緒にルールを守って行うことを楽しむ。
・友達とのかかわりを楽しむ活動 ・表現を楽しむ活動 ・自然に親しむ活動	・教師や友達と一緒に遊ぶ活動 ・表現を楽しむ活動 ・戸外で元気に遊ぶ活動
・友達とかかわりを広げる遊び（ソフト積み木，ブロック，ごっこ遊び，巧技台，ボール遊び，砂場，鬼遊び，中当てボールなど） ・I 公園園外保育 ・学期末子ども会に向けての活動（歌，合奏，リズム，劇遊び）	・お正月遊び（福笑い，カルタ，こままわし，はねつき） ・展覧会の作品を作る ・戸外遊び（巧技台，縄跳び，鬼遊び，おしくらまんじゅう，ボール遊び，かくれんぼ，すもう，マラソン） ・冬の自然に触れる
・個々の遊びを認めながら，年中組や年長組の活動など，いろいろな活動に目を向けられるようにする。 ・経験した活動を深めて，友達とのかかわりが広がるようにする。 ・みんなが理解して活動が楽しめるよう，簡単なルールから段階をおって遊びを進める。	・個々の幼児が十分に力を出し満足感をもてるようにする。 ・気の合う友達同士でイメージをもって遊びが進められるようにする。 ・簡単なルールのある遊びを行う中で，ルールを守ることの大切さを知らせる。 ・年中組になる期待がもてるように，遊びへの取り組み，基本的生活習慣をもう一度確認できるようにする。

■ **教育課程（4歳児）** 注）4歳児学級は2年保育と3年保育の混合編成である。2年児とは2年保育児である。

学年目標	・幼稚園生活を楽しみ，自分の力で行動することの充実感を味わう。 ・友達と積極的にかかわりながら喜びを共感する。 ・遊びの中で自分の考えを言ったり，友達の考えを受け入れて遊びを進める。	学級経営の基本方針

発達課題	生活習慣や遊びの基礎を育て個の確立を 個々の遊びから次第に友達と （2年）幼稚園の生活の仕方を知り集団の中で安定する（協同性，道徳性） 3～4人の仲良しの友達とのかかわりを深める（協同性） （3年）学級の中で伸び伸びと個を発揮して遊ぶ（健康，自立心）　　　　　　　　友達と

期	1期（4月～5月）	2期（6月～7月）	3期（9月～10月）
期目標	・自分の好きな遊びを見つけて遊ぶ。 ・身近な自然や小動物に触れ親しみをもつ。 （3年児） ・教師や友達といろいろな遊びをする。 ・進んで遊びや活動に取り組む。 （2年児） ・幼稚園の生活に慣れる。 ・身の回りのことが自分でできるようになる。	・喜んでいろいろな遊びや運動をする。 ・自分の経験したことを教師や友達に話す。 ・幼稚園生活を楽しみ，自分の力で行動することの充実感を味わう。 ・学期末子ども会に向けて，友達と一緒に活動することを楽しむ。	・自分のやりたいことに意欲的に取り組む。 ・友達と積極的にかかわりながら喜びを共感する。 ・運動会に向けて友達と一緒に力を合わせて取り組む。 ・友達と一緒に運動や競争遊びを喜んでする。
幼児の実態	・親しみのある友達や教師と一緒に遊ぶことを通して，新しい友達と信頼関係を築いていく。 ・クラス替えや園生活で不安を抱いたり，緊張したりする幼児が多く，教師や元のクラスの友達を心の拠り所にする。 （2年児） ・初めての集団生活のため，不安と緊張が強く，母親から離れにくい幼児もいる。	・新しい友達と誘い合って遊ぶ姿が見られるようになる。 ・自分の気持ちや行動を受け止めてもらうことに喜びを感じる。 ・自分の要求が相手に受け入れられないと教師に言いにきて解決してもらおうとしたり，遊具の取り合いでトラブルも起こる。 （2年児） ・ようやく園生活に慣れ，玩具や固定遊具などの使い方も分かってきて徐々に個を発揮し始める。	・休み明けの不安感がなくなると，いろいろな遊びを通して友達とかかわろうとする。 ・運動会の活動を通してクラス全体で行動することの楽しさを知ったり，課題に向かって活動したりする。 ・遊具や玩具を譲り合って使ったり，当番の仕事を通して人に感謝されることの喜びを味わう。
活動の選択基準	・幼稚園での生活を知る活動 ・個々が安定する活動 ・学級全体でする活動 ・表現を楽しむ活動 ・自然に親しむ活動 ・園行事に参加する活動	・友達関係に広がりをもたせる活動 ・表現を楽しむ活動 ・自然に親しむ活動 ・園行事に参加する活動	・友達とかかわって遊ぶ楽しさを知る活動 ・学級全体で共通の課題に取り組む活動 ・学級の仕事をする活動 ・表現を楽しむ活動 ・自然に親しむ活動 ・園行事に参加する活動
経験や活動	・日常くり返される活動（挨拶，所持品の始末，排泄など） ・好きな遊び（ままごと，ブロック，描画，固定遊具，巧技台，砂場，わらべ歌遊びなど） ・体操指導 ・フィンガーペインティング ・誕生表の製作 ・リズム遊び，フォークダンス ・動植物に親しむ ・近くの公園に遊びに行く	・友達と一緒にする好きな遊び（小麦粉粘土，魚釣り，空き箱製作，ごっこ遊び，鬼遊び，だるまさんがころんだなど） ・シャボン玉，色水遊び ・プール遊び ・他クラスとの交流 ・植物の成長を見る ・生き物を観る ・N公園へ園外保育 ・学期末子ども会に向けての活動	・友達と一緒にする好きな遊び（レスト・ランごっこ，的当て，Kブロック，運動会で経験した活動など） ・電車ごっこ ・運動会の活動 ・当番活動 ・自由表現の衣装・手具製作 ・木の実や落ち葉拾いをする
教師のかかわり	・安心して遊びや活動に取り組めるように，一人一人と信頼関係を築く。 ・2年児に対しては教師とのかかわりを多くもち，安心感をもたせるとともに，3年児とのつながりをつくる。	・個々の幼児の遊びを認めたり，援助したりして満足感を味わえるようにする。 ・個々の遊びを全体に知らせたりして遊びに広がりをもたせる。	・幼児と一緒に遊び，楽しさを共感し合う。 ・遊びや活動の中で，個々の幼児が十分に力を出せるように援助する。

注）「発達課題」の（　）内は「幼児期の終わりまでに育ってほしい 10 の姿」。

- 安心して好きな遊びや活動に取り組み，自立できるようにする。
- いろいろな遊びの中で友達関係を深めていく。
- 学級の一員としての意識をもち，学級全体として活動できるようにする

はかる（健康，自立心，協同性，道徳性，社会生活）
かかわって遊ぶ楽しさを知る（健康，協同性）

友達とかかわって遊ぶ中で自己を発揮する（健康，自立心，協同性）
かかわって遊ぶ中で自己主張ができる（健康，自立心，協同性，言葉）

4期（11月〜12月）	5期（1月〜3月）
・友達と一緒にいろいろな活動を楽しみ共感する。 ・友達と遊ぶ中で，自己主張ができるようになる。 ・クラス全体の課題に向かって友達と力を合わせて取り組む。 ・社会の出来事などに関心をもつ。	・遊びの中で自分の考えを言ったり友達の考えを受け入れて遊びを進める。 ・感じたことや考えたことを，様々な方法で表現しようとする。 ・いろいろな材料を生かして自分なりに工夫して作る。 ・学級の一員としての意識をもって行動する。 ・年長組になる喜びをもって経験を広げ深める。
・気の合う友達と遊ぶ姿が多く見られる。 ・集団で遊びや活動を進めていく中で，相手にも思いがあることに気付く。 ・自己主張できない幼児は，自分の意見をはっきり言える友達に合わせてしまうこともある。 ・自分のイメージを遊びの中で表現するようになる。	・友達と共通の目的をもち，一緒に活動や遊びに取り組むことを楽しいと感じる。 ・グループ遊びの中では自己を主張するが，相手の意見も受け入れて遊びを進める姿が見られる。 ・一つの遊びや活動に継続的に取り組むようになる。 ・自分なりの課題に取り組む楽しさを感じるようになる。
・遊びの幅や，友達関係を広げる活動 ・共通の目的をもち学級全体の課題に取り組む活動 ・表現を楽しむ活動 ・自然に親しむ活動 ・園行事に参加する活動	・自主的にグループ遊びを進める活動 ・戸外で元気に遊ぶ活動 ・年長組に向けての活動 ・表現を楽しむ活動 ・自然に親しむ活動 ・園行事に参加する活動
・友達と一緒にする好きな遊び（家ごっこ，お店屋さんごっこ，どろけい，サッカー遊びなど） ・他学年との交流 ・お店ごっこ ・学期末子ども会に向けての活動 ・さつま芋堀り ・T動物公園園外保育	・正月遊び ・マラソン ・未就園児との交流 ・園庭片付け ・展覧会の作品の製作 ・冬の自然観察
・個々の幼児のもっている良さを認め，それを他の幼児にも知らせて自信をもって行動できるように援助する。 ・友達と遊ぶ中で，自分の気持ちを伝えられるようにする。	・学級全体で行う活動を取り入れ，学級の一員として行動できるようにする。 ・相手の意見を受け入れて，遊びを進められるようにする。

■ 教育課程（5歳児）注）「発達課題」の（　）内は「幼児期の終わりまでに育ってほしい10の姿」

学年目標	・遊びの中で自分の考えを言ったり，相手の考えを受け入れたりする。 ・学級や園全体でする活動に進んで取り組み，やりとげた喜びを味わう。 ・自分なりの課題をもち，力を発揮して取り組み満足感をもつ。		学級経営の基本方針
発達課題	友達関係を基盤にして活動の質を高め 友達とのかかわりの中で，話し合いながらグループ活動ができる（協同性，道徳性，社会生活，言葉） 目的達成のためグループの友達と主体的に計画を立て，活動に見通しをもって 個の活動やグループの中で自己を発揮		

期	1期（4月〜5月）	2期（6月〜7月）	3期（9月〜10月）
期目標	・新しい環境に親しみ，生活への期待をもつ。 ・新しい友達や教師と信頼関係を築く。 ・園生活に主体的に取り組む。 ・課題活動に積極的に取り組み，試したり工夫したりする。 ・グループ活動に意欲的に参加し，自分の考えを話す。 ・自然に親しみ，興味や関心をもって，観察したり調べたりする。	・自分なりに課題をもって，遊びや仕事に取り組む。 ・遊びを楽しく進めるために，自分なりに試したり工夫したりする。 ・遊びの中で自分の考えを言ったり，相手の考えを受け入れる。 ・自然現象や動植物の生長に興味をもつ。	・自分で考えたり工夫したりして個々の課題に取り組む。 ・戸外で体を動かす心地よさや，精一杯自分の力を出す充実感を味わう。 ・経験したことを生かし，友達と一緒に考えたり工夫したりして遊びに必要なものを作る。 ・秋の自然に触れ，季節の移り変わりを知る。 ・学級や園全体でする活動に進んで取り組み，やり遂げた喜びを味わう。
幼児の実態	・新しい環境に不安を抱いたり，緊張したりする幼児も見られる。 ・ほとんどの幼児は年長になった喜びで，新しい経験や活動に積極的に取り組もうとする。 ・友達と一緒に遊びに必要な物を用意することができる。 ・友達と一緒に遊びを楽しんでいるが，自分の思いを達成しようとすることが多い。	・新しい経験や活動に参加し，満足感や充実感をもっている様子が見られる。 ・友達と色々な材料を使い，工夫し遊びに必要なものを作る。 ・新しい友達関係ができ，その中で自分の意見を言った時に，相手と対立して衝突が多くなる。 ・友達と話し合いながら工夫して一つの物を作ったり，遊びがより楽しくなったりするように考えて遊ぶ。	・今までの経験を生かし，グループで主体的に遊びを進める。 ・ルールのあるゲーム遊びや運動量のある遊びを好み，友達と力を合わせることの満足感を味わう。 ・遊びの中で自己主張をする幼児が増えることにより，遊びが続けられなくなる。 ・学級の一員であることの自覚をもち，クラス全体での目的を達成するために頑張ろうとする。
活動の選択基準	・園生活を充実させる活動 ・個々が安定する活動 ・表現を楽しむ活動 ・自然に親しむ活動 ・友達と一緒に課題活動を楽しむ活動 ・園行事に参加する活動	・友達同士で遊びに取り組むことの楽しさを経験する活動 ・表現を楽しむ活動 ・自然に親しむ活動 ・園行事に参加する活動	・友達と一緒に楽しく遊ぶ活動 ・学級全体で共通の課題に取り組む活動 ・表現を楽しむ活動 ・自然に親しむ活動 ・園行事に参加する活動
経験や活動	・当番活動 ・新入園児の世話 ・好きな遊び（大型積み木，Kブロック，ドッジボールなど） ・こいのぼり製作 ・誕生表製作 ・自然観察（野菜，アサガオなど） ・K森園外保育 ・英語指導，社会事象について知る	・気の合う友達と好きな遊びをする（組み木，テント，色水，プール遊び） ・学期末子ども会に向けての活動 ・梅雨について知る（天気調べをする） ・学期末子ども会	・運動会に向けての活動（リレー，組み立て体操，Sマーチ） ・卒園アルバムの表紙製作 ・電車製作 ・I緑地園外保育 ・運動会 ・電車ごっこ
教師のかかわり	・不安定な幼児に対して声をかけたり，一緒に遊んだりすることで安心した園生活が送れるようにする。 ・遊びや活動が発展できるように教材を用意し，環境設定をする。	・生活の中でお互いの意見を言ったり，受け入れたりできるように教師は場面に応じた援助をする。 ・遊びの中で一人一人を認め，よく工夫されている幼児の作品を取り上げ，他の幼児への刺激とする。	・学級や園全体でする活動にみんなで力を合わせる楽しさを味わえるような声をかけ，援助をする。 ・お互いの思いを伝え合いながら，主体的に遊びを進めていけるようにする。

・自分なりの目的をもって遊び，自己発揮できるようにする。
・グループ活動の中で，友達の存在を認めながらかかわって遊び，課題に向けて自分の力を十分に出せるようにする。
・今までの園生活での経験を生かして，幼児が力を合わせて活動に取り組み，満足感や達成感を味わえるようにする。

個を育てる（健康，自立心，道徳性）

取り組む（健康，自立心，協同性，道徳性，思考力，言葉）
する（健康，自立心）

4期（11月〜12月）	5期（1月〜3月）
・自分なりの課題を実現していくなかで，物の使い方や仕事の進め方を考える。 ・自分のイメージを動きや言葉などで表現する楽しさを味わう。 ・相手のしたいことを受け入れ，友達と遊びを進めていく楽しさを共感する。 ・学級全体で行う活動に，一人一人が協力して取り組み満足感を味わう。	・自分なりの課題をもち，力を発揮して取り組み満足感をもつ。 ・目的達成のため，グループの友達と主体的にかかわって遊ぶ。 ・遊びの中で友達と共通の目的をもち，かかわりを深めていく。 ・友達と一緒に協力し，相談しながら遊びを進め充実感を味わう。 ・生活の中での様々な出来事に対する感動を友達と共感する。
・友達の気持ちを受け入れ，自分の考えを話しながら，みんなで楽しく遊び，活動をする。 ・友達とのかかわりが中心となるため，友達の言葉や態度で傷つくことが増える。 ・友達と遊ぶことをより楽しむようになり，友達から刺激を受けたり，仲間意識をもったりするようになる。 ・友達とかかわって一つの遊びを長い時間楽しむことができる。	・目的意識をもって活動に取り組み，幼児同士で話し合い，遊びを楽しくしていく姿が見られる。 ・友達の良いところを認めることでお互いを理解し合えるようになる。 ・意見の違いによる衝突を自分たちで解決していく。 ・小学校見学を通して1年生になる期待感をもつ。
・グループで遊びながら友達関係を広げる活動 ・共通の目的をもち，学級全体の課題に取り組む活動 ・表現を楽しむ活動 ・自然に親しむ活動 ・園行事に参加する活動	・友達と一緒に遊びを楽しむ活動 ・学年全体で取り組む活動 ・表現を楽しむ活動 ・自然に親しむ活動 ・園行事に参加する活動
・がんばり帳の活動 ・お店ごっこに向けての活動 ・学期末子ども会に向けての活動 ・カレンダー製作 ・ヒヤシンスの水栽培 ・チューリップの球根を植える ・T動物公園園外保育 ・お店ごっこ ・学期末子ども会	・好きな遊び（カルタ，すごろく，こま，福笑い，はねつき） ・マラソン ・凧製作，凧揚げ ・郵便ごっこ ・展覧会の作品製作 ・冬の自然観察（氷，霜柱，梅の花） ・展覧会 ・小学校見学 ・ひな祭り会 ・お別れ会 ・修了式
・一人一人の幼児の考えを認め，それを他の幼児にも知らせることで学級全体の活動に対する意識が高まるようにする。 ・自分なりの課題を実現していく中で苦手なことにも挑戦してみようとする気持ちがもてるように声をかける。	・幼児同士が遊びを進めていく様子を見守りながら必要に応じて援助をする。 ・自分なりに考えたり，工夫したりするように声をかける。 ・進学に向けて生活習慣の見直しをする。

このような教育課程に基づいて，指導計画が具体化されていく。指導計画は，年間計画，月間計画，週の計画，一日の計画（日案）というように具体化されていく。

■ 一日の計画（5歳児）
注）「本日のねらい」の後の（　）内は「幼児期の終わりまでに育ってほしい10の姿」

5歳児　○○組　指導案

令和2年10月21日（水）
1・2・3年保育　男児13名　女児13名　計26名
担任：○○○○

1. 学級の実態

　明るく元気な幼児たちは，毎日友達と一緒に楽しいことを考えるのが好きで，笑顔が溢れるクラスである。幼児たちはどんな活動にも意欲的に取り組み，友達のことを進んで応援する姿も見られる。園庭では力いっぱい走ってどろけいをして遊ぶことが好きな幼児が多い。二学期になってからは毎日のように走って遊んでいたが，運動会を経験した後は，走る早さも速くなり，転ぶことも少なくなった。最近はどろけいからの発展で，子どもたちがみんなで考えた鬼遊びをして集団で遊ぶことを楽しんでいる。

　新聞のニュースの切り抜きを毎日のように持って来ており，降園時に話す時間を設けている。友達の発表に興味をもち，話をよく聞くことができる。みんなの前で発表したいという気持ちが引き出され，クラスでの話し合いの際にも自分から進んで発言をする幼児も多くなった。

　遊びや日常の中で自分の思いを伝えることはできるが相手の思いを受け入れられず，トラブルが起こることもあるが，自分たちで話し合って解決しようとする姿が見られるようになった。

　一学期から紙や空き箱を使った製作を継続的に行って来た。男児を中心に空き箱製作が好きな幼児が多くなり，自分なりにイメージした物を作ったり，それぞれの幼児がどのように工夫して作ったかを話したりする姿が見られるようになった。また，大型積み木やKブロックを使って，遊びの中で使う物を友達と一緒に用意し，協力して作りながら遊んでいる。今回の導入として転がして遊ぶことのできる壁面製作を行うと，多くの幼児が興味をもち，作ったりんごや本物のドングリを転がすことを楽しんでいた。転がす台の角度を変えてみたり，幼児が自分で考え，筒をつなげて作った手作りのおもちゃなどと繋げてみたりと何度もいろいろな工夫をしながら遊ぶ様子が見られた。今後も，幼児のもつ発想を引き出し，いろいろなことに進んで試してみようという思いを育んで行きたい。

2. 期目標
○自分で考えたり工夫したりして，個々の活動に取り組む。
○戸外で体を動かす心地よさや，精一杯自分の力を出す充実感をもつ。
○経験したことを生かし，友達と一緒に考えたり工夫したりして遊びに必要な物を作る。
○秋の自然に触れ，季節の移り変わりを知る。
○学級や園全体で行う活動に進んで取り組み，やり遂げた喜びを味わう。

3. 本日のねらい
○遊びの中で進んで友達とかかわり，自分の思いを伝える（健康，自立心，協同性，言葉）。
○自分なりにイメージをもち，工夫しながら製作活動に取り組み，友達と一緒にいろいろな
　ことを考え試してみることを楽しむ（協同性，思考力，数量や図形，言葉，感性と表現）。

4. 指導内容
○自分の思いを伝えながら友達と進んでかかわり，どろけいやドッジボールなどをして遊ぶ。
○自分なりにイメージをもち，工夫しながら製作活動に取り組み，いろいろなことを考え試
　しながら遊ぶ。

　ここでは，先に紹介した5歳児の教育課程に基づいて作成された一日の計画例と，4歳児の教育課程（2年保育）に基づいて作成された一日の計画例を紹介する。

年長　○○組

時刻	幼児の活動	環境構成・教師の援助
9:00	○登園する。 ・挨拶をする。 ○好きな遊びをする。 （園庭） ・ドッジボール ・どろけい ・砂場 ・巧技台 ※雨天の場合 （遊戯室） ・巧技台 （保育室） ・工作遊び ・Kブロック ・描画 ・粘土	<園庭> 　プランコ　　Sらんど　　ジャングルジム **どろけい** ・幼児が進んで友達を誘い，多くの友達とかかわって遊べるように援助をする。 ・自分たちで話し合って，遊びが進められるように見守りながら必要に応じて援助をし，遊びがより楽しめるように教師も一緒に遊んだり言葉をかける。 ・転んだり友達とぶつかったりしないように安全面に気をつけながら遊べるように幼児の様子をよく見る。 **ドッジボール** ・多くの幼児が参加し，集団で遊ぶ楽しさが伝わるように，言葉をかける。 ・遊びながら少しずつ，ルールを決めたり，確かめたりして，ルールを守って遊ぶことの楽しさが感じられるように言葉をかける。 ・一人一人が遊びの中で友達に自分の気持ちを十分に伝えられるように，援助をする。 鉄棒　　　花壇 ○園庭と保育室両方で幼児達がどんな遊びをしているかを把握しながら安全にも注意する。
9:50	○片付けをする。	<保育室>
10:00	○保育室で好きな遊びをする。 ・仕掛けのある工作遊び ・Kブロック ・ごっこ遊び ・描画	先生用机　　　ピアノ 棚・先生用机 **Kブロック** ・友達と一緒にブロックを使う中で，いろいろなアイディアを出し合いながら楽しく遊べるようにする。 ・物の貸し借りでトラブルが起きた時には話し合って解決できるように見守り，必要に応じて話を聞くなど援助をする。 **仕掛けのある工作遊び** ・幼児が自分なりにイメージしたことを取り入れながら製作ができるように，幼児の話を共感しながら一緒に考える。 ・工夫している点，良い点を認めたり，他の幼児にも紹介して，みんなで共感する。
10:30	○片付けをする。	
10:40	○降園時の活動をする。 ・帰りの支度をする。 ・当番の交代をする。 ・新聞の紹介をする。 ・「友達になるために」を歌う。 ・紙芝居を見る。	黒板 **ごっこ遊び** ・自分の気持ちを十分に伝えながら遊べるように，幼児の言葉をよく聞き，思いを引き出し，いろいろな友達とのかかわりがもてるようにする。 ・遊びの中で必要なものを用意しより遊びが楽しめるように環境を整える。 ・作った物を使って遊び，イメージに広がりがもてるように声をかける。 ・材料などを大切に使うということに気づくことができるように言葉をかけ，使った後の片付けも行うことができるようにする。
11:00	○降園	出入口

1989（平成元）年の幼稚園教育要領の改訂以来，「環境」を重視することが，日常的になってきている。「環境の重視」は，物的環境と同時に，

■ 一日の計画（4歳児・2年保育）
注）「ねらい」の後の（　）内は「幼児期の終わりまでに育ってほしい10の姿」

2年保育年少4歳児　△△組指導案

令和2年10月8日

在籍　　男児15名　女児8名　計23名

担任　△△△△

◎学級の実態
・所持品の始末，園服の着脱，手洗い，うがい，排泄などの，身の回りのことは自分でできる。しかし，うっかりして忘れてしまったり，先生や友達に言われてしたりする姿も見られる。
・自分から先生や友達に挨拶できる子が多く見られるが，まだ，できない子も相手から声を掛けられると言える。
・空き箱を使って自分のイメージしたものを作ったりする。しかし，セロテープの使い方が未熟で失敗してしまうことがある。
・戸外遊びが好きな子と室内遊びが好きな子と，興味の違いが出てきている。
・遊びや遊具に興味をもって集まってきて，同じ場や物を使って遊んでいる。また，仲良しの友達と常に一緒にいる子もいる。
・遊具の取り合い，遊びに入れてもらえない，遊びたい友達と遊べない，思いが伝えられないなどが原因でトラブルになる。しかし，教師が仲介するとお互いの思いを言えるようになってきている。
・運動会の練習では，前へ倣い・直れ・並んで歩く・止まる・座るなどの教師の指示に従って動けるようになってきた。また，学級や集団で初めて一つの目標に向かっていく経験を通し，友達やチームを意識する姿が見られるようになってきた。
・教師がやっている事に関心があり，やかんの片付けやお休み調べなど自分からやりたいと言ってきたり，言われなくても進んで行ったりするなど，積極的な姿が見られる。
・片づけも自分で遊んだ場所が終わると友達の所を手伝う子，自分の所より違う場を優先する子，自分の片付けが終わるとやめてしまう子など様々だが，全体的には教師と一緒に最後まで頑張って片づける。

◎自信につながると思われる姿
・幼稚園の一日の生活の流れが分かり，行動できる
・運動会の練習で，ころんでも泣かない。すぐに泣きやむ
・落し物を友達に教える
・できなかったことができた（みんなの前で踊れなかったが踊れた）
・みんなで小学校合同運動会に参加できた

◎期のねらい
・友達や教師とのかかわりの中で，自分の思いや動きをだして遊びを楽しむ（健康，自立心，協同性，社会生活，思考力，言葉，感性と表現）。

◎日のねらい
・好きな遊びや，遊びたい友達を見つけて，遊ぶことを楽しむ（健康，自立心，協同性）。
・体を動かして遊ぶことを楽しむ。（健康）
・前期の終わりを知る。

人的環境も大きな要因となる。当然のように一日の計画の中に，環境構成，人的環境としての保育者の援助が盛り込まれていなければならない。次に紹介する日案は，そのような保育者の意図を示したものといえる。

◎本日の展開

時程	本日の流れ	予測される幼児の姿	環境の構成と教師の援助
9:00	○登園する ・所持品の始末	**登園時** ・登園時間に差があり，早く来た子はどんどん遊び出そうとする。	・一人一人に挨拶しながら視診を行う。また，遊び始めた子には，全員が揃ったら集合することを伝えておく。
9:30	○前期終業式に参加する ・園長の話　　など		
9:45	○好きな遊びをする ＜室内＞ ・ままごと ・積み木 ・絵画製作　　など ＜戸外＞ ・砂遊び ・虫取り ・固定遊具　　など ＜ホール＞ ・ひまわり鬼 ・積み木 ・ドミノ　　など ○片付ける	**終業式** ・ホールに集まり園長の話を聞いたり，歌を歌ったりする。	・前期の終わりを知らせ，また元気に遊ぼうという気持ちをもたせる。
		ひまわり鬼 ・年長児と一緒に遊ぶことが嬉しい。 ・ルールが分かり友達と身体を動かして遊ぶことが楽しい。	・年長組と一緒にやる楽しさを教師も加わることで伝える。 ・子どもたちが主体的にできるよう見守ったり，思いが伝わるよう仲介役になる。
10:40	○ミニ運動会合同練習をする ・体操 「お天気エネルギー」 ・玉入れ ・かけっこ	**ミニ運動会合同練習** ・教師の指示に従い行動しようとする。中には話が聞けなかったり，興味が他に向いたり，ふざけてしまう子もいる。 ・体操をやらない子がいる。	・全体に指示が分かりやすいように出す。 ・興味が他に向いている子や，やらない子には個別に言葉をかけたりする。 ・頑張ったことを誉め，次への意欲となるようにしていく。
11:25	○昼食準備をする ○昼食を摂る		
12:40	○好きな遊びをする		
13:20	○片づける ○集合する ・周年式典の歌 ・絵本	**集合時** ・先生の話を聞く。 ・考えたことや感じたことを話す。	・一日を振り返り，楽しかったことや，頑張ったこと，困ったことなどを問いかけ，来週への期待を持たせていく。
14:00	○降園準備をする ○降園する		

◎評価
・自分の遊びや友達との遊びを，楽しめたか。
・ミニ運動会の練習に，自分なりに頑張って参加したか。
・前期終業式の意味が分かり，後期からも元気に遊ぼうという気持ちがもてたか。

次に示す表は，これまでのC園とは別のM市の幼稚園での年間計画の一例である。この園の特徴として，「自然」を生かした保育を目指しており，

■ 年間計画　M市立K幼稚園

	4月	5月	6月	7月	8月	9月
野菜を育てる	○食べものに対する興味・関心を持つ。 ○土作りや世話をしたり，生長を楽しみにする。 夏野菜 ──────→ 収穫 ──────→冬野菜 （ミニトマト・ナス・キュウリ・ピーマン・オクラ・とうもろこし・枝豆）　（にん 　　　　さつまいも・里芋苗植え──── 　　　　じゃがいもの収穫 　　　　たまねぎ収穫　　　　　　　　落花生 　　　　ブルーベリーの収穫					
調理して食べる	○自分で調理する楽しさや，皆で同じものを食べる楽しさを味わう。 ○好き嫌いしないで，色々なものを食べる。 　　　　ナスの味噌炒め・スティックキュウリ　　　　落花生 　　　　ピーマン炒め・ナスの味噌汁・トマトサラダ 　　　　ピーマンの肉詰め 　　　　　　　　　フライドポテト・じゃがいもの味噌汁					
地域・自然とのかかわり	桜花見（A神社） 親子ウォークラリー （K野・Y沢） ぼたん桜見学 よもぎ摘み れんげ草摘み 図書館で本を借りる ──────→		竹の子見学 山の斜面すべり遊び（K野） 豚見学 牛見学	夕日の滝 （Y沢）		コスモス畑 彼岸花 （K野）
人とのかかわり	くまさん教室との交流（月1回）────── わんぱくクラブとの交流──────────→＜運動会＞ K野友の会との交流………＜よもぎだんご作り＞………＜盆踊り＞…＜運動会＞ 歌の会（月1回） お話会（月1回） 　　　　　　　　　　　夏祭り……………………　お父さんと遊 M幼稚園との交流…………＜自己紹介・一緒に遊ぶ＞　　＜交通安全教室＞					
保・小・中学校との連携	K小学校1年生との交流……………………………… 幼稚園で一緒に 　　　　　　　　　　　　　　　　　　　　　　（自己紹介） K小学校5年生との交流………おとまり会，林間学校合同実施……… 　　　　　　　　　　　　　　　K小学校プール使用 M中学校との交流………………夏祭りボランティア………………運動会 M保育園との交流……………………………………………合同歌					

「野菜を育てる」ことを前面に押し出したものとなっている。このように，年間計画にその園の独自性，特徴を出すことも必要である。

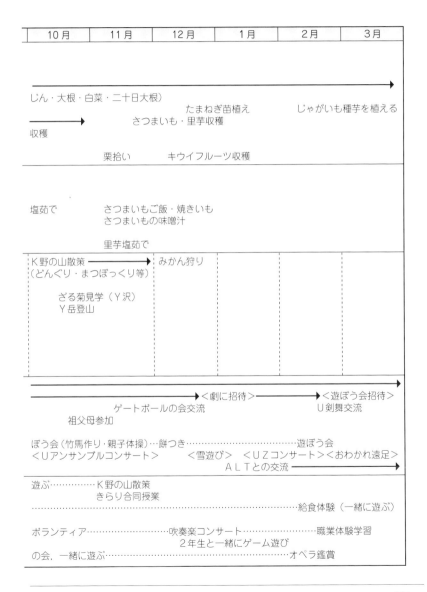

■もう一度学ぶための演習問題■

※以下の問いを考えながら，これまでに学んだことを復習してみましょう。

1：教育課程，全体的な計画とは何でしょう。指導計画とはどう違うものなのでしょうか。

2：教育課程，全体的な計画は，どうして必要なのでしょうか。

3：教育課程，全体的な計画は，だれがつくるものなのでしょうか。

4：教育課程，全体的な計画は，つくらなければいけないものなのでしょうか。法的根拠があるものなのでしょうか。

5：教育課程，全体的な計画は，いつ，つくるべきものでしょうか。

6：教育課程，全体的な計画には，何を書けばよいのでしょうか。

7：教育課程，全体的な計画と園の目標・理念には，どのような関係があるのでしょうか。

8：教育課程，全体的な計画は，　度つくればよいものでしょうか。

9：教育課程，全体的な計画は，どのように利用するものなのでしょうか。

10：教育課程，全体的な計画と幼稚園教育要領，保育所保育指針，幼保連携型認定こども園教育・保育要領には，どのような関係があるのでしょうか。

● 参 考 文 献

1） ルソー，今野一雄（訳）『エミール』岩波書店，1962
2） フレーベル，荒井 武（訳）『人間の教育（上・下）』岩波書店，1964
3） デューイ，松野安男（訳）『民主主義と教育』岩波書店，1975
4） ヴィゴツキー，柴田義松（訳）『思考と言語』明治図書出版，1962
5） ジャーシルド，大場幸夫ほか（訳）『ジャーシルドの児童心理学』家政教育社，1972
6） エリクソン，仁科弥生（訳）『幼児期と社会』みすず書房，1977
7） ポルトマン，高木正孝（訳）『人間はどこまで動物か』岩波書店，1961
8） ハーロウ，浜田寿美男（訳）『愛のなりたち』ミネルヴァ書房，1978
9） 倉橋惣三『倉橋惣三選集』フレーベル館，1965
10） 山下俊郎『児童心理学』光文社，1949
11） 海後宗臣『教育原理』朝倉書店，1950
12） 坂元彦太郎ほか（編）『保育の探求』フレーベル館，1981
13） 森上史朗『児童中心主義の保育』教育出版，1984
14） 津守 真ほか『幼稚園の歴史』恒星社厚生閣，1959
15） 文部省『幼稚園教育九十年史』ひかりのくに，1969
16） 文部省『幼稚園教育百年史』ひかりのくに，1979
17） 文部省『教育改革に関する答申―臨時教育審議会第一次～第四次（最終）答申』大蔵省印刷局，1988
18） 文部省初等中等教育局幼稚園課『幼稚園教育関係基礎資料集』1989
19） 文部省『幼稚園教育指導書増補版』フレーベル館，1989
20） 文部省内教育課程研究会（監修）『新幼稚園教育要領の解説』第一法規，1989
21） 岸井勇雄『幼稚園教育要領 用語解説』学習研究社保育事業部，1989
22） 岸井勇雄『改訂幼稚園教育要領の展開―基礎的実践的研究―』明治図書出版，1989
23） 岸井勇雄『保育のあり方をたずねて』ひかりのくに，1988
24） 近藤充夫・岸井勇雄・大場牧夫（編著）『新・教育要領のすべて』世界文化社，1989
25） 河野重男（監修）『新・幼稚園教育要領と21世紀の保育展望』チャイルド本社，1989
26） 河野重男（編著）『新しい幼稚園教育要領とその展開』チャイルド本社，1989
27） 岡田正章・平井信義ほか（編）『保育学事典』第一法規，1979
28） 森上史朗（編）『保育のための乳幼児心理事典』日本らいぶらり，1980
29） 巷野悟郎ほか（編）『保育技術事典』同文書院，1982
30） 岸井勇雄（編著）『実践記録による保育実践の研究』チャイルド本社，1974
31） 富山大学教育学部附属幼稚園（編集代表：岸井勇雄）『子どもが主役の園生活―プランとアイディアの資料集―』学習研究社，1995
32） 岸井勇雄『これからの保育―幸せに生きる力の根を育てる―』エイデル研究所，1996
33） 岸井勇雄『幼稚園教育の進展―時代の変化に対応したあり方―』明治図書出版，1998
34） 横山文樹・丸山良平・富田昌平『保育内容としての遊びと指導』建帛社，2005
35） 横山文樹・福崎淳子『保育内容総論』東京未来大学，2009
36） 横山文樹『環境指導法』東京未来大学，2010
37） 無藤 隆・増田時枝・松井愛奈（編著）『保育の実践・原理・内容』ミネルヴァ書房，2006

38) 横山文樹（編著）『保育・教育ネオシリーズ［18］保育内容・環境』同文書院，2006
39) 岸井勇雄（編著）『保育・教育ネオシリーズ［1］幼児教育の原理』同文書院，2003
40) 無藤 隆（監修）『幼稚園教育要領ハンドブック』学習研究社，2008
41) 文部科学省教育課程課・幼児教育課（編）『初等教育資料　平成19年4月号〜平成22年9月号』東洋館出版社
42) 繁多 進（編著），向田久美子・石井正子（編著）『新乳幼児発達心理学』福村出版，2010
43) 石井正子（編著）『発達心理学—保育者をめざす人へ—』樹村房，2009
44) 三宅茂夫・大森雅人・爾 寛明（編著）『保育内容「環境」論』ミネルヴァ書房，2010
45) 榎沢良彦（監修）『「幼保連携型認定こども園教育・保育要領」ってなぁに？』同文書院，2015
46) 内閣府・文部科学省・厚生労働省『子ども・子育て支援新制度ハンドブック　施設・事業者向け』（平成27年7月改訂版），2015
47) 内閣府・文部科学省・厚生労働省『子ども・子育て支援新制度 なるほどBOOK』（平成27年10月改訂版），2015
48) 内閣府・文部科学省・厚生労働省『子ども・子育て関連3法』（平成25年4月），2013
49) 文部科学省『幼稚園教育要領解説　平成30年2月』2018
50) 厚生労働省『保育所保育指針解説　平成30年2月』2018
51) 内閣府・文部科学省・厚生労働省『幼保連携型認定こども園教育・保育要領解説　平成30年3月』2018

■ 環境を作るポイント

○ 遊びの中で試したり工夫したりできるよう、自然物やいろいろな素材を準備しておく。

● 砂、土、木、竹、石などを幼児の遊びに合わせて補充しておく。3，4歳児については、それらを身近な場所に、使いやすいように用意する。5歳児については、おいてある場所に行き必要なものを必要な量だけもってきて使ったり、片づけたりできるようにする。

● 水を使った遊びが多くなるので、竹とい、ホース、たらい、透明容器など、遊びの様子に合わせて幼児と一緒に準備する。

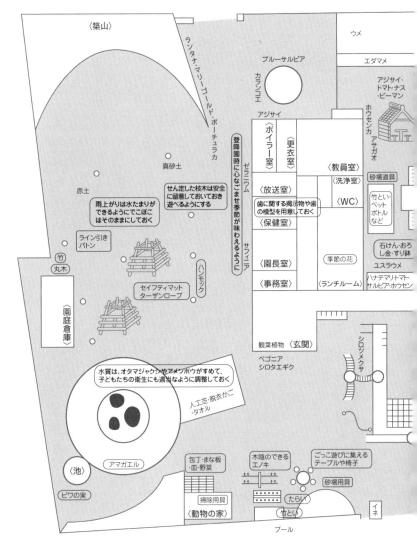

226

○ 保育室では、飼育している小動物の様子が見えやすい所に飼育ケースをおいたり、餌入れを取りやすい所におく。また、飼育用具や掃除道具、カルキ抜きなどを整理して保管しておき、自分たちで気づいて飼育や、水替えなどの世話ができるようにする。

○ 雨の日も生活が楽しくできるように室内の遊具を整えたり、場の取り方を工夫する。また、雨の日に園庭で遊べるように雨具のおき方を工夫したり、楽しんだ後、自分でぬれた体や足がふけるように準備しておく。また、室内の換気や衛生面に留意する。

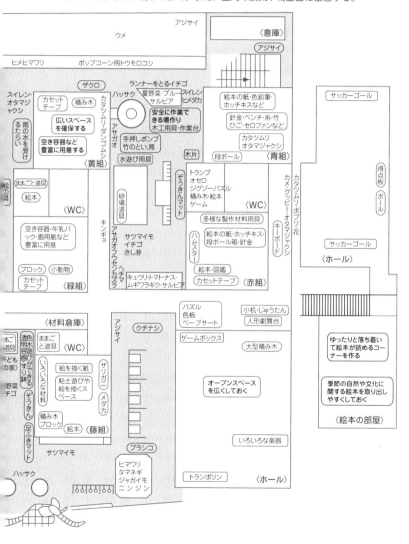

■ 6月の予想される幼児の生活

6月の植物プラン	今 月 の 植 物
	○花......アジサイ・ハス・スイレン・インパチェンス・ニチニチソウ・オシロイバナ・ガーベラ・ホウセンカ・ホオズキ・ゼラニウム・ベゴニア・ランタナ・ハゲイトウ・シロツメクサ・カランコエ・バラ・サツキ・キュウリ・トマト・プチトマト・ナス・ピーマン・ムラサキカタバミ
	○実......ナス・ピーマン・キュウリ・トマト・プチトマト・エダマメ・ウメ・ヘチマ・ヒョウタン・フウセンカズラ・ブルーベリー・キイチゴ・ユスラウメ・タマネギ・ジャガイモ・ニンジン・エノキ・ムク・イチゴ・ツタ
	○葉......アカジソ

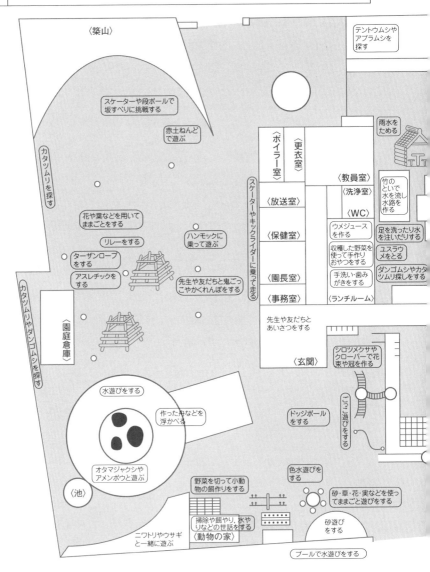

〈築山〉

テントウムシやアブラムシを探す

スケーターや段ボールで坂すべりに挑戦する

赤土ねんどで遊ぶ

雨水をためる

カタツムリを探す

〈ボイラー室〉　〈更衣室〉　〈教員室〉

竹のといで水を流し水路を作る

花や葉などを用いてままごとをする

〈放送室〉　〈洗浄室〉　〈WC〉

ウメジュースを作る

足を洗ったり水を注いだりする

リレーをする

ハンモックに乗って遊ぶ

収穫した野菜を使って手作りおやつをする

ユスラウメをとる

ターザンロープをする

〈保健室〉

ダンゴムシやカタツムリ探しをする

アスレチックをする

先生や友だちと鬼ごっこやかくれんぼをする

〈園長室〉

手洗い歯みがきをする

〈事務室〉　〈ランチルーム〉

カタツムリやダンゴムシを探す

〈園庭倉庫〉

先生や友だちとあいさつをする

〈玄関〉

シロツメクサやクローバーで花束や冠を作る

水遊びをする

作った舟などを浮かべる

ごっこ遊びをする

ドッジボールをする

オタマジャクシやアメンボウと遊ぶ

色水遊びをする

砂・草・花・実などを使ってままごと遊びをする

〈池〉

野菜を切って小動物の餌作りをする

砂遊びをする

掃除や餌やり、水やりなどの世話をする　〈動物の家〉

ニワトリやウサギと一緒に遊ぶ

プールで水遊びをする

228

	予想される活動と援助		環　　境
育てる	○タマネギ・ジャガイモ・ニンジンの収穫 ○サツマイモの苗植え ○ベゴニア・カランコエの芽さし ○イチゴのとり木 ○アサガオの支柱立て ○ハツカダイコンの種まき ○田植え	**援　助** ○水やりの確認をする ○お当番の確認をする ○観察の確認をする	○ツツジ・サツキ・アジサイ・レンギョウの花が咲き終わった後刈り込み ○サクラを中心に樹木を消毒（毛虫、イラなど） ○アサガオ・フウセンカズラのネット張り ○ヘチマ・ヒョウタンの支柱立て ○バラ・ツルバラのせん定 ○ウメの収穫
遊ぶ	○花びらを集める…バラ・サツキ ○分けて食べる…ユスラウメ・ブルーベリー・キイチゴ ○花束・首飾り・指輪作りをする…シロツメクサ・サツキ ○色水を作る…ツユクサ・ハゲイトウ・バラ・オシロイバナ・アカジソ ○木登りをする…サクラ・クスノキ・エノキ ○ヤニとりをする…サクラ	○実をとる（ごちそう作り・おみやげにする・分けて食べる）…ユスラウメ・ブルーベリー・キイチゴ ○花束・首飾り・指輪作りをする…シロツメクサ・サツキ ○色水を作る…ツユクサ・ハゲイトウ・バラ・オシロイバナ・アカジソ ○ままごとをする ○蜜を吸う	

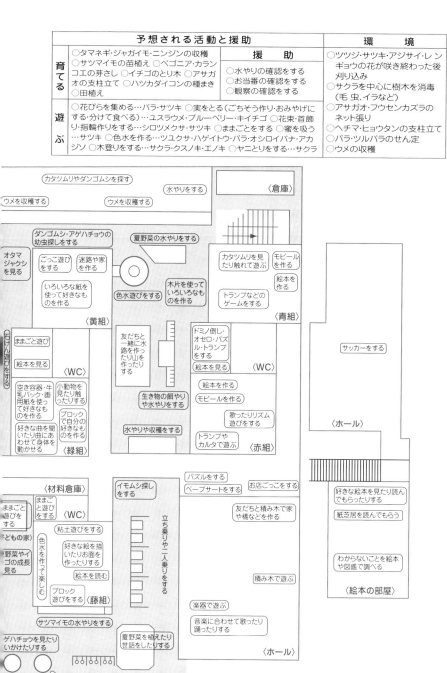

資料　幼稚園教育要領

（平成 29 年 3 月 31 日文部科学省告示第 62 号）
（平成 30 年 4 月 1 日から施行）

　教育は，教育基本法第 1 条に定めるとおり，人格の完成を目指し，平和で民主的な国家及び社会の形成者として必要な資質を備えた心身ともに健康な国民の育成を期すという目的のもと，同法第 2 条に掲げる次の目標を達成するよう行われなければならない。

1　幅広い知識と教養を身に付け，真理を求める態度を養い，豊かな情操と道徳心を培うとともに，健やかな身体を養うこと。

2　個人の価値を尊重して，その能力を伸ばし，創造性を培い，自主及び自律の精神を養うとともに，職業及び生活との関連を重視し，勤労を重んずる態度を養うこと。

3　正義と責任，男女の平等，自他の敬愛と協力を重んずるとともに，公共の精神に基づき，主体的に社会の形成に参画し，その発展に寄与する態度を養うこと。

4　生命を尊び，自然を大切にし，環境の保全に寄与する態度を養うこと。

5　伝統と文化を尊重し，それらをはぐくんできた我が国と郷土を愛するとともに，他国を尊重し，国際社会の平和と発展に寄与する態度を養うこと。

　また，幼児期の教育については，同法第 11 条に掲げるとおり，生涯にわたる人格形成の基礎を培う重要なものであることにかんがみ，国及び地方公共団体は，幼児の健やかな成長に資する良好な環境の整備その他適当な方法によって，その振興に努めなければならないこととされている。

　これからの幼稚園には，学校教育の始まりとして，こうした教育の目的及び目標の達成を目指しつつ，一人一人の幼児が，将来，自分のよさや可能性を認識するとともに，あらゆる他者を価値のある存在として尊重し，多様な人々と協働しながら様々な社会的変化を乗り越え，豊かな人生を切り拓き，持続可能な社会の創り手となることができるようにするための基礎を培うことが求められる。このために必要な教育の在り方を具体化するのが，各幼稚園において教育の内容等を組織的かつ計画的に組み立てた教育課程である。

　教育課程を通して，これからの時代に求められる教育を実現していくためには，よりよい学校教育を通してよりよい社会を創るという理念を学校と社会とが共有し，それぞれの幼稚園において，幼児期にふさわしい生活をどのように展開し，どのような資質・能力を育むようにするのかを教育課程において明確にしながら，社会との連携及び協働によりその実現を図っていくという，社会に開かれた教育課程の実現が重要となる。

　幼稚園教育要領とは，こうした理念の実現に向けて必要となる教育課程の基準を大綱的に定めるものである。幼稚園教育要領が果たす役割の一つは，公の性質を有する幼稚園における教育水準を全国的に確保することである。また，各幼稚園がその特色を生かして創意工夫を重ね，長年にわたり積み重ねられてきた教育実践や学術研究の蓄積を生かしながら，幼児や地域の現状や課題を捉え，家庭や地域社会と協力して，幼稚園教育要領を踏まえた教育活動の更なる充実を図っていくことも重要である。

　幼児の自発的な活動としての遊びを生み出すために必要な環境を整え，一人一人の資質・能力を育んでいくことは，教職員をはじめとする幼稚園関係者はもとより，家庭や地域の人々も含め，様々な立場から幼児や幼稚園に関わる全ての大人に期待される役割である。家庭との緊密な連携の下，小学校以降の教育や生涯にわたる学習とのつながりを見通しながら，幼児の自発的な活動としての遊びを通しての総合的な指導をする際に広く活用されるものとなることを期待して，ここに幼稚園教育要領を定める。

第 1 章　総　　則
第 1　幼稚園教育の基本

　幼児期の教育は，生涯にわたる人格形成の基礎を培う重要なものであり，幼稚園教育は，学校教育法に規定する目的及び目標を達成するため，幼児期の特性を踏まえ，環境を通して行うものであることを基本とする。

　このため教師は，幼児との信頼関係を十分に築き，幼児が身近な環境に主体的に関わり，環境との関わり方や意味に気付き，これらを取り込もうとして，試行錯誤したり，考えたりするようになる幼児期の教育における見方・考え方を生かし，幼児と共によりよい教育環境を創造するように努めるものとする。これらを踏まえ，次に示す事項を重視して教育を行わなければならない。

1　幼児は安定した情緒の下で自己を十分に発揮することにより発達に必要な体験を得ていくものであることを考慮して，幼児の主体的な活動を促し，幼児期にふさわしい生活が展開されるようにすること。

2　幼児の自発的な活動としての遊びは，心身の調

和のとれた発達の基礎を培う重要な学習であることを考慮して，遊びを通しての指導を中心として第2章に示すねらいが総合的に達成されるようにすること。

3　幼児の発達は，心身の諸側面が相互に関連し合い，多様な経過をたどって成し遂げられていくものであること，また，幼児の生活経験がそれぞれ異なることなどを考慮して，幼児一人一人の特性に応じ，発達の課題に即した指導を行うようにすること。

その際，教師は，幼児の主体的な活動が確保されるよう幼児一人一人の行動の理解と予想に基づき，計画的に環境を構成しなければならない。この場合において，教師は，幼児と人やものとの関わりが重要であることを踏まえ，教材を工夫し，物的・空間的環境を構成しなければならない。また，幼児一人一人の活動の場面に応じて，様々な役割を果たし，その活動を豊かにしなければならない。

第2　幼稚園教育において育みたい資質・能力及び「幼児期の終わりまでに育ってほしい姿」

1　幼稚園においては，生きる力の基礎を育むため，この章の第1に示す幼稚園教育の基本を踏まえ，次に掲げる資質・能力を一体的に育むよう努めるものとする。
　（1）豊かな体験を通じて，感じたり，気付いたり，分かったり，できるようになったりする「知識及び技能の基礎」
　（2）気付いたことや，できるようになったことなどを使い，考えたり，試したり，工夫したり，表現したりする「思考力，判断力，表現力等の基礎」
　（3）心情，意欲，態度が育つ中で，よりよい生活を営もうとする「学びに向かう力，人間性等」
2　1に示す資質・能力は，第2章に示すねらい及び内容に基づく活動全体によって育むものである。
3　次に示す「幼児期の終わりまでに育ってほしい姿」は，第2章に示すねらい及び内容に基づく活動全体を通して資質・能力が育まれている幼児の幼稚園修了時の具体的な姿であり，教師が指導を行う際に考慮するものである。
　（1）健康な心と体
　　　幼稚園生活の中で，充実感をもって自分のやりたいことに向かって心と体を十分に働かせ，見通しをもって行動し，自ら健康で安全な生活をつくり出すようになる。

（2）自立心
　　身近な環境に主体的に関わり様々な活動を楽しむ中で，しなければならないことを自覚し，自分の力で行うために考えたり，工夫したりしながら，諦めずにやり遂げることで達成感を味わい，自信をもって行動するようになる。
（3）協同性
　　友達と関わる中で，互いの思いや考えなどを共有し，共通の目的の実現に向けて，考えたり，工夫したり，協力したりし，充実感をもってやり遂げるようになる。
（4）道徳性・規範意識の芽生え
　　友達と様々な体験を重ねる中で，してよいことや悪いことが分かり，自分の行動を振り返ったり，友達の気持ちに共感したりし，相手の立場に立って行動するようになる。また，きまりを守る必要性が分かり，自分の気持ちを調整し，友達と折り合いを付けながら，きまりをつくったり，守ったりするようになる。
（5）社会生活との関わり
　　家族を大切にしようとする気持ちをもつとともに，地域の身近な人と触れ合う中で，人との様々な関わり方に気付き，相手の気持ちを考えて関わり，自分が役に立つ喜びを感じ，地域に親しみをもつようになる。また，幼稚園内外の様々な環境に関わる中で，遊びや生活に必要な情報を取り入れ，情報に基づき判断したり，情報を伝え合ったり，活用したりするなど，情報を役立てながら活動するようになるとともに，公共の施設を大切に利用するなどして，社会とのつながりなどを意識するようになる。
（6）思考力の芽生え
　　身近な事象に積極的に関わる中で，物の性質や仕組みなどを感じ取ったり，気付いたりし，考えたり，予想したり，工夫したりするなど，多様な関わりを楽しむようになる。また，友達の様々な考えに触れる中で，自分と異なる考えがあることに気付き，自ら判断したり，考え直したりするなど，新しい考えを生み出す喜びを味わいながら，自分の考えをよりよいものにするようになる。
（7）自然との関わり・生命尊重
　　自然に触れて感動する体験を通して，自然の変化などを感じ取り，好奇心や探究心をもって考え言葉などで表現しながら，身近な事象への関心が高まるとともに，自然への愛情や畏敬の念をもつようになる。また，身近な動植物に心を動かされる中で，生命の不思議さや尊さに気付き，身近な動植

物への接し方を考え，命あるものとしていたわり，大切にする気持ちをもって関わるようになる。

（8）数量や図形，標識や文字などへの関心・感覚

遊びや生活の中で，数量や図形，標識や文字などに親しむ体験を重ねたり，標識や文字の役割に気付いたりし，自らの必要感に基づきこれらを活用し，興味や関心，感覚をもつようになる。

（9）言葉による伝え合い

先生や友達と心を通わせる中で，絵本や物語などに親しみながら，豊かな言葉や表現を身に付け，経験したことや考えたことなどを言葉で伝えたり，相手の話を注意して聞いたりし，言葉による伝え合いを楽しむようになる。

（10）豊かな感性と表現

心を動かす出来事などに触れ感性を働かせる中で，様々な素材の特徴や表現の仕方などに気付き，感じたことや考えたことを自分で表現したり，友達同士で表現する過程を楽しんだりし，表現する喜びを味わい，意欲をもつようになる。

第3　教育課程の役割と編成等

1　教育課程の役割

各幼稚園においては，教育基本法及び学校教育法その他の法令並びにこの幼稚園教育要領の示すところに従い，創意工夫を生かし，幼児の心身の発達と幼稚園及び地域の実態に即応した適切な教育課程を編成するものとする。

また，各幼稚園においては，6に示す全体的な計画にも留意しながら，「幼児期の終わりまでに育ってほしい姿」を踏まえ教育課程を編成すること，教育課程の実施状況を評価してその改善を図っていくこと，教育課程の実施に必要な人的又は物的な体制を確保するとともにその改善を図っていくことなどを通して，教育課程に基づき組織的かつ計画的に各幼稚園の教育活動の質の向上を図っていくこと（以下「カリキュラム・マネジメント」という。）に努めるものとする。

2　各幼稚園の教育目標と教育課程の編成

教育課程の編成に当たっては，幼稚園教育において育みたい資質・能力を踏まえつつ，各幼稚園の教育目標を明確にするとともに，教育課程の編成についての基本的な方針が家庭や地域とも共有されるよう努めるものとする。

3　教育課程の編成上の基本的事項

（1）幼稚園生活の全体を通して第2章に示すねらいが総合的に達成されるよう，教育課程に係る教育期間や幼児の生活経験や発達の過程などを考慮

して具体的なねらいと内容を組織するものとする。この場合においては，特に，自我が芽生え，他者の存在を意識し，自己を抑制しようとする気持ちが生まれる幼児期の発達の特性を踏まえ，入園から修了に至るまでの長期的な視野をもって充実した生活が展開できるように配慮するものとする。

（2）幼稚園の毎学年の教育課程に係る教育週数は，特別の事情のある場合を除き，39週を下ってはならない。

（3）幼稚園の1日の教育課程に係る教育時間は，4時間を標準とする。ただし，幼児の心身の発達の程度や季節などに適切に配慮するものとする。

4　教育課程の編成上の留意事項

教育課程の編成に当たっては，次の事項に留意するものとする。

（1）幼児の生活は，入園当初の一人一人の遊びや教師との触れ合いを通して幼稚園生活に親しみ，安定していく時期から，他の幼児との関わりの中で幼児の主体的な活動が深まり，幼児が互いに必要な存在であることを認識するようになり，やがて幼児同士や学級全体で目的をもって協同して幼稚園生活を展開し，深めていく時期などに至るまでの過程を様々に経ながら広げられていくものであることを考慮し，活動がそれぞれの時期にふさわしく展開されるようにすること。

（2）入園当初，特に，3歳児の入園については，家庭との連携を緊密にし，生活のリズムや安全面に十分配慮すること。また，満3歳児については，学年の途中から入園することを考慮し，幼児が安心して幼稚園生活を過ごすことができるよう配慮すること。

（3）幼稚園生活が幼児にとって安全なものとなるよう，教職員による協力体制の下，幼児の主体的な活動を大切にしつつ，園庭や園舎などの環境の配慮や指導の工夫を行うこと。

5　小学校教育との接続に当たっての留意事項

（1）幼稚園においては，幼稚園教育が，小学校以降の生活や学習の基盤の育成につながることに配慮し，幼児期にふさわしい生活を通して，創造的な思考や主体的な生活態度などの基礎を培うようにするものとする。

（2）幼稚園教育において育まれた資質・能力を踏まえ，小学校教育が円滑に行われるよう，小学校の教師との意見交換や合同の研究の機会などを設け，「幼児期の終わりまでに育ってほしい姿」を共有するなど連携を図り，幼稚園教育と小学校教

育との円滑な接続を図るよう努めるものとする。
　6　全体的な計画の作成
　　　各幼稚園においては，教育課程を中心に，第3章
　　に示す教育課程に係る教育時間の終了後等に行う
　　教育活動の計画，学校保健計画，学校安全計画な
　　どとを関連させ，一体的に教育活動が展開される
　　よう全体的な計画を作成するものとする。

第4　指導計画の作成と幼児理解に基づいた評価

　1　指導計画の考え方
　　　幼稚園教育は，幼児が自ら意欲をもって環境と関
　　わることによりつくり出される具体的な活動を通
　　して，その目標の達成を図るものである。
　　　幼稚園においてはこのことを踏まえ，幼児期にふ
　　さわしい生活が展開され，適切な指導が行われる
　　よう，それぞれの幼稚園の教育課程に基づき，調
　　和のとれた組織的，発展的な指導計画を作成し，幼
　　児の活動に沿った柔軟な指導を行わなければなら
　　ない。
　2　指導計画の作成上の基本的事項
　　（1）指導計画は，幼児の発達に即して一人一人の
　　　　幼児が幼児期にふさわしい生活を展開し，必要な
　　　　体験を得られるようにするために，具体的に作成
　　　　するものとする。
　　（2）指導計画の作成に当たっては，次に示すとこ
　　　　ろにより，具体的なねらい及び内容を明確に設定
　　　　し，適切な環境を構成することなどにより活動が
　　　　選択・展開されるようにするものとする。
　　ア　具体的なねらい及び内容は，幼稚園生活における
　　　　幼児の発達の過程を見通し，幼児の生活の連続性，
　　　　季節の変化などを考慮して，幼児の興味や関心，発
　　　　達の実情などに応じて設定すること。
　　イ　環境は，具体的なねらいを達成するために適切な
　　　　ものとなるように構成し，幼児が自らその環境に関
　　　　わることにより様々な活動を展開しつつ必要な体験
　　　　を得られるようにすること。その際，幼児の生活す
　　　　る姿や発想を大切にし，常にその環境が適切なもの
　　　　となるようにすること。
　　ウ　幼児の行う具体的な活動は，生活の流れの中で
　　　　様々に変化するものであることに留意し，幼児が望
　　　　ましい方向に向かって自ら活動を展開していくこと
　　　　ができるよう必要な援助をすること。
　　　　　その際，幼児の実態及び幼児を取り巻く状況の変
　　　　化などに即して指導の過程についての評価を適切に
　　　　行い，常に指導計画の改善を図るものとする。
　3　指導計画の作成上の留意事項
　　　指導計画の作成に当たっては，次の事項に留意す

るものとする。
　（1）長期的に発達を見通した年，学期，月などに
　　　わたる長期の指導計画やこれとの関連を保ちなが
　　　らより具体的な幼児の生活に即した週，日などの
　　　短期の指導計画を作成し，適切な指導が行われる
　　　ようにすること。特に，週，日などの短期の指導
　　　計画については，幼児の生活のリズムに配慮し，
　　　幼児の意識や興味の連続性のある活動が相互に関
　　　連して幼稚園生活の自然な流れの中に組み込まれ
　　　るようにすること。
　（2）幼児が様々な人やものとの関わりを通して，
　　　多様な体験をし，心身の調和のとれた発達を促す
　　　ようにしていくこと。その際，幼児の発達に即
　　　して主体的・対話的で深い学びが実現するようにす
　　　るとともに，心を動かされる体験が次の活動を生
　　　み出すことを考慮し，一つ一つの体験が相互に結
　　　び付き，幼稚園生活が充実するようにすること。
　（3）言語に関する能力の発達と思考力等の発達が
　　　関連していることを踏まえ，幼稚園生活全体を通
　　　して，幼児の発達を踏まえた言語環境を整え，言
　　　語活動の充実を図ること。
　（4）幼児が次の活動への期待や意欲をもつことが
　　　できるよう，幼児の実態を踏まえながら，教師や
　　　他の幼児と共に遊びや生活の中で見通しをもった
　　　り，振り返ったりするよう工夫すること。
　（5）行事の指導に当たっては，幼稚園生活の自然
　　　の流れの中で生活に変化や潤いを与え，幼児が主
　　　体的に楽しく活動できるようにすること。なお，
　　　それぞれの行事についてはその教育的価値を十分
　　　検討し，適切なものを精選し，幼児の負担になら
　　　ないようにすること。
　（6）幼児期は直接的な体験が重要であることを踏
　　　まえ，視聴覚教材やコンピュータなど情報機器を
　　　活用する際には，幼稚園生活では得難い体験を補
　　　完するなど，幼児の体験との関連を考慮するこ
　　　と。
　（7）幼児の主体的な活動を促すためには，教師が
　　　多様な関わりをもつことが重要であることを踏ま
　　　え，教師は，理解者，共同作業者など様々な役割
　　　を果たし，幼児の発達に必要な豊かな体験が得ら
　　　れるよう，活動の場面に応じて，適切な指導を行
　　　うようにすること。
　（8）幼児の行う活動は，個人，グループ，学級全
　　　体などで多様に展開されるものであることを踏ま
　　　え，幼稚園全体の教師による協力体制を作りなが
　　　ら，一人一人の幼児が興味や欲求を十分に満足さ
　　　せるよう適切な援助を行うようにすること。

4 幼児理解に基づいた評価の実施

　幼児一人一人の発達の理解に基づいた評価の実施に当たっては，次の事項に配慮するものとする。

（1）指導の過程を振り返りながら幼児の理解を進め，幼児一人一人のよさや可能性などを把握し，指導の改善に生かすようにすること。その際，他の幼児との比較や一定の基準に対する達成度についての評定によって捉えるものではないことに留意すること。

（2）評価の妥当性や信頼性が高められるよう創意工夫を行い，組織的かつ計画的な取組を推進するとともに，次年度又は小学校等にその内容が適切に引き継がれるようにすること。

第5　特別な配慮を必要とする幼児への指導

1　障害のある幼児などへの指導

　障害のある幼児などへの指導に当たっては，集団の中で生活することを通して全体的な発達を促していくことに配慮し，特別支援学校などの助言又は援助を活用しつつ，個々の幼児の障害の状態などに応じた指導内容や指導方法の工夫を組織的かつ計画的に行うものとする。また，家庭，地域及び医療や福祉，保健等の業務を行う関係機関との連携を図り，長期的な視点で幼児への教育的支援を行うために，個別の教育支援計画を作成し活用することに努めるとともに，個々の幼児の実態を的確に把握し，個別の指導計画を作成し活用することに努めるものとする。

2　海外から帰国した幼児や生活に必要な日本語の習得に困難のある幼児の幼稚園生活への適応

　海外から帰国した幼児や生活に必要な日本語の習得に困難のある幼児については，安心して自己を発揮できるよう配慮するなど個々の幼児の実態に応じ，指導内容や指導方法の工夫を組織的かつ計画的に行うものとする。

第6　幼稚園運営上の留意事項

1　各幼稚園においては，園長の方針の下に，園務分掌に基づき教職員が適切に役割を分担しつつ，相互に連携しながら，教育課程や指導の改善を図るものとする。また，各幼稚園が行う学校評価については，教育課程の編成，実施，改善が教育活動や幼稚園運営の中核となることを踏まえ，カリキュラム・マネジメントと関連付けながら実施するよう留意するものとする。

2　幼児の生活は，家庭を基盤として地域社会を通じて次第に広がりをもつものであることに留意し，

家庭との連携を十分に図るなど，幼稚園における生活が家庭や地域社会と連続性を保ちつつ展開されるようにするものとする。その際，地域の自然，高齢者や異年齢の子供などを含む人材，行事や公共施設などの地域の資源を積極的に活用し，幼児が豊かな生活体験を得られるように工夫するものとする。また，家庭との連携に当たっては，保護者との情報交換の機会を設けたり，保護者と幼児との活動の機会を設けたりなどすることを通じて，保護者の幼児期の教育に関する理解が深まるよう配慮するものとする。

3　地域や幼稚園の実態等により，幼稚園間に加え，保育所，幼保連携型認定こども園，小学校，中学校，高等学校及び特別支援学校などとの間の連携や交流を図るものとする。特に，幼稚園教育と小学校教育の円滑な接続のため，幼稚園の幼児と小学校の児童との交流の機会を積極的に設けるようにするものとする。また，障害のある幼児児童生徒との交流及び共同学習の機会を設け，共に尊重し合いながら協働して生活していく態度を育むよう努めるものとする。

第7　教育課程に係る教育時間終了後等に行う教育活動など

　幼稚園は，第3章に示す教育課程に係る教育時間の終了後等に行う教育活動について，学校教育法に規定する目的及び目標並びにこの章の第1に示す幼稚園教育の基本を踏まえ実施するものとする。また，幼稚園の目的の達成に資するため，幼児の生活全体が豊かなものとなるよう家庭や地域における幼児期の教育の支援に努めるものとする。

第2章　ねらい及び内容

　この章に示すねらいは，幼稚園教育において育みたい資質・能力を幼児の生活する姿から捉えたものであり，内容は，ねらいを達成するために指導する事項である。各領域は，これらを幼児の発達の側面から，心身の健康に関する領域「健康」，人との関わりに関する領域「人間関係」，身近な環境との関わりに関する領域「環境」，言葉の獲得に関する領域「言葉」及び感性と表現に関する領域「表現」としてまとめ，示したものである。内容の取扱いは，幼児の発達を踏まえた指導を行うに当たって留意すべき事項である。

　各領域に示すねらいは，幼稚園における生活の全体を通じ，幼児が様々な体験を積み重ねる中で相互に関連をもちながら次第に達成に向かうものであること，内容は，幼児が環境に関わって展開する具体的な活動

を通して総合的に指導されるものであることに留意しなければならない。

また，「幼児期の終わりまでに育ってほしい姿」が，ねらい及び内容に基づく活動全体を通して資質・能力が育まれている幼児の幼稚園修了時の具体的な姿であることを踏まえ，指導を行う際に考慮するものとする。

なお，特に必要な場合には，各領域に示すねらいの趣旨に基づいて適切な，具体的な内容を工夫し，それを加えても差し支えないが，その場合には，それが第1章の第1に示す幼稚園教育の基本を逸脱しないよう慎重に配慮する必要がある。

健康

〔健康な心と体を育て，自ら健康で安全な生活をつくり出す力を養う。〕

1　ねらい
（1）明るく伸び伸びと行動し，充実感を味わう。
（2）自分の体を十分に動かし，進んで運動しようとする。
（3）健康，安全な生活に必要な習慣や態度を身に付け，見通しをもって行動する。

2　内容
（1）先生や友達と触れ合い，安定感をもって行動する。
（2）いろいろな遊びの中で十分に体を動かす。
（3）進んで戸外で遊ぶ。
（4）様々な活動に親しみ，楽しんで取り組む。
（5）先生や友達と食べることを楽しみ，食べ物への興味や関心をもつ。
（6）健康な生活のリズムを身に付ける。
（7）身の回りを清潔にし，衣服の着脱，食事，排泄などの生活に必要な活動を自分でする。
（8）幼稚園における生活の仕方を知り，自分たちで生活の場を整えながら見通しをもって行動する。
（9）自分の健康に関心をもち，病気の予防などに必要な活動を進んで行う。
（10）危険な場所，危険な遊び方，災害時などの行動の仕方が分かり，安全に気を付けて行動する。

3　内容の取扱い
上記の取扱いに当たっては，次の事項に留意する必要がある。
（1）心と体の健康は，相互に密接な関連があるものであることを踏まえ，幼児が教師や他の幼児との温かい触れ合いの中で自己の存在感や充実感を味わうことなどを基盤として，しなやかな心と体の発達を促すこと。特に，十分に体を動かす気持ちよさを体験し，自ら体を動かそうとする意欲が育

つようにすること。
（2）様々な遊びの中で，幼児が興味や関心，能力に応じて全身を使って活動することにより，体を動かす楽しさを味わい，自分の体を大切にしようとする気持ちが育つようにすること。その際，多様な動きを経験する中で，体の動きを調整するようにすること。
（3）自然の中で伸び伸びと体を動かして遊ぶことにより，体の諸機能の発達が促されることに留意し，幼児の興味や関心が戸外にも向くようにすること。その際，幼児の動線に配慮した園庭や遊具の配置などを工夫すること。
（4）健康な心と体を育てるためには食育を通じた望ましい食習慣の形成が大切であることを踏まえ，幼児の食生活の実情に配慮し，和やかな雰囲気の中で教師や他の幼児と食べる喜びや楽しさを味わったり，様々な食べ物への興味や関心をもったりするなどし，食の大切さに気付き，進んで食べようとする気持ちが育つようにすること。
（5）基本的な生活習慣の形成に当たっては，家庭での生活経験に配慮し，幼児の自立心を育て，幼児が他の幼児と関わりながら主体的な活動を展開する中で，生活に必要な習慣を身に付け，次第に見通しをもって行動できるようにすること。
（6）安全に関する指導に当たっては，情緒の安定を図り，遊びを通して安全についての構えを身に付け，危険な場所や事物などが分かり，安全についての理解を深めるようにすること。また，交通安全の習慣を身に付けるようにするとともに，避難訓練などを通して，災害などの緊急時に適切な行動がとれるようにすること。

人間関係

〔他の人々と親しみ，支え合って生活するために，自立心を育て，人と関わる力を養う。〕

1　ねらい
（1）幼稚園生活を楽しみ，自分の力で行動することの充実感を味わう。
（2）身近な人と親しみ，関わりを深め，工夫したり，協力したりして一緒に活動する楽しさを味わい，愛情や信頼感をもつ。
（3）社会生活における望ましい習慣や態度を身に付ける。

2　内容
（1）先生や友達と共に過ごすことの喜びを味わう。
（2）自分で考え，自分で行動する。
（3）自分でできることは自分でする。

（4）いろいろな遊びを楽しみながら物事をやり遂げようとする気持ちをもつ。

（5）友達と積極的に関わりながら喜びや悲しみを共感し合う。

（6）自分の思ったことを相手に伝え，相手の思っていることに気付く。

（7）友達のよさに気付き，一緒に活動する楽しさを味わう。

（8）友達と楽しく活動する中で，共通の目的を見いだし，工夫したり，協力したりなどする。

（9）よいことや悪いことがあることに気付き，考えながら行動する。

（10）友達との関わりを深め，思いやりをもつ。

（11）友達と楽しく生活する中できまりの大切さに気付き，守ろうとする。

（12）共同の遊具や用具を大切にし，皆で使う。

（13）高齢者をはじめ地域の人々などの自分の生活に関係の深いいろいろな人に親しみをもつ。

3　内容の取扱い

上記の取扱いに当たっては，次の事項に留意する必要がある。

（1）教師との信頼関係に支えられて自分自身の生活を確立していくことが人と関わる基盤となることを考慮し，幼児が自ら周囲に働き掛けることにより多様な感情を体験し，試行錯誤しながら諦めずにやり遂げることの達成感や，前向きな見通しをもって自分の力で行うことの充実感を味わうことができるよう，幼児の行動を見守りながら適切な援助を行うようにすること。

（2）一人一人を生かした集団を形成しながら人と関わる力を育てていくようにすること。その際，集団の生活の中で，幼児が自己を発揮し，教師や他の幼児に認められる体験をし，自分のよさや特徴に気付き，自信をもって行動できるようにすること。

（3）幼児が互いに関わりを深め，協同して遊ぶようになるため，自ら行動する力を育てるようにするとともに，他の幼児と試行錯誤しながら活動を展開する楽しさや共通の目的が実現する喜びを味わうことができるようにすること。

（4）道徳性の芽生えを培うに当たっては，基本的な生活習慣の形成を図るとともに，幼児が他の幼児との関わりの中で他人の存在に気付き，相手を尊重する気持ちをもって行動できるようにし，また，自然や身近な動植物に親しむことなどを通して豊かな心情が育つようにすること。特に，人に対する信頼感や思いやりの気持ちは，葛藤やつまずきをも体験し，それらを乗り越えることにより次第に芽生えてくる

ことに配慮すること。

（5）集団の生活を通して，幼児が人との関わりを深め，規範意識の芽生えが培われることを考慮し，幼児が教師との信頼関係に支えられて自己を発揮する中で，互いに思いを主張し，折り合いを付ける体験をし，きまりの必要性などに気付き，自分の気持ちを調整する力が育つようにすること。

（6）高齢者をはじめ地域の人々などの自分の生活に関係の深いいろいろな人と触れ合い，自分の感情や意志を表現しながら共に楽しみ，共感し合う体験を通して，これらの人々などに親しみをもち，人と関わることの楽しさや人の役に立つ喜びを味わうことができるようにすること。また，生活を通して親や祖父母などの家族の愛情に気付き，家族を大切にしようとする気持ちが育つようにすること。

環境

〔周囲の様々な環境に好奇心や探究心をもって関わり，それらを生活に取り入れていこうとする力を養う。〕

1　ねらい

（1）身近な環境に親しみ，自然と触れ合う中で様々な事象に興味や関心をもつ。

（2）身近な環境に自分から関わり，発見を楽しんだり，考えたりし，それを生活に取り入れようとする。

（3）身近な事象を見たり，考えたり，扱ったりする中で，物の性質や数量，文字などに対する感覚を豊かにする。

2　内容

（1）自然に触れて生活し，その大きさ，美しさ，不思議さなどに気付く。

（2）生活の中で，様々な物に触れ，その性質や仕組みに興味や関心をもつ。

（3）季節により自然や人間の生活に変化のあることに気付く。

（4）自然などの身近な事象に関心をもち，取り入れて遊ぶ。

（5）身近な動植物に親しみをもって接し，生命の尊さに気付き，いたわったり，大切にしたりする。

（6）日常生活の中で，我が国や地域社会における様々な文化や伝統に親しむ。

（7）身近な物を大切にする。

（8）身近な物や遊具に興味をもって関わり，自分なりに比べたり，関連付けたりしながら考えたり，試したりして工夫して遊ぶ。

（9）日常生活の中で数量や図形などに関心をもつ。

（10）日常生活の中で簡単な標識や文字などに関心

をもつ。

（11）生活に関係の深い情報や施設などに興味や関心をもつ。

（12）幼稚園内外の行事において国旗に親しむ。

3　内容の取扱い

上記の取扱いに当たっては，次の事項に留意する必要がある。

（1）幼児が，遊びの中で周囲の環境と関わり，次第に周囲の世界に好奇心を抱き，その意味や操作の仕方に関心をもち，物事の法則性に気付き，自分なりに考えることができるようになる過程を大切にすること。また，他の幼児の考えなどに触れて新しい考えを生み出す喜びや楽しさを味わい，自分の考えをよりよいものにしようとする気持ちが育つようにすること。

（2）幼児期において自然のもつ意味は大きく，自然の大きさ，美しさ，不思議さなどに直接触れる体験を通して，幼児の心が安らぎ，豊かな感情，好奇心，思考力，表現力の基礎が培われることを踏まえ，幼児が自然との関わりを深めることができるよう工夫すること。

（3）身近な事象や動植物に対する感動を伝え合い，共感し合うことなどを通して自分から関わろうとする意欲を育てるとともに，様々な関わり方を通してそれらに対する親しみや畏敬の念，生命を大切にする気持ち，公共心，探究心などが養われるようにすること。

（4）文化や伝統に親しむ際には，正月や節句など我が国の伝統的な行事，国歌，唱歌，わらべうたや我が国の伝統的な遊びに親しんだり，異なる文化に触れる活動に親しんだりすることを通じて，社会とのつながりの意識や国際理解の意識の芽生えなどが養われるようにすること。

（5）数量や文字などに関しては，日常生活の中で幼児自身の必要感に基づく体験を大切にし，数量や文字などに関する興味や関心，感覚が養われるようにすること。

言葉

〔経験したことや考えたことなどを自分なりの言葉で表現し，相手の話す言葉を聞こうとする意欲や態度を育て，言葉に対する感覚や言葉で表現する力を養う。〕

1　ねらい

（1）自分の気持ちを言葉で表現する楽しさを味わう。

（2）人の言葉や話などをよく聞き，自分の経験したことや考えたことを話し，伝え合う喜びを味わう。

（3）日常生活に必要な言葉が分かるようになるとと

もに，絵本や物語などに親しみ，言葉に対する感覚を豊かにし，先生や友達と心を通わせる。

2　内容

（1）先生や友達の言葉や話に興味や関心をもち，親しみをもって聞いたり，話したりする。

（2）したり，見たり，聞いたり，感じたり，考えたりなどしたことを自分なりに言葉で表現する。

（3）したいこと，してほしいことを言葉で表現したり，分からないことを尋ねたりする。

（4）人の話を注意して聞き，相手に分かるように話す。

（5）生活の中で必要な言葉が分かり，使う。

（6）親しみをもって日常の挨拶をする。

（7）生活の中で言葉の楽しさや美しさに気付く。

（8）いろいろな体験を通じてイメージや言葉を豊かにする。

（9）絵本や物語などに親しみ，興味をもって聞き，想像をする楽しさを味わう。

（10）日常生活の中で，文字などで伝える楽しさを味わう。

3　内容の取扱い

上記の取扱いに当たっては，次の事項に留意する必要がある。

（1）言葉は，身近な人に親しみをもって接し，自分の感情や意志などを伝え，それに相手が応答し，その言葉を聞くことを通して次第に獲得されていくものであることを考慮して，幼児が教師や他の幼児と関わることにより心を動かされるような体験をし，言葉を交わす喜びを味わえるようにすること。

（2）幼児が自分の思いを言葉で伝えるとともに，教師や他の幼児などの話を興味をもって注意して聞くことを通して次第に話を理解するようになっていき，言葉による伝え合いができるようにすること。

（3）絵本や物語などで，その内容と自分の経験とを結び付けたり，想像を巡らせたりするなど，楽しみを十分に味わうことによって，次第に豊かなイメージをもち，言葉に対する感覚が養われるようにすること。

（4）幼児が生活の中で，言葉の響きやリズム，新しい言葉や表現などに触れ，これらを使う楽しさを味わえるようにすること。その際，絵本や物語に親しんだり，言葉遊びなどをしたりすることを通して，言葉が豊かになるようにすること。

（5）幼児が日常生活の中で，文字などを使いながら思ったことや考えたことを伝える喜びや楽しさを

237

味わい，文字に対する興味や関心をもつようにすること。

表現

〔感じたことや考えたことを自分なりに表現することを通して，豊かな感性や表現する力を養い，創造性を豊かにする。〕

1 ねらい
　(1) いろいろなものの美しさなどに対する豊かな感性をもつ。
　(2) 感じたことや考えたことを自分なりに表現して楽しむ。
　(3) 生活の中でイメージを豊かにし，様々な表現を楽しむ。

2 内容
　(1) 生活の中で様々な音，形，色，手触り，動きなどに気付いたり，感じたりするなどして楽しむ。
　(2) 生活の中で美しいものや心を動かす出来事に触れ，イメージを豊かにする。
　(3) 様々な出来事の中で，感動したことを伝え合う楽しさを味わう。
　(4) 感じたこと，考えたことなどを音や動きなどで表現したり，自由にかいたり，つくったりなどする。
　(5) いろいろな素材に親しみ，工夫して遊ぶ。
　(6) 音楽に親しみ，歌を歌ったり，簡単なリズム楽器を使ったりなどする楽しさを味わう。
　(7) かいたり，つくったりすることを楽しみ，遊びに使ったり，飾ったりなどする。
　(8) 自分のイメージを動きや言葉などで表現したり，演じて遊んだりするなどの楽しさを味わう。

3 内容の取扱い
　上記の取扱いに当たっては，次の事項に留意する必要がある。
　(1) 豊かな感性は，身近な環境と十分に関わる中で美しいもの，優れたもの，心を動かす出来事などに出会い，そこから得た感動を他の幼児や教師と共有し，様々に表現することなどを通して養われるようにすること。その際，風の音や雨の音，身近にある草や花の形や色など自然の中にある音，形，色などに気付くようにすること。
　(2) 幼児の自己表現は素朴な形で行われることが多いので，教師はそのような表現を受容し，幼児自身の表現しようとする意欲を受け止めて，幼児が生活の中で幼児らしい様々な表現を楽しむことができるようにすること。
　(3) 生活経験や発達に応じ，自ら様々な表現を楽し

み，表現する意欲を十分に発揮させることができるように，遊具や用具などを整えたり，様々な素材や表現の仕方に親しんだり，他の幼児の表現に触れられるよう配慮したりし，表現する過程を大切にして自己表現を楽しめるように工夫すること。

第3章　教育課程に係る教育時間の終了後等に行う教育活動などの留意事項

1 地域の実態や保護者の要請により，教育課程に係る教育時間の終了後等に希望する者を対象に行う教育活動については，幼児の心身の負担に配慮するものとする。また，次の点にも留意するものとする。
　(1) 教育課程に基づく活動を考慮し，幼児期にふさわしい無理のないものとなるようにすること。その際，教育課程に基づく活動を担当する教師と緊密な連携を図るようにすること。
　(2) 家庭や地域での幼児の生活も考慮し，教育課程に係る教育時間の終了後等に行う教育活動の計画を作成するようにすること。その際，地域の人々と連携するなど，地域の様々な資源を活用しつつ，多様な体験ができるようにすること。
　(3) 家庭との緊密な連携を図るようにすること。その際，情報交換の機会を設けたりするなど，保護者が，幼稚園と共に幼児を育てるという意識が高まるようにすること。
　(4) 地域の実態や保護者の事情とともに幼児の生活のリズムを踏まえつつ，例えば実施日数や時間などについて，弾力的な運用に配慮すること。
　(5) 適切な責任体制と指導体制を整備した上で行うようにすること。

2 幼稚園の運営に当たっては，子育ての支援のために保護者や地域の人々に機能や施設を開放して，園内体制の整備や関係機関との連携及び協力に配慮しつつ，幼児期の教育に関する相談に応じたり，情報を提供したり，幼児と保護者との登園を受け入れたり，保護者同士の交流の機会を提供したりするなど，幼稚園と家庭が一体となって幼児と関わる取組を進め，地域における幼児期の教育のセンターとしての役割を果たすよう努めるものとする。その際，心理や保健の専門家，地域の子育て経験者等と連携・協働しながら取り組むよう配慮するものとする。

資料　保育所保育指針

（平成 29 年 3 月 31 日厚生労働省告示第 117 号）
（平成 30 年 4 月 1 日から施行）

第1章　総則

この指針は，児童福祉施設の設備及び運営に関する基準（昭和 23 年厚生省令第 63 号。以下「設備運営基準」という。）第 35 条の規定に基づき，保育所における保育の内容に関する事項及びこれに関連する運営に関する事項を定めるものである。各保育所は，この指針において規定される保育の内容に係る基本原則に関する事項等を踏まえ，各保育所の実情に応じて創意工夫を図り，保育所の機能及び質の向上に努めなければならない。

1　保育所保育に関する基本原則

（1）保育所の役割

ア　保育所は，児童福祉法（昭和 22 年法律第 164 号）第 39 条の規定に基づき，保育を必要とする子どもの保育を行い，その健全な心身の発達を図ることを目的とする児童福祉施設であり，入所する子どもの最善の利益を考慮し，その福祉を積極的に増進することに最もふさわしい生活の場でなければならない。

イ　保育所は，その目的を達成するために，保育に関する専門性を有する職員が，家庭との緊密な連携の下に，子どもの状況や発達過程を踏まえ，保育所における環境を通して，養護及び教育を一体的に行うことを特性としている。

ウ　保育所は，入所する子どもを保育するとともに，家庭や地域の様々な社会資源との連携を図りながら，入所する子どもの保護者に対する支援及び地域の子育て家庭に対する支援等を行う役割を担うものである。

エ　保育所における保育士は，児童福祉法第 18 条の 4 の規定を踏まえ，保育所の役割及び機能が適切に発揮されるように，倫理観に裏付けられた専門的知識，技術及び判断をもって，子どもを保育するとともに，子どもの保護者に対する保育に関する指導を行うものであり，その職責を遂行するための専門性の向上に絶えず努めなければならない。

（2）保育の目標

ア　保育所は，子どもが生涯にわたる人間形成にとって極めて重要な時期に，その生活時間の大半を過ごす場である。このため，保育所の保育は，子どもが現在を最も良く生き，望ましい未来を

つくり出す力の基礎を培うために，次の目標を目指して行わなければならない。

（ア）十分に養護の行き届いた環境の下に，くつろいだ雰囲気の中で子どもの様々な欲求を満たし，生命の保持及び情緒の安定を図ること。

（イ）健康，安全など生活に必要な基本的な習慣や態度を養い，心身の健康の基礎を培うこと。

（ウ）人との関わりの中で，人に対する愛情と信頼感，そして人権を大切にする心を育てるとともに，自主，自立及び協調の態度を養い，道徳性の芽生えを培うこと。

（エ）生命，自然及び社会の事象についての興味や関心を育て，それらに対する豊かな心情や思考力の芽生えを培うこと。

（オ）生活の中で，言葉への興味や関心を育て，話したり，聞いたり，相手の話を理解しようとするなど，言葉の豊かさを養うこと。

（カ）様々な体験を通して，豊かな感性や表現力を育み，創造性の芽生えを培うこと。

イ　保育所は，入所する子どもの保護者に対し，その意向を受け止め，子どもと保護者の安定した関係に配慮し，保育所の特性や保育士等の専門性を生かして，その援助に当たらなければならない。

（3）保育の方法

保育の目標を達成するために，保育士等は，次の事項に留意して保育しなければならない。

ア　一人一人の子どもの状況や家庭及び地域社会での生活の実態を把握するとともに，子どもが安心感と信頼感をもって活動できるよう，子どもの主体としての思いや願いを受け止めること。

イ　子どもの生活のリズムを大切にし，健康，安全で情緒の安定した生活ができる環境や，自己を十分に発揮できる環境を整えること。

ウ　子どもの発達について理解し，一人一人の発達過程に応じて保育すること。その際，子どもの個人差に十分配慮すること。

エ　子ども相互の関係づくりや互いに尊重する心を大切にし，集団における活動を効果あるものにするよう援助すること。

オ　子どもが自発的・意欲的に関われるような環境を構成し，子どもの主体的な活動や子ども相互の関わりを大切にすること。特に，乳幼児期にふさわしい体験が得られるように，生活や遊びを通して総合的に保育すること。

カ　一人一人の保護者の状況やその意向を理解，受容し，それぞれの親子関係や家庭生活等に配慮

しながら，様々な機会をとらえ，適切に援助することと。

(4) 保育の環境

　保育の環境には，保育士等や子どもなどの人的環境，施設や遊具などの物的環境，更には自然や社会の事象などがある。保育所は，こうした人，物，場などの環境が相互に関連し合い，子どもの生活が豊かなものとなるよう，次の事項に留意しつつ，計画的に環境を構成し，工夫して保育しなければならない。

ア　子ども自らが環境に関わり，自発的に活動し，様々な経験を積んでいくことができるよう配慮すること。

イ　子どもの活動が豊かに展開されるよう，保育所の設備や環境を整え，保育所の保健的環境や安全の確保などに努めること。

ウ　保育室は，温かな親しみとくつろぎの場となるとともに，生き生きと活動できる場となるように配慮すること。

エ　子どもが人と関わる力を育てていくため，子ども自らが周囲の子どもや大人と関わっていくことができる環境を整えること。

(5) 保育所の社会的責任

ア　保育所は，子どもの人権に十分配慮するとともに，子ども一人一人の人格を尊重して保育を行わなければならない。

イ　保育所は，地域社会との交流や連携を図り，保護者や地域社会に，当該保育所が行う保育の内容を適切に説明するよう努めなければならない。

ウ　保育所は，入所する子ども等の個人情報を適切に取り扱うとともに，保護者の苦情などに対し，その解決を図るよう努めなければならない。

2　養護に関する基本的事項

(1) 養護の理念

　保育における養護とは，子どもの生命の保持及び情緒の安定を図るために保育士等が行う援助や関わりであり，保育所における保育は，養護及び教育を一体的に行うことをその特性とするものである。保育所における保育全体を通じて，養護に関するねらい及び内容を踏まえた保育が展開されなければならない。

(2) 養護に関わるねらい及び内容

ア　生命の保持

　(ア) ねらい

　　①　一人一人の子どもが，快適に生活できるようにする。

　　②　一人一人の子どもが，健康で安全に過ごせ

るようにする。

　　③　一人一人の子どもの生理的欲求が，十分に満たされるようにする。

　　④　一人一人の子どもの健康増進が，積極的に図られるようにする。

　(イ) 内容

　　①　一人一人の子どもの平常の健康状態や発育及び発達状態を的確に把握し，異常を感じる場合は，速やかに適切に対応する。

　　②　家庭との連携を密にし，嘱託医等との連携を図りながら，子どもの疾病や事故防止に関する認識を深め，保健的で安全な保育環境の維持及び向上に努める。

　　③　清潔で安全な環境を整え，適切な援助や応答的な関わりを通して子どもの生理的欲求を満たしていく。また，家庭と協力しながら，子どもの発達過程等に応じた適切な生活のリズムがつくられていくようにする。

　　④　子どもの発達過程等に応じて，適度な運動と休息を取ることができるようにする。また，食事，排泄，衣類の着脱，身の回りを清潔にすることなどについて，子どもが意欲的に生活できるよう適切に援助する。

イ　情緒の安定

　(ア) ねらい

　　①　一人一人の子どもが，安定感をもって過ごせるようにする。

　　②　一人一人の子どもが，自分の気持ちを安心して表すことができるようにする。

　　③　一人一人の子どもが，周囲から主体として受け止められ，主体として育ち，自分を肯定する気持ちが育まれていくようにする。

　　④　一人一人の子どもがくつろいで共に過ごし，心身の疲れが癒されるようにする。

　(イ) 内容

　　①　一人一人の子どもの置かれている状態や発達過程などを的確に把握し，子どもの欲求を適切に満たしながら，応答的な触れ合いや言葉がけを行う。

　　②　一人一人の子どもの気持ちを受容し，共感しながら，子どもとの継続的な信頼関係を築いていく。

　　③　保育士等との信頼関係を基盤に，一人一人の子どもが主体的に活動し，自発性や探索意欲などを高めるとともに，自分への自信をもつことができるよう成長の過程を見守り，適切に働きかける。

④ 一人一人の子どもの生活のリズム，発達過程，保育時間などに応じて，活動内容のバランスや調和を図りながら，適切な食事や休息が取れるようにする。

3 保育の計画及び評価

(1) 全体的な計画の作成

ア 保育所は，1の（2）に示した保育の目標を達成するために，各保育所の保育の方針や目標に基づき，子どもの発達過程を踏まえて，保育の内容が組織的・計画的に構成され，保育所の生活の全体を通して，総合的に展開されるよう，全体的な計画を作成しなければならない。

イ 全体的な計画は，子どもや家庭の状況，地域の実態，保育時間などを考慮し，子どもの育ちに関する長期的見通しをもって適切に作成されなければならない。

ウ 全体的な計画は，保育所保育の全体像を包括的に示すものとし，これに基づく指導計画，保健計画，食育計画等を通じて，各保育所が創意工夫して保育できるよう，作成されなければならない。

(2) 指導計画の作成

ア 保育所は，全体的な計画に基づき，具体的な保育が適切に展開されるよう，子どもの生活や発達を見通した長期的な指導計画と，それに関連しながら，より具体的な子どもの日々の生活に即した短期的な指導計画を作成しなければならない。

イ 指導計画の作成に当たっては，第2章及びその他の関連する章に示された事項のほか，子ども一人一人の発達過程や状況を十分に踏まえるとともに，次の事項に留意しなければならない。

（ア）3歳未満児については，一人一人の子どもの生育歴，心身の発達，活動の実態等に即して，個別的な計画を作成すること。

（イ）3歳以上児については，個の成長と，子ども相互の関係や協同的な活動が促されるよう配慮すること。

（ウ）異年齢で構成される組やグループでの保育においては，一人一人の子どもの生活や経験，発達過程などを把握し，適切な援助や環境構成ができるよう配慮すること。

ウ 指導計画においては，保育所の生活における子どもの発達過程を見通し，生活の連続性，季節の変化などを考慮し，子どもの実態に即した具体的なねらい及び内容を設定すること。また，具体的なねらいが達成されるよう，子どもの生活す

る姿や発想を大切にして適切な環境を構成し，子どもが主体的に活動できるようにすること。

エ 一日の生活のリズムや在園時間が異なる子どもが共に過ごすことを踏まえ，活動と休息，緊張感と解放感等の調和を図るよう配慮すること。

オ 午睡は生活のリズムを構成する重要な要素であり，安心して眠ることのできる安全な睡眠環境を確保するとともに，在園時間が異なることや，睡眠時間は子どもの発達の状況や個人によって差があることから，一律とならないよう配慮すること。

カ 長時間にわたる保育については，子どもの発達過程，生活のリズム及び心身の状態に十分配慮して，保育の内容や方法，職員の協力体制，家庭との連携などを指導計画に位置付けること。

キ 障害のある子どもの保育については，一人一人の子どもの発達過程や障害の状態を把握し，適切な環境の下で，障害のある子どもが他の子どもとの生活を通して共に成長できるよう，指導計画の中に位置付けること。また，子どもの状況に応じた保育を実施する観点から，家庭や関係機関と連携した支援のための計画を個別に作成するなど適切な対応を図ること。

(3) 指導計画の展開

指導計画に基づく保育の実施に当たっては，次の事項に留意しなければならない。

ア 施設長，保育士など，全職員による適切な役割分担と協力体制を整えること。

イ 子どもが行う具体的な活動は，生活の中で様々に変化することに留意して，子どもが望ましい方向に向かって自ら活動を展開できるよう必要な援助を行うこと。

ウ 子どもの主体的な活動を促すためには，保育士等が多様な関わりをもつことが重要であることを踏まえ，子どもの情緒の安定や発達に必要な豊かな体験が得られるよう援助すること。

エ 保育士等は，子どもの実態や子どもを取り巻く状況の変化などに即して保育の過程を記録するとともに，これらを踏まえ，指導計画に基づく保育の内容の見直しを行い，改善を図ること。

(4) 保育内容等の評価

ア 保育士等の自己評価

（ア）保育士等は，保育の計画や保育の記録を通して，自らの保育実践を振り返り，自己評価することを通して，その専門性の向上や保育実践の改善に努めなければならない。

（イ）保育士等による自己評価に当たっては，子ど

もの活動内容やその結果だけでなく，子ども
の心の育ちや意欲，取り組む過程などにも十
分配慮するよう留意すること。
　（ウ）保育士等は，自己評価における自らの保育実
践の振り返りや職員相互の話し合い等を通じ
て，専門性の向上及び保育の質の向上のため
の課題を明確にするとともに，保育所全体の
保育の内容に関する認識を深めること。
　イ　保育所の自己評価
　　（ア）保育所は，保育の質の向上を図るため，保育
の計画の展開や保育士等の自己評価を踏ま
え，当該保育所の保育の内容等について，自
ら評価を行い，その結果を公表するよう努め
なければならない。
　　（イ）保育所が自己評価を行うに当たっては，地域
の実情や保育所の実態に即して，適切に評価
の観点や項目等を設定し，全職員による共通
理解をもって取り組むよう留意すること。
　　（ウ）設備運営基準第36条の趣旨を踏まえ，保育
の内容等の評価に関し，保護者及び地域住民
等の意見を聴くことが望ましいこと。
　（5）評価を踏まえた計画の改善
　ア　保育所は，評価の結果を踏まえ，当該保育所の
保育の内容等の改善を図ること。
　イ　保育の計画に基づく保育，保育の内容の評価及
びこれに基づく改善という一連の取組により，
保育の質の向上が図られるよう，全職員が共通
理解をもって取り組むことに留意すること。

4　幼児教育を行う施設として共有すべき事項
　（1）育みたい資質・能力
　ア　保育所においては，生涯にわたる生きる力の基
礎を培うため，1の（2）に示す保育の目標を踏
まえ，次に掲げる資質・能力を一体的に育むよ
う努めるものとする。
　　（ア）豊かな体験を通じて，感じたり，気付いたり，
分かったり，できるようになったりする「知
識及び技能の基礎」
　　（イ）気付いたことや，できるようになったことな
どを使い，考えたり，試したり，工夫したり，
表現したりする「思考力，判断力，表現力等
の基礎」
　　（ウ）心情，意欲，態度が育つ中で，よりよい生活
を営もうとする「学びに向かう力，人間性等」
　イ　アに示す資質・能力は，第2章に示すねらい及
び内容に基づく保育活動全体によって育むものであ
る。
　（2）幼児期の終わりまでに育ってほしい姿

次に示す「幼児期の終わりまでに育ってほしい
姿」は，第2章に示すねらい及び内容に基づく保
育活動全体を通して資質・能力が育まれている子
どもの小学校就学時の具体的な姿であり，保育士
等が指導を行う際に考慮するものである。
　ア　健康な心と体
　　　保育所の生活の中で，充実感をもって自分のや
りたいことに向かって心と体を十分に働かせ，
見通しをもって行動し，自ら健康で安全な生活
をつくり出すようになる。
　イ　自立心
　　　身近な環境に主体的に関わり様々な活動を楽し
む中で，しなければならないことを自覚し，自
分の力で行うために考えたり，工夫したりしな
がら，諦めずにやり遂げることで達成感を味わ
い，自信をもって行動するようになる。
　ウ　協同性
　　　友達と関わる中で，互いの思いや考えなどを共
有し，共通の目的の実現に向けて，考えたり，
工夫したり，協力したり，充実感をもってや
り遂げるようになる。
　エ　道徳性・規範意識の芽生え
　　　友達と様々な体験を重ねる中で，してよいこと
や悪いことが分かり，自分の行動を振り返った
り，友達の気持ちに共感したりし，相手の立場
に立って行動するようになる。また，きまりを
守る必要性が分かり，自分の気持ちを調整し，
友達と折り合いを付けながら，きまりをつくっ
たり，守ったりするようになる。
　オ　社会生活との関わり
　　　家族を大切にしようとする気持ちをもつととも
に，地域の身近な人と触れ合う中で，人との
様々な関わり方に気付き，相手の気持ちを考え
て関わり，自分が役に立つ喜びを感じ，地域に
親しみをもつようになる。また，保育所内外の
様々な環境に関わる中で，遊びや生活に必要な
情報を取り入れ，情報に基づき判断したり，情
報を伝え合ったり，活用したりするなど，情報
を役立てながら活動するようになるとともに，
公共の施設を大切に利用するなどして，社会と
のつながりなどを意識するようになる。
　カ　思考力の芽生え
　　　身近な事象に積極的に関わる中で，物の性質や
仕組みなどを感じ取ったり，気付いたりし，考
えたり，予想したり，工夫したりするなど，多
様な関わりを楽しむようになる。また，友達の
様々な考えに触れる中で，自分と異なる考えが

あることに気付き，自ら判断したり，考え直したりするなど，新しい考えを生み出す喜びを味わいながら，自分の考えをよりよいものにするようになる。

キ　自然との関わり・生命尊重

自然に触れて感動する体験を通して，自然の変化などを感じ取り，好奇心や探究心をもって考え言葉などで表現しながら，身近な事象への関心が高まるとともに，自然への愛情や畏敬の念をもつようになる。また，身近な動植物に心を動かされる中で，生命の不思議さや尊さに気付き，身近な動植物への接し方を考え，命あるものとしていたわり，大切にする気持ちをもって関わるようになる。

ク　数量や図形，標識や文字などへの関心・感覚

遊びや生活の中で，数量や図形，標識や文字などに親しむ体験を重ねたり，標識や文字の役割に気付いたりし，自らの必要感に基づきこれらを活用し，興味や関心，感覚をもつようになる。

ケ　言葉による伝え合い

保育士等や友達と心を通わせる中で，絵本や物語などに親しみながら，豊かな言葉や表現を身に付け，経験したことや考えたことなどを言葉で伝えたり，相手の話を注意して聞いたりし，言葉による伝え合いを楽しむようになる。

コ　豊かな感性と表現

心を動かす出来事などに触れ感性を働かせる中で，様々な素材の特徴や表現の仕方などに気付き，感じたことや考えたことを自分で表現したり，友達同士で表現する過程を楽しんだりし，表現する喜びを味わい，意欲をもつようになる。

第２章　保育の内容

この章に示す「ねらい」は，第１章の１の（２）に示された保育の目標をより具体化したものであり，子どもが保育所において，安定した生活を送り，充実した活動ができるように，保育を通じて育みたい資質・能力を，子どもの生活する姿から捉えたものである。また，「内容」は，「ねらい」を達成するために，子どもの生活やその状況に応じて保育士等が適切に行う事項と，保育士等が援助して子どもが環境に関わって経験する事項を示したものである。

保育における「養護」とは，子どもの生命の保持及び情緒の安定を図るために保育士等が行う援助や関わりであり，「教育」とは，子どもが健やかに成長し，その活動がより豊かに展開されるための発達の援助である。本章では，保育士等が，「ねらい」及び「内容」を

具体的に把握するため，主に教育に関わる側面からの視点を示しているが，実際の保育においては，養護と教育が一体となって展開されることに留意する必要がある。

1　乳児保育に関わるねらい及び内容

（1）基本的事項

ア　乳児期の発達については，視覚，聴覚などの感覚や，座る，はう，歩くなどの運動機能が著しく発達し，特定の大人との応答的な関わりを通じて，情緒的な絆が形成されるといった特徴がある。これらの発達の特徴を踏まえて，乳児保育は，愛情豊かに，応答的に行われることが特に必要である。

イ　本項においては，この時期の発達の特徴を踏まえ，乳児保育の「ねらい」及び「内容」については，身体的発達に関する視点「健やかに伸び伸びと育つ」，社会的発達に関する視点「身近な人と気持ちが通じ合う」及び精神的発達に関する視点「身近なものと関わり感性が育つ」としてまとめ，示している。

ウ　本項の各視点において示す保育の内容は，第１章の２に示された養護における「生命の保持」及び「情緒の安定」に関わる保育の内容と，一体となって展開されるものであることに留意が必要である。

（2）ねらい及び内容

ア　健やかに伸び伸びと育つ

健康な心と体を育て，自ら健康で安全な生活をつくり出す力の基盤を培う。

（ア）ねらい

①　身体感覚が育ち，快適な環境に心地よさを感じる。

②　伸び伸びと体を動かし，はう，歩くなどの運動をしようとする。

③　食事，睡眠等の生活のリズムの感覚が芽生える。

（イ）内容

①　保育士等の愛情豊かな受容の下で，生理的・心理的欲求を満たし，心地よく生活をする。

②　一人一人の発育に応じて，はう，立つ，歩くなど，十分に体を動かす。

③　個人差に応じて授乳を行い，離乳を進めていく中で，様々な食品に少しずつ慣れ，食べることを楽しむ。

④　一人一人の生活のリズムに応じて，安全な環境の下で十分に午睡をする。

⑤　おむつ交換や衣服の着脱などを通じて，清

潔になることの心地よさを感じる。
　（ウ）内容の取扱い
　　　　上記の取扱いに当たっては，次の事項に留
　　　意する必要がある。
　　①　心と体の健康は，相互に密接な関連がある
　　　ものであることを踏まえ，温かい触れ合いの中
　　　で，心と体の発達を促すこと。特に，寝返り，
　　　お座り，はいはい，つかまり立ち，伝い歩きな
　　　ど，発育に応じて，遊びの中で体を動かす機会
　　　を十分に確保し，自ら体を動かそうとする意欲
　　　が育つようにすること。
　　②　健康な心と体を育てるためには望ましい食
　　　習慣の形成が重要であることを踏まえ，離乳食
　　　が完了期へと徐々に移行する中で，様々な食品
　　　に慣れるようにするとともに，和やかな雰囲気
　　　の中で食べる喜びや楽しさを味わい，進んで食
　　　べようとする気持ちが育つようにすること。な
　　　お，食物アレルギーのある子どもへの対応につ
　　　いては，嘱託医等の指示や協力の下に適切に対
　　　応すること。
イ　身近な人と気持ちが通じ合う
　　受容的・応答的な関わりの下で，何かを伝えよ
　　うとする意欲や身近な大人との信頼関係を育
　　て，人と関わる力の基盤を培う。
　（ア）ねらい
　　①　安心できる関係の下で，身近な人と共に過
　　　ごす喜びを感じる。
　　②　体の動きや表情，発声等により，保育士等
　　　と気持ちを通わせようとする。
　　③　身近な人と親しみ，関わりを深め，愛情や
　　　信頼感が芽生える。
　（イ）内容
　　①　子どもからの働きかけを踏まえた，応答的
　　　な触れ合いや言葉がけによって，欲求が満たさ
　　　れ，安定感をもって過ごす。
　　②　体の動きや表情，発声，喃語等を優しく受
　　　け止めてもらい，保育士等とのやり取りを楽しむ。
　　③　生活や遊びの中で，自分の身近な人の存在
　　　に気付き，親しみの気持ちを表す。
　　④　保育士等による語りかけや歌いかけ，発声
　　　や喃語等への応答を通じて，言葉の理解や発語
　　　の意欲が育つ。
　　⑤　温かく，受容的な関わりを通じて，自分を
　　　肯定する気持ちが芽生える。
　（ウ）内容の取扱い
　　　　上記の取扱いに当たっては，次の事項に留意
　　　する必要がある。

①　保育士等との信頼関係に支えられて生活を
　確立していくことが人と関わる基盤となること
　を考慮して，子どもの多様な感情を受け止め，
　温かく受容的・応答的に関わり，一人一人に応
　じた適切な援助を行うようにすること。
②　身近な人に親しみをもって接し，自分の感
　情などを表し，それに相手が応答する言葉を聞
　くことを通して，次第に言葉が獲得されていく
　ことを考慮して，楽しい雰囲気の中での保育士
　等との関わり合いを大切にし，ゆっくりと優し
　く話しかけるなど，積極的に言葉のやり取りを
　楽しむことができるようにすること。
ウ　身近なものと関わり感性が育つ
　　身近な環境に興味や好奇心をもって関わり，感じ
　　たことや考えたことを表現する力の基盤を培う。
　（ア）ねらい
　　①　身の回りのものに親しみ，様々なものに興
　　　味や関心をもつ。
　　②　見る，触れる，探索するなど，身近な環境
　　　に自分から関わろうとする。
　　③　身体の諸感覚による認識が豊かになり，表
　　　情や手足，体の動き等で表現する。
　（イ）内容
　　①　身近な生活用具，玩具や絵本などが用意さ
　　　れた中で，身の回りのものに対する興味や好奇
　　　心をもつ。
　　②　生活や遊びの中で様々なものに触れ，音，
　　　形，色，手触りなどに気付き，感覚の働きを豊
　　　かにする。
　　③　保育士等と一緒に様々な色彩や形のものや
　　　絵本などを見る。
　　④　玩具や身の回りのものを，つまむ，つかむ，
　　　たたく，引っ張るなど，手や指を使って遊ぶ。
　　⑤　保育士等のあやし遊びに機嫌よく応じた
　　　り，歌やリズムに合わせて手足や体を動かして
　　　楽しんだりする。
　（ウ）内容の取扱い
　　　　上記の取扱いに当たっては，次の事項に留意
　　　する必要がある。
　　①　玩具などは，音質，形，色，大きさなど子
　　　どもの発達状態に応じて適切なものを選び，そ
　　　の時々の子どもの興味や関心を踏まえるなど，
　　　遊びを通して感覚の発達が促されるものとなる
　　　ように工夫すること。なお，安全な環境の下で，
　　　子どもが探索意欲を満たして自由に遊べるよ
　　　う，身の回りのものについては，常に十分な点
　　　検を行うこと。

② 乳児期においては，表情，発声，体の動き
などで，感情を表現することが多いことから，
これらの表現しようとする意欲を積極的に受け
止めて，子どもが様々な活動を楽しむことを通
して表現が豊かになるようにすること。

（3）保育の実施に関わる配慮事項

ア 乳児は疾病への抵抗力が弱く，心身の機能の未
熟さに伴う疾病の発生が多いことから，一人一
人の発育及び発達状態や健康状態についての適
切な判断に基づく保健的な対応を行うこと。

イ 一人一人の子どもの生育歴の違いに留意しつつ，
欲求を適切に満たし，特定の保育士が応答的に
関わるように努めること。

ウ 乳児保育に関わる職員間の連携や嘱託医との連
携を図り，第3章に示す事項を踏まえ，適切に
対応すること。栄養士及び看護師等が配置され
ている場合は，その専門性を生かした対応を図
ること。

エ 保護者との信頼関係を築きながら保育を進める
とともに，保護者からの相談に応じ，保護者へ
の支援に努めていくこと。

オ 担当の保育士が替わる場合には，子どものそれ
までの生育歴や発達過程に留意し，職員間で協
力して対応すること。

2　1歳以上3歳未満児の保育に関わるねらい及び内容

（1）基本的事項

ア この時期においては，歩き始めから，歩く，走
る，跳ぶなどへと，基本的な運動機能が次第に
発達し，排泄の自立のための身体的機能も整う
ようになる。つまむ，めくるなどの指先の機能
も発達し，食事，衣類の着脱なども，保育士等
の援助の下で自分で行うようになる。発声も明
瞭になり，語彙も増加し，自分の意思や欲求を
言葉で表出できるようになる。このように自分
でできることが増えてくる時期であることから，
保育士等は，子どもの生活の安定を図りながら，
自分でしようとする気持ちを尊重し，温かく見
守るとともに，愛情豊かに，応答的に関わるこ
とが必要である。

イ 本項においては，この時期の発達の特徴を踏ま
え，保育の「ねらい」及び「内容」について，
心身の健康に関する領域「健康」，人との関わり
に関する領域「人間関係」，身近な環境との関わ
りに関する領域「環境」，言葉の獲得に関する領
域「言葉」及び感性と表現に関する領域「表現」
としてまとめ，示している。

ウ 本項の各領域において示す保育の内容は，第1
章の2に示された養護における「生命の保持」
及び「情緒の安定」に関わる保育の内容と，一
体となって展開されるものであることに留意が
必要である。

（2）ねらい及び内容

ア 健康
　健康な心と体を育て，自ら健康で安全な生活
をつくり出す力を養う。

（ア）ねらい

① 明るく伸び伸びと生活し，自分から体を動
かすことを楽しむ。

② 自分の体を十分に動かし，様々な動きをし
ようとする。

③ 健康，安全な生活に必要な習慣に気付き，
自分でしてみようとする気持ちが育つ。

（イ）内容

① 保育士等の愛情豊かな受容の下で，安定感
をもって生活をする。

② 食事や午睡，遊びと休息など，保育所にお
ける生活のリズムが形成される。

③ 走る，跳ぶ，登る，押す，引っ張るなど全
身を使う遊びを楽しむ。

④ 様々な食品や調理形態に慣れ，ゆったりと
した雰囲気の中で食事や間食を楽しむ。

⑤ 身の回りを清潔に保つ心地よさを感じ，そ
の習慣が少しずつ身に付く。

⑥ 保育士等の助けを借りながら，衣類の着脱
を自分でしようとする。

⑦ 便器での排泄に慣れ，自分で排泄ができる
ようになる。

（ウ）内容の取扱い

上記の取扱いに当たっては，次の事項に留意す
る必要がある。

① 心と体の健康は，相互に密接な関連がある
ものであることを踏まえ，子どもの気持ちに配
慮した温かい触れ合いの中で，心と体の発達を
促すこと。特に，一人一人の発育に応じて，体
を動かす機会を十分に確保し，自ら体を動かそ
うとする意欲が育つようにすること。

② 健康な心と体を育てるためには望ましい食
習慣の形成が重要であることを踏まえ，ゆった
りとした雰囲気の中で食べる喜びや楽しさを味
わい，進んで食べようとする気持ちが育つよう
にすること。なお，食物アレルギーのある子ど
もへの対応については，嘱託医等の指示や協力
の下に適切に対応すること。

③　排泄の習慣については，一人一人の排尿間隔等を踏まえ，おむつが汚れていないときに便器に座らせるなどにより，少しずつ慣れさせるようにすること。

④　食事，排泄，睡眠，衣類の着脱，身の回りを清潔にすることなど，生活に必要な基本的な習慣については，一人一人の状態に応じ，落ち着いた雰囲気の中で行うようにし，子どもが自分でしようとする気持ちを尊重すること。また，基本的な生活習慣の形成に当たっては，家庭での生活経験に配慮し，家庭との適切な連携の下で行うようにすること。

イ　人間関係

他の人々と親しみ，支え合って生活するために，自立心を育て，人と関わる力を養う。

（ア）ねらい

①　保育所での生活を楽しみ，身近な人と関わる心地よさを感じる。

②　周囲の子ども等への興味や関心が高まり，関わりをもとうとする。

③　保育所の生活の仕方に慣れ，きまりの大切さに気付く。

（イ）内容

①　保育士等や周囲の子ども等との安定した関係の中で，共に過ごす心地よさを感じる。

②　保育士等の受容的・応答的な関わりの中で，欲求を適切に満たし，安定感をもって過ごす。

③　身の回りに様々な人がいることに気付き，徐々に他の子どもと関わりをもって遊ぶ。

④　保育士等の仲立ちにより，他の子どもとの関わり方を少しずつ身につける。

⑤　保育所の生活の仕方に慣れ，きまりがあることや，その大切さに気付く。

⑥　生活や遊びの中で，年長児や保育士等の真似をしたり，ごっこ遊びを楽しんだりする。

（ウ）内容の取扱い

上記の取扱いに当たっては，次の事項に留意する必要がある。

①　保育士等との信頼関係に支えられて生活を確立するとともに，自分で何かをしようとする気持ちが旺盛になる時期であることに鑑み，そのような子どもの気持ちを尊重し，温かく見守るとともに，愛情豊かに，応答的に関わり，適切な援助を行うようにすること。

②　思い通りにいかない場合等の子どもの不安定な感情の表出については，保育士等が受容的に受け止めるとともに，そうした気持ちから立ち直る経験や感情をコントロールすることへの気付き等につなげていけるように援助すること。

③　この時期は自己と他者との違いの認識がまだ十分ではないことから，子どもの自我の育ちを見守るとともに，保育士等が仲立ちとなって，自分の気持ちを相手に伝えることや相手の気持ちに気付くことの大切さなど，友達の気持ちや友達との関わり方を丁寧に伝えていくこと。

ウ　環境

周囲の様々な環境に好奇心や探究心をもって関わり，それらを生活に取り入れていこうとする力を養う。

（ア）ねらい

①　身近な環境に親しみ，触れ合う中で，様々なものに興味や関心をもつ。

②　様々なものに関わる中で，発見を楽しんだり，考えたりしようとする。

③　見る，聞く，触るなどの経験を通して，感覚の働きを豊かにする。

（イ）内容

①　安全で活動しやすい環境での探索活動等を通して，見る，聞く，触れる，嗅ぐ，味わうなどの感覚の働きを豊かにする。

②　玩具，絵本，遊具などに興味をもち，それらを使った遊びを楽しむ。

③　身の回りの物に触れる中で，形，色，大きさ，量などの物の性質や仕組みに気付く。

④　自分の物と人の物の区別や，場所的感覚など，環境を捉える感覚が育つ。

⑤　身近な生き物に気付き，親しみをもつ。

⑥　近隣の生活や季節の行事などに興味や関心をもつ。

（ウ）内容の取扱い

上記の取扱いに当たっては，次の事項に留意する必要がある。

①　玩具などは，音質，形，色，大きさなど子どもの発達状態に応じて適切なものを選び，遊びを通して感覚の発達が促されるように工夫すること。

②　身近な生き物との関わりについては，子どもが命を感じ，生命の尊さに気付く経験へとつながるものであることから，そうした気付きを促すような関わりとなるようにすること。

③　地域の生活や季節の行事などに触れる際には，社会とのつながりや地域社会の文化への気付きにつながるものとなることが望ましいこ

と。その際，保育所内外の行事や地域の人々との触れ合いなどを通して行うこと等も考慮すること。

エ　言葉

　　経験したことや考えたことなどを自分なりの言葉で表現し，相手の話す言葉を聞こうとする意欲や態度を育て，言葉に対する感覚や言葉で表現する力を養う。

（ア）ねらい

①　言葉遊びや言葉で表現する楽しさを感じる。

②　人の言葉や話などを聞き，自分でも思ったことを伝えようとする。

③　絵本や物語等に親しむとともに，言葉のやり取りを通じて身近な人と気持ちを通わせる。

（イ）内容

①　保育士等の応答的な関わりや話しかけにより，自ら言葉を使おうとする。

②　生活に必要な簡単な言葉に気付き，聞き分ける。

③　親しみをもって日常の挨拶に応じる。

④　絵本や紙芝居を楽しみ，簡単な言葉を繰り返したり，模倣をしたりして遊ぶ。

⑤　保育士等とごっこ遊びをする中で，言葉のやり取りを楽しむ。

⑥　保育士等を仲立ちとして，生活や遊びの中で友達との言葉のやり取りを楽しむ。

⑦　保育士等や友達の言葉や話に興味や関心をもって，聞いたり，話したりする。

（ウ）内容の取扱い

　　上記の取扱いに当たっては，次の事項に留意する必要がある。

①　身近な人に親しみをもって接し，自分の感情などを伝え，それに相手が応答し，その言葉を聞くことを通して，次第に言葉が獲得されていくものであることを考慮して，楽しい雰囲気の中で保育士等との言葉のやり取りができるようにすること。

②　子どもが自分の思いを言葉で伝えるとともに，他の子どもの話などを聞くことを通して，次第に話を理解し，言葉による伝え合いができるようになるよう，気持ちや経験等の言語化を行うことを援助するなど，子ども同士の関わりの仲立ちを行うようにすること。

③　この時期は，片言から，二語文，ごっこ遊びでのやり取りができる程度へと，大きく言葉の習得が進む時期であることから，それぞれの

子どもの発達の状況に応じて，遊びや関わりの工夫など，保育の内容を適切に展開することが必要であること。

オ　表現

　　感じたことや考えたことを自分なりに表現することを通して，豊かな感性や表現する力を養い，創造性を豊かにする。

（ア）ねらい

①　身体の諸感覚の経験を豊かにし，様々な感覚を味わう。

②　感じたことや考えたことなどを自分なりに表現しようとする。

③　生活や遊びの様々な体験を通して，イメージや感性が豊かになる。

（イ）内容

①　水，砂，土，紙，粘土など様々な素材に触れて楽しむ。

②　音楽，リズムやそれに合わせた体の動きを楽しむ。

③　生活の中で様々な音，形，色，手触り，動き，味，香りなどに気付いたり，感じたりして楽しむ。

④　歌を歌ったり，簡単な手遊びや全身を使う遊びを楽しんだりする。

⑤　保育士等からの話や，生活や遊びの中での出来事を通して，イメージを豊かにする。

⑥　生活や遊びの中で，興味のあることや経験したことなどを自分なりに表現する。

（ウ）内容の取扱い

　　上記の取扱いに当たっては，次の事項に留意する必要がある。

①　子どもの表現は，遊びや生活の様々な場面で表出されているものであることから，それらを積極的に受け止め，様々な表現の仕方や感性を豊かにする経験となるようにすること。

②　子どもが試行錯誤しながら様々な表現を楽しむことや，自分の力でやり遂げる充実感などに気付くよう，温かく見守るとともに，適切に援助を行うようにすること。

③　様々な感情の表現等を通じて，子どもが自分の感情や気持ちに気付くようになる時期であることに鑑み，受容的な関わりの中で自信をもって表現をすることや，諦めずに続けた後の達成感等を感じられるような経験が蓄積されるようにすること。

④　身近な自然や身の回りの事物に関わる中で，発見や心が動く経験が得られるよう，諸感

覚を働かせることを楽しむ遊びや素材を用意するなど保育の環境を整えること。
(3) 保育の実施に関わる配慮事項
ア 特に感染症にかかりやすい時期であるので，体の状態，機嫌，食欲などの日常の状態の観察を十分に行うとともに，適切な判断に基づく保健的な対応を心がけること。
イ 探索活動が十分できるように，事故防止に努めながら活動しやすい環境を整え，全身を使う遊びなど様々な遊びを取り入れること。
ウ 自我が形成され，子どもが自分の感情や気持ちに気付くようになる重要な時期であることに鑑み，情緒の安定を図りながら，子どもの自発的な活動を尊重するとともに促していくこと。
エ 担当の保育士が替わる場合には，子どものそれまでの経験や発達過程に留意し，職員間で協力して対応すること。

3　3歳以上児の保育に関するねらい及び内容
(1) 基本的事項
ア この時期においては，運動機能の発達により，基本的な動作が一通りできるようになるとともに，基本的な生活習慣もほぼ自立できるようになる。理解する語彙数が急激に増加し，知的興味や関心も高まってくる。仲間と遊び，仲間の中の一人という自覚が生じ，集団的な遊びや協同的な活動も見られるようになる。これらの発達の特徴を踏まえて，この時期の保育においては，個の成長と集団としての活動の充実が図られるようにしなければならない。
イ 本項においては，この時期の発達の特徴を踏まえ，保育の「ねらい」及び「内容」について，心身の健康に関する領域「健康」，人との関わりに関する領域「人間関係」，身近な環境との関わりに関する領域「環境」，言葉の獲得に関する領域「言葉」及び感性と表現に関する領域「表現」としてまとめ，示している。
ウ 本項の各領域において示す保育の内容は，第1章の2に示された養護における「生命の保持」及び「情緒の安定」に関わる保育の内容と，一体となって展開されるものであることに留意が必要である。
(2) ねらい及び内容
ア 健康
健康な心と体を育て，自ら健康で安全な生活をつくり出す力を養う。
(ア) ねらい
① 明るく伸び伸びと行動し，充実感を味わう。

② 自分の体を十分に動かし，進んで運動しようとする。
③ 健康，安全な生活に必要な習慣や態度を身に付け，見通しをもって行動する。
(イ) 内容
① 保育士等や友達と触れ合い，安定感をもって行動する。
② いろいろな遊びの中で十分に体を動かす。
③ 進んで戸外で遊ぶ。
④ 様々な活動に親しみ，楽しんで取り組む。
⑤ 保育士等や友達と食べることを楽しみ，食べ物への興味や関心をもつ。
⑥ 健康な生活のリズムを身に付ける。
⑦ 身の回りを清潔にし，衣服の着脱，食事，排泄などの生活に必要な活動を自分でする。
⑧ 保育所における生活の仕方を知り，自分たちで生活の場を整えながら見通しをもって行動する。
⑨ 自分の健康に関心をもち，病気の予防などに必要な活動を進んで行う。
⑩ 危険な場所，危険な遊び方，災害時などの行動の仕方が分かり，安全に気を付けて行動する。
(ウ) 内容の取扱い
上記の取扱いに当たっては，次の事項に留意する必要がある。
① 心と体の健康は，相互に密接な関連があるものであることを踏まえ，子どもが保育士等や他の子どもとの温かい触れ合いの中で自己の存在感や充実感を味わうことなどを基盤として，しなやかな心と体の発達を促すこと。特に，十分に体を動かす気持ちよさを体験し，自ら体を動かそうとする意欲が育つようにすること。
② 様々な遊びの中で，子どもが興味や関心，能力に応じて全身を使って活動することにより，体を動かす楽しさを味わい，自分の体を大切にしようとする気持ちが育つようにすること。その際，多様な動きを経験する中で，体の動きを調整するようにすること。
③ 自然の中で伸び伸びと体を動かして遊ぶことにより，体の諸機能の発達が促されることに留意し，子どもの興味や関心が戸外にも向くようにすること。その際，子どもの動線に配慮した園庭や遊具の配置などを工夫すること。
④ 健康な心と体を育てるためには食育を通じた望ましい食習慣の形成が大切であることを踏まえ，子どもの食生活の実情に配慮し，和やかな雰囲気の中で保育士等や他の子どもと食べる喜びや楽しさを味わったり，様々な食べ物への

興味や関心をもったりするなどし，食の大切さ
に気付き，進んで食べようとする気持ちが育つ
ようにすること。

⑤　基本的な生活習慣の形成に当たっては，家
庭での生活経験に配慮し，子どもの自立心を育
て，子どもが他の子どもと関わりながら主体的
な活動を展開する中で，生活に必要な習慣を身
に付け，次第に見通しをもって行動できるよう
にすること。

⑥　安全に関する指導に当たっては，情緒の安
定を図り，遊びを通して安全についての構えを
身に付け，危険な場所や事物などが分かり，安
全についての理解を深めるようにすること。ま
た，交通安全の習慣を身に付けるようにすると
ともに，避難訓練などを通して，災害などの緊
急時に適切な行動がとれるようにすること。

イ　人間関係
　　他の人々と親しみ，支え合って生活するため
　に，自立心を育て，人と関わる力を養う。

（ア）ねらい
①　保育所の生活を楽しみ，自分の力で行動す
ることの充実感を味わう。

②　身近な人と親しみ，関わりを深め，工夫し
たり，協力したりして一緒に活動する楽しさを
味わい，愛情や信頼感をもつ。

③　社会生活における望ましい習慣や態度を身
に付ける。

（イ）内容
①　保育士等や友達と共に過ごすことの喜びを
味わう。

②　自分で考え，自分で行動する。

③　自分でできることは自分でする。

④　いろいろな遊びを楽しみながら物事をやり
遂げようとする気持ちをもつ。

⑤　友達と積極的に関わりながら喜びや悲しみ
を共感し合う。

⑥　自分の思ったことを相手に伝え，相手の
思っていることに気付く。

⑦　友達のよさに気付き，一緒に活動する楽し
さを味わう。

⑧　友達と楽しく活動する中で，共通の目的を
見いだし，工夫したり，協力したりなどする。

⑨　よいことや悪いことがあることに気付き，
考えながら行動する。

⑩　友達との関わりを深め，思いやりをもつ。

⑪　友達と楽しく生活する中できまりの大切さ
に気付き，守ろうとする。

⑫　共同の遊具や用具を大切にし，皆で使う。

⑬　高齢者をはじめ地域の人々などの自分の生
活に関係の深いいろいろな人に親しみをもつ。

（ウ）内容の取扱い
　　上記の取扱いに当たっては，次の事項に留意
　する必要がある。

①　保育士等との信頼関係に支えられて自分自
身の生活を確立していくことが人と関わる基盤
となることを考慮し，子どもが自ら周囲に働き
掛けることにより多様な感情を体験し，試行錯
誤しながら諦めずにやり遂げることの達成感
や，前向きな見通しをもって自分の力で行うこ
との充実感を味わうことができるよう，子ども
の行動を見守りながら適切な援助を行うように
すること。

②　一人一人を生かした集団を形成しながら人
と関わる力を育てていくようにすること。その
際，集団の生活の中で，子どもが自己を発揮し，
保育士等や他の子どもに認められる体験をし，
自分のよさや特徴に気付き，自信をもって行動
できるようにすること。

③　子どもが互いに関わりを深め，協同して遊
ぶようになるため，自ら行動する力を育てると
ともに，他の子どもと試行錯誤しながら活動を
展開する楽しさや共通の目的が実現する喜びを
味わうことができるようにすること。

④　道徳性の芽生えを培うに当たっては，基本
的な生活習慣の形成を図るとともに，子どもが
他の子どもとの関わりの中で他人の存在に気付
き，相手を尊重する気持ちをもって行動できる
ようにし，また，自然や身近な動植物に親しむ
ことなどを通して豊かな心情が育つようにする
こと。特に，人に対する信頼感や思いやりの気
持ちは，葛藤やつまずきをも体験し，それらを
乗り越えることにより次第に芽生えてくること
に配慮すること。

⑤　集団の生活を通して，子どもが人との関わ
りを深め，規範意識の芽生えが培われることを
考慮し，子どもが保育士等との信頼関係に支え
られて自己を発揮する中で，互いに思いを主張
し，折り合いを付ける体験をし，きまりの必要
性などに気付き，自分の気持ちを調整する力が
育つようにすること。

⑥　高齢者をはじめ地域の人々などの自分の生
活に関係の深いいろいろな人と触れ合い，自分
の感情や意志を表現しながら共に楽しみ，共感
し合う体験を通して，これらの人々などに親し

みをもち，人と関わることの楽しさや人の役に
立つ喜びを味わうことができるようにするこ
と。また，生活を通して親や祖父母などの家族
の愛情に気付き，家族を大切にしようとする気
持ちが育つようにすること。
ウ 環境
　周囲の様々な環境に好奇心や探究心をもって関
わり，それらを生活に取り入れていこうとする
力を養う。
　（ア）ねらい
　　① 身近な環境に親しみ，自然と触れ合う中で
様々な事象に興味や関心をもつ。
　　② 身近な環境に自分から関わり，発見を楽し
んだり，考えたりし，それを生活に取り入れよ
うとする。
　　③ 身近な事象を見たり，考えたり，扱ったり
する中で，物の性質や数量，文字などに対する
感覚を豊かにする。
　（イ）内容
　　① 自然に触れて生活し，その大きさ，美しさ，
不思議さなどに気付く。
　　② 生活の中で，様々な物に触れ，その性質や
仕組みに興味や関心をもつ。
　　③ 季節により自然や人間の生活に変化のある
ことに気付く。
　　④ 自然などの身近な事象に関心をもち，取り
入れて遊ぶ。
　　⑤ 身近な動植物に親しみをもって接し，生命
の尊さに気付き，いたわったり，大切にしたりする。
　　⑥ 日常生活の中で，我が国や地域社会におけ
る様々な文化や伝統に親しむ。
　　⑦ 身近な物を大切にする。
　　⑧ 身近な物や遊具に興味をもって関わり，自
分なりに比べたり，関連付けたりしながら考え
たり，試したりして工夫して遊ぶ。
　　⑨ 日常生活の中で数量や図形などに関心をも
つ。
　　⑩ 日常生活の中で簡単な標識や文字などに関
心をもつ。
　　⑪ 生活に関係の深い情報や施設などに興味や
関心をもつ。
　　⑫ 保育所内外の行事において国旗に親しむ。
　（ウ）内容の取扱い
　　上記の取扱いに当たっては，次の事項に留意
する必要がある。
　　① 子どもが，遊びの中で周囲の環境と関わり，
次第に周囲の世界に好奇心を抱き，その意味や

操作の仕方に関心をもち，物事の法則性に気付
き，自分なりに考えることができるようになる
過程を大切にすること。また，他の子どもの考
えなどに触れて新しい考えを生み出す喜びや楽
しさを味わい，自分の考えをよりよいものにし
ようとする気持ちが育つようにすること。
　　② 幼児期において自然のもつ意味は大きく，
自然の大きさ，美しさ，不思議さなどに直接触
れる体験を通して，子どもの心が安らぎ，豊か
な感情，好奇心，思考力，表現力の基礎が培わ
れることを踏まえ，子どもが自然との関わりを
深めることができるよう工夫すること。
　　③ 身近な事象や動植物に対する感動を伝え合
い，共感し合うことなどを通して自分から関わ
ろうとする意欲を育てるとともに，様々な関わ
り方を通してそれらに対する親しみや畏敬の
念，生命を大切にする気持ち，公共心，探究心
などが養われるようにすること。
　　④ 文化や伝統に親しむ際には，正月や節句な
ど我が国の伝統的な行事，国歌，唱歌，わらべ
うたや我が国の伝統的な遊びに親しんだり，異
なる文化に触れる活動に親しんだりすることを
通じて，社会とのつながりの意識や国際理解の
意識の芽生えなどが養われるようにすること。
　　⑤ 数量や文字などに関しては，日常生活の中
で子ども自身の必要感に基づく体験を大切に
し，数量や文字などに関する興味や関心，感覚
が養われるようにすること。
エ 言葉
　経験したことや考えたことなどを自分なりの言
葉で表現し，相手の話す言葉を聞こうとする意
欲や態度を育て，言葉に対する感覚や言葉で表
現する力を養う。
　（ア）ねらい
　　① 自分の気持ちを言葉で表現する楽しさを味
わう。
　　② 人の言葉や話などをよく聞き，自分の経験
したことや考えたことを話し，伝え合う喜びを
味わう。
　　③ 日常生活に必要な言葉が分かるようになる
とともに，絵本や物語などに親しみ，言葉に対
する感覚を豊かにし，保育士等や友達と心を通
わせる。
　（イ）内容
　　① 保育士等や友達の言葉や話に興味や関心を
もち，親しみをもって聞いたり，話したりする。
　　② したり，見たり，聞いたり，感じたり，考え

たりなどしたことを自分なりに言葉で表現する。

③　したいこと，してほしいことを言葉で表現したり，分からないことを尋ねたりする。

④　人の話を注意して聞き，相手に分かるように話す。

⑤　生活の中で必要な言葉が分かり，使う。

⑥　親しみをもって日常の挨拶をする。

⑦　生活の中で言葉の楽しさや美しさに気付く。

⑧　いろいろな体験を通じてイメージや言葉を豊かにする。

⑨　絵本や物語などに親しみ，興味をもって聞き，想像をする楽しさを味わう。

⑩　日常生活の中で，文字などで伝える楽しさを味わう。

（ウ）内容の取扱い

上記の取扱いに当たっては，次の事項に留意する必要がある。

①　言葉は，身近な人に親しみをもって接し，自分の感情や意志などを伝え，それに相手が応答し，その言葉を聞くことを通して次第に獲得されていくものであることを考慮して，子どもが保育士等や他の子どもと関わることにより心を動かされるような体験をし，言葉を交わす喜びを味わえるようにすること。

②　子どもが自分の思いを言葉で伝えるとともに，保育士等や他の子どもなどの話を興味をもって注意して聞くことを通して次第に話を理解するようになっていき，言葉による伝え合いができるようにすること。

③　絵本や物語などで，その内容と自分の経験とを結び付けたり，想像を巡らせたりするなど，楽しみを十分に味わうことによって，次第に豊かなイメージをもち，言葉に対する感覚が養われるようにすること。

④　子どもが生活の中で，言葉の響きやリズム，新しい言葉や表現などに触れ，これらを使う楽しさを味わえるようにすること。その際，絵本や物語に親しんだり，言葉遊びなどをしたりすることを通して，言葉が豊かになるようにすること。

⑤　子どもが日常生活の中で，文字などを使いながら思ったことや考えたことを伝える喜びや楽しさを味わい，文字に対する興味や関心をもつようにすること。

オ　表現

感じたことや考えたことを自分なりに表現することを通して，豊かな感性や表現する力を養い，創造性を豊かにする。

（ア）ねらい

①　いろいろなものの美しさなどに対する豊かな感性をもつ。

②　感じたことや考えたことを自分なりに表現して楽しむ。

③　生活の中でイメージを豊かにし，様々な表現を楽しむ。

（イ）内容

①　生活の中で様々な音，形，色，手触り，動きなどに気付いたり，感じたりするなどして楽しむ。

②　生活の中で美しいものや心を動かす出来事に触れ，イメージを豊かにする。

③　様々な出来事の中で，感動したことを伝え合う楽しさを味わう。

④　感じたこと，考えたことなどを音や動きなどで表現したり，自由にかいたり，つくったりなどする。

⑤　いろいろな素材に親しみ，工夫して遊ぶ。

⑥　音楽に親しみ，歌を歌ったり，簡単なリズム楽器を使ったりなどする楽しさを味わう。

⑦　かいたり，つくったりすることを楽しみ，遊びに使ったり，飾ったりなどする。

⑧　自分のイメージを動きや言葉などで表現したり，演じて遊んだりするなどの楽しさを味わう。

（ウ）内容の取扱い

上記の取扱いに当たっては，次の事項に留意する必要がある。

①　豊かな感性は，身近な環境と十分に関わる中で美しいもの，優れたもの，心を動かす出来事などに出会い，そこから得た感動を他の子どもや保育士等と共有し，様々に表現することなどを通して養われるようにすること。その際，風の音や雨の音，身近にある草や花の形や色など自然の中にある音，形，色などに気付くようにすること。

②　子どもの自己表現は素朴な形で行われることが多いので，保育士等はそのような表現を受容し，子ども自身の表現しようとする意欲を受け止めて，子どもが生活の中で子どもらしい様々な表現を楽しむことができるようにすること。

③　生活経験や発達に応じ，自ら様々な表現を楽しみ，表現する意欲を十分に発揮させることができるように，遊具や用具などを整えたり，様々な素材や表現の仕方に親しんだり，他の子どもの表現に触れられるよう配慮したりし，表現する過程を大切にして自己表現を楽しめるよ

うに工夫すること。
（3）保育の実施に関わる配慮事項
ア　第1章の4の（2）に示す「幼児期の終わりまでに育ってほしい姿」が，ねらい及び内容に基づく活動全体を通して資質・能力が育まれている子どもの小学校就学時の具体的な姿であることを踏まえ，指導を行う際には適宜考慮すること。
イ　子どもの発達や成長の援助をねらいとした活動の時間については，意識的に保育の計画等において位置付けて，実施することが重要であること。なお，そのような活動の時間については，保護者の就労状況等に応じて子どもが保育所で過ごす時間がそれぞれ異なることに留意して設定すること。
ウ　特に必要な場合には，各領域に示すねらいの趣旨に基づいて，具体的な内容を工夫し，それを加えても差し支えないが，その場合には，それが第1章の1に示す保育所保育に関する基本原則を逸脱しないよう慎重に配慮する必要があること。
4　保育の実施に関して留意すべき事項
（1）保育全般に関わる配慮事項
ア　子どもの心身の発達及び活動の実態などの個人差を踏まえるとともに，一人一人の子どもの気持ちを受け止め，援助すること。
イ　子どもの健康は，生理的・身体的な育ちとともに，自主性や社会性，豊かな感性の育ちとがあいまってもたらされることに留意すること。
ウ　子どもが自ら周囲に働きかけ，試行錯誤しつつ自分の力で行う活動を見守りながら，適切に援助すること。
エ　子どもの入所時の保育に当たっては，できるだけ個別的に対応し，子どもが安定感を得て，次第に保育所の生活になじんでいくようにするとともに，既に入所している子どもに不安や動揺を与えないようにすること。
オ　子どもの国籍や文化の違いを認め，互いに尊重する心を育てるようにすること。
カ　子どもの性差や個人差にも留意しつつ，性別などによる固定的な意識を植え付けることがないようにすること。
（2）小学校との連携
ア　保育所においては，保育所保育が，小学校以降の生活や学習の基盤の育成につながることに配慮し，幼児期にふさわしい生活を通じて，創造的な思考や主体的な生活態度などの基礎を培うようにすること。

イ　保育所保育において育まれた資質・能力を踏まえ，小学校教育が円滑に行われるよう，小学校教師との意見交換や合同の研究の機会などを設け，第1章の4の（2）に示す「幼児期の終わりまでに育って欲しい姿」を共有するなど連携を図り，保育所保育と小学校教育との円滑な接続を図るよう努めること。
ウ　子どもに関する情報共有に関して，保育所に入所している子どもの就学に際し，市町村の支援の下に，子どもの育ちを支えるための資料が保育所から小学校へ送付されるようにすること。
（3）家庭及び地域社会との連携
　　子どもの生活の連続性を踏まえ，家庭及び地域社会と連携して保育が展開されるよう配慮すること。その際，家庭や地域の機関及び団体の協力を得て，地域の自然，高齢者や異年齢の子ども等を含む人材，行事，施設等の地域の資源を積極的に活用し，豊かな生活体験をはじめ保育内容の充実が図られるよう配慮すること。

第3章　健康及び安全

　保育所保育において，子どもの健康及び安全の確保は，子どもの生命の保持と健やかな生活の基本であり，一人一人の子どもの健康の保持及び増進並びに安全の確保とともに，保育所全体における健康及び安全の確保に努めることが重要となる。
　また，子どもが，自らの体や健康に関心をもち，心身の機能を高めていくことが大切である。
　このため，第1章及び第2章等の関連する事項に留意し，次に示す事項を踏まえ，保育を行うこととする。

1　子どもの健康支援

（1）子どもの健康状態並びに発育及び発達状態の把握
ア　子どもの心身の状態に応じて保育するために，子どもの健康状態並びに発育及び発達状態について，定期的・継続的に，また，必要に応じて随時，把握すること。
イ　保護者からの情報とともに，登所時及び保育中を通じて子どもの状態を観察し，何らかの疾病が疑われる状態や傷害が認められた場合には，保護者に連絡するとともに，嘱託医と相談するなど適切な対応を図ること。看護師等が配置されている場合には，その専門性を生かした対応を図ること。
ウ　子どもの心身の状態等を観察し，不適切な養育の兆候が見られる場合には，市町村や関係機関と連携し，児童福祉法第25条に基づき，適切

な対応を図ること。また，虐待が疑われる場合には，速やかに市町村又は児童相談所に通告し，適切な対応を図ること。

(2) 健康増進

ア 子どもの健康に関する保健計画を全体的な計画に基づいて作成し，全職員がそのねらいや内容を踏まえ，一人一人の子どもの健康の保持及び増進に努めていくこと。

イ 子どもの心身の健康状態や疾病等の把握のために，嘱託医等により定期的に健康診断を行い，その結果を記録し，保育に活用するとともに，保護者が子どもの状態を理解し，日常生活に活用できるようにすること。

(3) 疾病等への対応

ア 保育中に体調不良や傷害が発生した場合には，その子どもの状態等に応じて，保護者に連絡するとともに，適宜，嘱託医や子どものかかりつけ医等と相談し，適切な処置を行うこと。看護師等が配置されている場合には，その専門性を生かした対応を図ること。

イ 感染症やその他の疾病の発生予防に努め，その発生や疑いがある場合には，必要に応じて嘱託医，市町村，保健所等に連絡し，その指示に従うとともに，保護者や全職員に連絡し，予防について協力を求めること。また，感染症に関する保育所の対応方法等について，あらかじめ関係機関の協力を得ておくこと。看護師等が配置されている場合には，その専門性を生かした対応を図ること。

ウ アレルギー疾患を有する子どもの保育については，保護者と連携し，医師の診断及び指示に基づき，適切な対応を行うこと。また，食物アレルギーに関して，関係機関と連携して，当該保育所の体制構築など，安全な環境の整備を行うこと。看護師や栄養士等が配置されている場合には，その専門性を生かした対応を図ること。

エ 子どもの疾病等の事態に備え，医務室等の環境を整え，救急用の薬品，材料等を適切な管理の下に常備し，全職員が対応できるようにしておくこと。

2 食育の推進

(1) 保育所の特性を生かした食育

ア 保育所における食育は，健康な生活の基本としての「食を営む力」の育成に向け，その基礎を培うことを目標とすること。

イ 子どもが生活と遊びの中で，意欲をもって食に関わる体験を積み重ね，食べることを楽しみ，

食事を楽しみ合う子どもに成長していくことを期待するものであること。

ウ 乳幼児期にふさわしい食生活が展開され，適切な援助が行われるよう，食事の提供を含む食育計画を全体的な計画に基づいて作成し，その評価及び改善に努めること。栄養士が配置されている場合は，専門性を生かした対応を図ること。

(2) 食育の環境の整備等

ア 子どもが自らの感覚や体験を通して，自然の恵みとしての食材や食の循環・環境への意識，調理する人への感謝の気持ちが育つように，子どもと調理員等との関わりや，調理室など食に関わる保育環境に配慮すること。

イ 保護者や地域の多様な関係者との連携及び協働の下で，食に関する取組が進められること。また，市町村の支援の下に，地域の関係機関等との日常的な連携を図り，必要な協力が得られるよう努めること。

ウ 体調不良，食物アレルギー，障害のある子どもなど，一人一人の子どもの心身の状態等に応じ，嘱託医，かかりつけ医等の指示や協力の下に適切に対応すること。栄養士が配置されている場合は，専門性を生かした対応を図ること。

3 環境及び衛生管理並びに安全管理

(1) 環境及び衛生管理

ア 施設の温度，湿度，換気，採光，音などの環境を常に適切な状態に保持するとともに，施設内外の設備及び用具等の衛生管理に努めること。

イ 施設内外の適切な環境の維持に努めるとともに，子ども及び全職員が清潔を保つようにすること。また，職員は衛生知識の向上に努めること。

(2) 事故防止及び安全対策

ア 保育中の事故防止のために，子どもの心身の状態等を踏まえつつ，施設内外の安全点検に努め，安全対策のために全職員の共通理解や体制づくりを図るとともに，家庭や地域の関係機関の協力の下に安全指導を行うこと。

イ 事故防止の取組を行う際には，特に，睡眠中，プール活動・水遊び中，食事中等の場面では重大事故が発生しやすいことを踏まえ，子どもの主体的な活動を大切にしつつ，施設内外の環境の配慮や指導の工夫を行うなど，必要な対策を講じること。

ウ 保育中の事故の発生に備え，施設内外の危険箇所の点検や訓練を実施するとともに，外部からの不審者等の侵入防止のための措置や訓練など不測の事態に備えて必要な対応を行うこと。ま

た，子どもの精神保健面における対応に留意することと。

4 災害への備え

（1）施設・設備等の安全確保

ア 防火設備，避難経路等の安全性が確保されるよう，定期的にこれらの安全点検を行うこと。

イ 備品，遊具等の配置，保管を適切に行い，日頃から，安全環境の整備に努めること。

（2）災害発生時の対応体制及び避難への備え

ア 火災や地震などの災害の発生に備え，緊急時の対応の具体的内容及び手順，職員の役割分担，避難訓練計画等に関するマニュアルを作成すること。

イ 定期的に避難訓練を実施するなど，必要な対応を図ること。

ウ 災害の発生時に，保護者等への連絡及び子どもの引渡しを円滑に行うため，日頃から保護者との密接な連携に努め，連絡体制や引渡し方法等について確認をしておくこと。

（3）地域の関係機関等との連携

ア 市町村の支援の下に，地域の関係機関との日常的な連携を図り，必要な協力が得られるよう努めること。

イ 避難訓練については，地域の関係機関や保護者との連携の下に行うなど工夫すること。

第4章 子育て支援

保育所における保護者に対する子育て支援は，全ての子どもの健やかな育ちを実現することができるよう，第1章及び第2章等の関連する事項を踏まえ，子どもの育ちを家庭と連携して支援していくとともに，保護者及び地域が有する子育てを自ら実践する力の向上に資するよう，次の事項に留意するものとする。

1 保育所における子育て支援に関する基本的事項

（1）保育所の特性を生かした子育て支援

ア 保護者に対する子育て支援を行う際には，各地域や家庭の実態等を踏まえるとともに，保護者の気持ちを受け止め，相互の信頼関係を基本に，保護者の自己決定を尊重すること。

イ 保育及び子育てに関する知識や技術など，保育士等の専門性や，子どもが常に存在する環境など，保育所の特性を生かし，保護者が子どもの成長に気付き子育ての喜びを感じられるように努めること。

（2）子育て支援に関して留意すべき事項

ア 保護者に対する子育て支援における地域の関係機関等との連携及び協働を図り，保育所全体の

体制構築に努めること。

イ 子どもの利益に反しない限りにおいて，保護者や子どものプライバシーを保護し，知り得た事柄の秘密を保持すること。

2 保育所を利用している保護者に対する子育て支援

（1）保護者との相互理解

ア 日常の保育に関連した様々な機会を活用し子どもの日々の様子の伝達や収集，保育所保育の意図の説明などを通じて，保護者との相互理解を図るよう努めること。

イ 保育の活動に対する保護者の積極的な参加は，保護者の子育てを自ら実践する力の向上に寄与することから，これを促すこと。

（2）保護者の状況に配慮した個別の支援

ア 保護者の就労と子育ての両立等を支援するため，保護者の多様化した保育の需要に応じ，病児保育事業など多様な事業を実施する場合には，保護者の状況に配慮するとともに，子どもの福祉が尊重されるよう努め，子どもの生活の連続性を考慮すること。

イ 子どもに障害や発達上の課題が見られる場合には，市町村や関係機関と連携及び協力を図りつつ，保護者に対する個別の支援を行うよう努めること。

ウ 外国籍家庭など，特別な配慮を必要とする家庭の場合には，状況等に応じて個別の支援を行うよう努めること。

（3）不適切な養育等が疑われる家庭への支援

ア 保護者に育児不安等が見られる場合には，保護者の希望に応じて個別の支援を行うよう努めること。

イ 保護者に不適切な養育等が疑われる場合には，市町村や関係機関と連携し，要保護児童対策地域協議会で検討するなど適切な対応を図ること。また，虐待が疑われる場合には，速やかに市町村又は児童相談所に通告し，適切な対応を図ること。

3 地域の保護者等に対する子育て支援

（1）地域に開かれた子育て支援

ア 保育所は，児童福祉法第48条の4の規定に基づき，その行う保育に支障がない限りにおいて，地域の実情や当該保育所の体制等を踏まえ，地域の保護者等に対して，保育所保育の専門性を生かした子育て支援を積極的に行うよう努めること。

イ 地域の子どもに対する一時預かり事業などの活動を行う際には，一人一人の子どもの心身の状

態などを考慮するとともに，日常の保育との関連に配慮するなど，柔軟に活動を展開できるようにすること。

（2）地域の関係機関等との連携

ア　市町村の支援を得て，地域の関係機関等との積極的な連携及び協働を図るとともに，子育て支援に関する地域の人材と積極的に連携を図るよう努めること。

イ　地域の要保護児童への対応など，地域の子どもを巡る諸課題に対し，要保護児童対策地域協議会など関係機関等と連携及び協力して取り組むよう努めること。

第5章　職員の資質向上

第1章から前章までに示された事項を踏まえ，保育所は，質の高い保育を展開するため，絶えず，一人一人の職員についての資質向上及び職員全体の専門性の向上を図るよう努めなければならない。

1　職員の資質向上に関する基本的事項

（1）保育所職員に求められる専門性

子どもの最善の利益を考慮し，人権に配慮した保育を行うためには，職員一人一人の倫理観，人間性並びに保育所職員としての職務及び責任の理解と自覚が基盤となる。

各職員は，自己評価に基づく課題等を踏まえ，保育所内外の研修等を通じて，保育士・看護師・調理員・栄養士等，それぞれの職務内容に応じた専門性を高めるため，必要な知識及び技術の修得，維持及び向上に努めなければならない。

（2）保育の質の向上に向けた組織的な取組

保育所においては，保育の内容等に関する自己評価等を通じて把握した，保育の質の向上に向けた課題に組織的に対応するため，保育内容の改善や保育士等の役割分担の見直し等に取り組むとともに，それぞれの職位や職務内容等に応じて，各職員が必要な知識及び技能を身につけられるよう努めなければならない。

2　施設長の責務

（1）施設長の責務と専門性の向上

施設長は，保育所の役割や社会的責任を遂行するために，法令等を遵守し，保育所を取り巻く社会情勢等を踏まえ，施設長としての専門性等の向上に努め，当該保育所における保育の質及び職員の専門性向上のために必要な環境の確保に努めなければならない。

（2）職員の研修機会の確保等

施設長は，保育所の全体的な計画や，各職員の研修の必要性等を踏まえて，体系的・計画的な研修機会を確保するとともに，職員の勤務体制の工夫等により，職員が計画的に研修等に参加し，その専門性の向上が

図られるよう努めなければならない。

3　職員の研修等

（1）職場における研修

職員が日々の保育実践を通じて，必要な知識及び技術の修得，維持及び向上を図るとともに，保育の課題等への共通理解や協働性を高め，保育所全体としての保育の質の向上を図っていくためには，日常的に職員同士が主体的に学び合う姿勢と環境が重要であり，職場内での研修の充実が図られなければならない。

（2）外部研修の活用

各保育所における保育の課題への的確な対応や，保育士等の専門性の向上を図るためには，職場内での研修に加え，関係機関等による研修の活用が有効であることから，必要に応じて，こうした外部研修への参加機会が確保されるよう努めなければならない。

4　研修の実施体制等

（1）体系的な研修計画の作成

保育所においては，当該保育所における保育の課題や各職員のキャリアパス等も見据えて，初任者から管理職員までの職位や職務内容等を踏まえた体系的な研修計画を作成しなければならない。

（2）組織内での研修成果の活用

外部研修に参加する職員は，自らの専門性の向上を図るとともに，保育所における保育の課題を理解し，その解決を実践できる力を身に付けることが重要である。また，研修で得た知識及び技能を他の職員と共有することにより，保育所全体としての保育実践の質及び専門性の向上につなげていくことが求められる。

（3）研修の実施に関する留意事項

施設長等は保育所全体としての保育実践の質及び専門性の向上のために，研修の受講は特定の職員に偏ることなく行われるよう，配慮する必要がある。また，研修を修了した職員については，その職務内容等において，当該研修の成果等が適切に勘案されることが望ましい。

資料　幼保連携型認定こども園教育・保育要領
（平成 29 年 3 月 31 内閣府・文部科学省・厚生労働省告示第 1 号）
（平成 30 年 4 月 1 日から施行）

第1章　総則
第1　幼保連携型認定こども園における教育及び保育の基本及び目標等

1　幼保連携型認定こども園における教育及び保育の基本

　　乳幼児期の教育及び保育は，子どもの健全な心身の発達を図りつつ生涯にわたる人格形成の基礎を培う重要なものであり，幼保連携型認定こども園における教育及び保育は，就学前の子どもに関する教育，保育等の総合的な提供の推進に関する法律（平成 18 年法律第 77 号。以下「認定こども園法」という。）第 2 条第 7 項に規定する目的及び第 9 条に掲げる目標を達成するため，乳幼児期全体を通して，その特性及び保護者や地域の実態を踏まえ，環境を通して行うものであることを基本とし，家庭や地域での生活を含めた園児の生活全体が豊かなものとなるように努めなければならない。

　　このため保育教諭等は，園児との信頼関係を十分に築き，園児が自ら安心して身近な環境に主体的に関わり，環境との関わり方や意味に気付き，これらを取り込もうとして，試行錯誤したり，考えたりするようになる幼児期の教育における見方・考え方を生かし，その活動が豊かに展開されるよう環境を整え，園児と共によりよい教育及び保育の環境を創造するように努めるものとする。これらを踏まえ，次に示す事項を重視して教育及び保育を行わなければならない。

　（1）乳幼児期は周囲への依存を基盤にしつつ自立に向かうものであることを考慮して，周囲との信頼関係に支えられた生活の中で，園児一人一人が安心感と信頼感をもっていろいろな活動に取り組む体験を十分に積み重ねられるようにすること。

　（2）乳幼児期においては生命の保持が図られ安定した情緒の下で自己を十分に発揮することにより発達に必要な体験を得ていくものであることを考慮して，園児の主体的な活動を促し，乳幼児期にふさわしい生活が展開されるようにすること。

　（3）乳幼児期における自発的な活動としての遊びは，心身の調和のとれた発達の基礎を培う重要な学習であることを考慮して，遊びを通しての指導を中心として第 2 章に示すねらいが総合的に達成されるようにすること。

　（4）乳幼児期における発達は，心身の諸側面が相互に関連し合い，多様な経過をたどって成し遂げられていくものであること，また，園児の生活経験がそれぞれ異なることなどを考慮して，園児一人一人の特性や発達の過程に応じ，発達の課題に即した指導を行うようにすること。

　　その際，保育教諭等は，園児の主体的な活動が確保されるよう，園児一人一人の行動の理解と予想に基づき，計画的に環境を構成しなければならない。この場合において，保育教諭等は，園児と人やものとの関わりが重要であることを踏まえ，教材を工夫し，物的・空間的環境を構成しなければならない。また，園児一人一人の活動の場面に応じて，様々な役割を果たし，その活動を豊かにしなければならない。

　　なお，幼保連携型認定こども園における教育及び保育は，園児が入園してから修了するまでの在園期間全体を通して行われるものであり，この章の第 3 に示す幼保連携型認定こども園として特に配慮すべき事項を十分に踏まえて行うものとする。

2　幼保連携型認定こども園における教育及び保育の目標

　　幼保連携型認定こども園は，家庭との連携を図りながら，この章の第 1 の 1 に示す幼保連携型認定こども園における教育及び保育の基本に基づいて一体的に展開される幼保連携型認定こども園における生活を通して，生きる力の基礎を育成するよう認定こども園法第 9 条に規定する幼保連携型認定こども園の教育及び保育の目標の達成に努めなければならない。幼保連携型認定こども園は，このことにより，義務教育及びその後の教育の基礎を培うとともに，子どもの最善の利益を考慮しつつ，その生活を保障し，保護者と共に園児を心身ともに健やかに育成するものとする。

　　なお，認定こども園法第 9 条に規定する幼保連携型認定こども園の教育及び保育の目標については，発達や学びの連続性及び生活の連続性の観点から，小学校就学の始期に達するまでの時期を通じ，その達成に向けて努力すべき目当てとなるものであることから，満 3 歳未満の園児の保育にも当てはまることに留意するものとする。

3　幼保連携型認定こども園の教育及び保育において育みたい資質・能力及び「幼児期の終わりまでに育ってほしい姿」

（1）幼保連携型認定こども園においては，生きる力の基礎を育むため，この章の1に示す幼保連携型認定こども園の教育及び保育の基本を踏まえ，次に掲げる資質・能力を一体的に育むよう努めるものとする。

ア　豊かな体験を通じて，感じたり，気付いたり，分かったり，できるようになったりする「知識及び技能の基礎」

イ　気付いたことや，できるようになったことなどを使い，考えたり，試したり，工夫したり，表現したりする「思考力，判断力，表現力等の基礎」

ウ　心情，意欲，態度が育つ中で，よりよい生活を営もうとする「学びに向かう力，人間性等」

（2）（1）に示す資質・能力は，第2章に示すねらい及び内容に基づく活動全体によって育むものである。

（3）次に示す「幼児期の終わりまでに育ってほしい姿」は，第2章に示すねらい及び内容に基づく活動全体を通して資質・能力が育まれている園児の幼保連携型認定こども園修了時の具体的な姿であり，保育教諭等が指導を行う際に考慮するものである。

ア　健康な心と体

　　幼保連携型認定こども園における生活の中で，充実感をもって自分のやりたいことに向かって心と体を十分に働かせ，見通しをもって行動し，自ら健康で安全な生活をつくり出すようになる。

イ　自立心

　　身近な環境に主体的に関わり様々な活動を楽しむ中で，しなければならないことを自覚し，自分の力で行うために考えたり，工夫したりしながら，諦めずにやり遂げることで達成感を味わい，自信をもって行動するようになる。

ウ　協同性

　　友達と関わる中で，互いの思いや考えなどを共有し，共通の目的の実現に向けて，考えたり，工夫したり，協力したりし，充実感をもってやり遂げるようになる。

エ　道徳性・規範意識の芽生え

　　友達と様々な体験を重ねる中で，してよいことや悪いことが分かり，自分の行動を振り返ったり，友達の気持ちに共感したりし，相手の立場に立って行動するようになる。また，きまりを守る必要性が分かり，自分の気持ちを調整し，友達と折り合いを付けながら，きまりをつくっ

たり，守ったりするようになる。

オ　社会生活との関わり

　　家族を大切にしようとする気持ちをもつとともに，地域の身近な人と触れ合う中で，人との様々な関わり方に気付き，相手の気持ちを考えて関わり，自分が役に立つ喜びを感じ，地域に親しみをもつようになる。また，幼保連携型認定こども園内外の様々な環境に関わる中で，遊びや生活に必要な情報を取り入れ，情報に基づき判断したり，情報を伝え合ったり，活用したりするなど，情報を役立てながら活動するようになるとともに，公共の施設を大切に利用するなどして，社会とのつながりなどを意識するようになる。

カ　思考力の芽生え

　　身近な事象に積極的に関わる中で，物の性質や仕組みなどを感じ取ったり，気付いたりし，考えたり，予想したり，工夫したりするなど，多様な関わりを楽しむようになる。また，友達の様々な考えに触れる中で，自分と異なる考えがあることに気付き，自ら判断したり，考え直したりするなど，新しい考えを生み出す喜びを味わいながら，自分の考えをよりよいものにするようになる。

キ　自然との関わり・生命尊重

　　自然に触れて感動する体験を通して，自然の変化などを感じ取り，好奇心や探究心をもって考え言葉などで表現しながら，身近な事象への関心が高まるとともに，自然への愛情や畏敬の念をもつようになる。また，身近な動植物に心を動かされる中で，生命の不思議さや尊さに気付き，身近な動植物への接し方を考え，命あるものとしていたわり，大切にする気持ちをもって関わるようになる。

ク　数量や図形，標識や文字などへの関心・感覚

　　遊びや生活の中で，数量や図形，標識や文字などに親しむ体験を重ねたり，標識や文字の役割に気付いたりし，自らの必要感に基づきこれらを活用し，興味や関心，感覚をもつようになる。

ケ　言葉による伝え合い

　　保育教諭等や友達と心を通わせる中で，絵本や物語などに親しみながら，豊かな言葉や表現を身に付け，経験したことや考えたことなどを言葉で伝えたり，相手の話を注意して聞いたりし，言葉による伝え合いを楽しむようになる。

コ　豊かな感性と表現

心を動かす出来事などに触れ感性を働かせる中で，様々な素材の特徴や表現の仕方などに気付き，感じたことや考えたことを自分で表現したり，友達同士で表現する過程を楽しんだりし，表現する喜びを味わい，意欲をもつようになる。

第2　教育及び保育の内容並びに子育ての支援等に関する全体的な計画等

1　教育及び保育の内容並びに子育ての支援等に関する全体的な計画の作成等

（1）教育及び保育の内容並びに子育ての支援等に関する全体的な計画の役割

各幼保連携型認定こども園においては，教育基本法（平成18年法律第120号），児童福祉法（昭和22年法律第164号）及び認定こども園法その他の法令並びにこの幼保連携型認定こども園教育・保育要領の示すところに従い，教育と保育を一体的に提供するため，創意工夫を生かし，園児の心身の発達と幼保連携型認定こども園，家庭及び地域の実態に即応した適切な教育及び保育の内容並びに子育ての支援等に関する全体的な計画を作成するものとする。

教育及び保育の内容並びに子育ての支援等に関する全体的な計画とは，教育と保育を一体的に捉え，園児の入園から修了までの在園期間の全体にわたり，幼保連携型認定こども園の目標に向かってどのような過程をたどって教育及び保育を進めていくかを明らかにするものであり，子育ての支援と有機的に連携し，園児の園生活全体を捉え，作成する計画である。

各幼保連携型認定こども園においては，「幼児期の終わりまでに育ってほしい姿」を踏まえ教育及び保育の内容並びに子育ての支援等に関する全体的な計画を作成すること，その実施状況を評価して改善を図っていくこと，また実施に必要な人的又は物的な体制を確保するとともにその改善を図っていくことなどを通して，教育及び保育の内容並びに子育ての支援等に関する全体的な計画に基づき組織的かつ計画的に各幼保連携型認定こども園の教育及び保育活動の質の向上を図っていくこと（以下「カリキュラム・マネジメント」という。）に努めるものとする。

（2）各幼保連携型認定こども園の教育及び保育の目標と教育及び保育の内容並びに子育ての支援等に関する全体的な計画の作成

教育及び保育の内容並びに子育ての支援等に関する全体的な計画の作成に当たっては，幼保連携型認定こども園の教育及び保育において育みたい資質・能力を踏まえつつ，各幼保連携型認定こども園の教育及び保育の目標を明確にするとともに，教育及び保育の内容並びに子育ての支援等に関する全体的な計画の作成についての基本的な方針が家庭や地域とも共有されるよう努めるものとする。

（3）教育及び保育の内容並びに子育ての支援等に関する全体的な計画の作成上の基本的事項

ア　幼保連携型認定こども園における生活の全体を通して第2章に示すねらいが総合的に達成されるよう，教育課程に係る教育期間や園児の生活経験や発達の過程などを考慮して具体的なねらいと内容を組織するものとする。この場合においては，特に，自我が芽生え，他者の存在を意識し，自己を抑制しようとする気持ちが生まれるなどの乳幼児期の発達の特性を踏まえ，入園から修了に至るまでの長期的な視野をもって充実した生活が展開できるように配慮するものとする。

イ　幼保連携型認定こども園の満3歳以上の園児の教育課程に係る教育週数は，特別の事情のある場合を除き，39週を下ってはならない。

ウ　幼保連携型認定こども園の1日の教育課程に係る教育時間は，4時間を標準とする。ただし，園児の心身の発達の程度や季節などに適切に配慮するものとする。

エ　幼保連携型認定こども園の保育を必要とする子どもに該当する園児に対する教育及び保育の時間（満3歳以上の保育を必要とする子どもに該当する園児については，この章の第2の1の（3）ウに規定する教育時間を含む。）は，1日につき8時間を原則とし，園長がこれを定める。ただし，その地方における園児の保護者の労働時間その他家庭の状況等を考慮するものとする。

（4）教育及び保育の内容並びに子育ての支援等に関する全体的な計画の実施上の留意事項

各幼保連携型認定こども園においては，園長の方針の下に，園務分掌に基づき保育教諭等職員が適切に役割を分担しつつ，相互に連携しながら，教育及び保育の内容並びに子育ての支援等に関する全体的な計画や指導の改善を図るものとする。また，各幼保連携型認定こども園が行う教育及び保育等に係る評価については，教育及び保育の内容並びに子育ての支援等に関する全体的な計画の作成，実施，改善が教育及び保育活動や園運営の

中核となることを踏まえ，カリキュラム・マネジメントと関連付けながら実施するよう留意するものとする。

（5）小学校教育との接続に当たっての留意事項

ア　幼保連携型認定こども園においては，その教育及び保育が，小学校以降の生活や学習の基盤の育成につながることに配慮し，乳幼児期にふさわしい生活を通して，創造的な思考や主体的な生活態度などの基礎を培うようにするものとする。

イ　幼保連携型認定こども園の教育及び保育において育まれた資質・能力を踏まえ，小学校教育が円滑に行われるよう，小学校の教師との意見交換や合同の研究の機会などを設け，「幼児期の終わりまでに育ってほしい姿」を共有するなど連携を図り，幼保連携型認定こども園における教育及び保育と小学校教育との円滑な接続を図るよう努めるものとする。

2　指導計画の作成と園児の理解に基づいた評価

（1）指導計画の考え方

幼保連携型認定こども園における教育及び保育は，園児が自ら意欲をもって環境と関わることによりつくり出される具体的な活動を通して，その目標の達成を図るものである。

幼保連携型認定こども園においてはこのことを踏まえ，乳幼児期にふさわしい生活が展開され，適切な指導が行われるよう，調和のとれた組織的，発展的な指導計画を作成し，園児の活動に沿った柔軟な指導を行わなければならない。

（2）指導計画の作成上の基本的事項

ア　指導計画は，園児の発達に即して園児一人一人が乳幼児期にふさわしい生活を展開し，必要な体験を得られるようにするために，具体的に作成するものとする。

イ　指導計画の作成に当たっては，次に示すところにより，具体的なねらい及び内容を明確に設定し，適切な環境を構成することなどにより活動が選択・展開されるようにするものとする。

（ア）具体的なねらい及び内容は，幼保連携型認定こども園の生活における園児の発達の過程を見通し，園児の生活の連続性，季節の変化などを考慮して，園児の興味や関心，発達の実情などに応じて設定すること。

（イ）環境は，具体的なねらいを達成するために適切なものとなるように構成し，園児が自らその環境に関わることにより様々な活動を展開しつつ必要な体験を得られるようにすること。そ

の際，園児の生活する姿や発想を大切にし，常にその環境が適切なものとなるようにすること。

（ウ）園児の行う具体的な活動は，生活の流れの中で様々に変化するものであることに留意し，園児が望ましい方向に向かって自ら活動を展開していくことができるよう必要な援助をすること。

その際，園児の実態及び園児を取り巻く状況の変化などに即して指導の過程についての評価を適切に行い，常に指導計画の改善を図るものとする。

（3）指導計画の作成上の留意事項

指導計画の作成に当たっては，次の事項に留意するものとする。

ア　園児の生活は，入園当初の一人一人の遊びや保育教諭等との触れ合いを通して幼保連携型認定こども園の生活に親しみ，安定していく時期から，他の園児との関わりの中で園児の主体的な活動が深まり，園児が互いに必要な存在であることを認識するようになる。その後，園児同士や学級全体で目的をもって協同して幼保連携型認定こども園の生活を展開し，深めていく時期などに至るまでの過程を様々に経ながら広げられていくものである。これらを考慮し，活動がそれぞれの時期にふさわしく展開されるようにすること。

また，園児の入園当初の教育及び保育に当たっては，既に在園している園児に不安や動揺を与えないようにしつつ，可能な限り個別的に対応し，園児が安定感を得て，次第に幼保連携型認定こども園の生活になじんでいくよう配慮すること。

イ　長期的に発達を見通した年，学期，月などにわたる長期の指導計画やこれとの関連を保ちながらより具体的な園児の生活に即した週，日などの短期の指導計画を作成し，適切な指導が行われるようにすること。特に，週，日などの短期の指導計画については，園児の生活のリズムに配慮し，園児の意識や興味の連続性のある活動が相互に関連して幼保連携型認定こども園の生活の自然な流れの中に組み込まれるようにすること。

ウ　園児が様々な人やものとの関わりを通して，多様な体験をし，心身の調和のとれた発達を促すようにしていくこと。その際，園児の発達に即して主体的・対話的で深い学びが実現するようにするとともに，心を動かされる体験が次の

活動を生み出すことを考慮し，一つ一つの体験が相互に結び付き，幼保連携型認定こども園の生活が充実するようにすること。

エ　言語に関する能力の発達と思考力等の発達が関連していることを踏まえ，幼保連携型認定こども園における生活全体を通して，園児の発達を踏まえた言語環境を整え，言語活動の充実を図ること。

オ　園児が次の活動への期待や意欲をもつことができるよう，園児の実態を踏まえながら，保育教諭等や他の園児と共に遊びや生活の中で見通しをもったり，振り返ったりするよう工夫すること。

カ　行事の指導に当たっては，幼保連携型認定こども園の生活の自然な流れの中で生活に変化や潤いを与え，園児が主体的に楽しく活動できるようにすること。なお，それぞれの行事については教育及び保育における価値を十分検討し，適切なものを精選し，園児の負担にならないようにすること。

キ　乳幼児期は直接的な体験が重要であることを踏まえ，視聴覚教材やコンピュータなど情報機器を活用する際には，幼保連携型認定こども園の生活では得難い体験を補完するなど，園児の体験との関連を考慮すること。

ク　園児の主体的な活動を促すためには，保育教諭等が多様な関わりをもつことが重要であることを踏まえ，保育教諭等は，理解者，共同作業者など様々な役割を果たし，園児の情緒の安定や発達に必要な豊かな体験が得られるよう，活動の場面に応じて，園児の人権や園児一人一人の個人差等に配慮した適切な指導を行うようにすること。

ケ　園児の行う活動は，個人，グループ，学級全体などで多様に展開されるものであることを踏まえ，幼保連携型認定こども園全体の職員による協力体制を作りながら，園児一人一人が興味や欲求を十分に満足させるよう適切な援助を行うようにすること。

コ　園児の生活は，家庭を基盤として地域社会を通じて次第に広がりをもつものであることに留意し，家庭との連携を十分に図るなど，幼保連携型認定こども園における生活が家庭や地域社会と連続性を保ちつつ展開されるようにするものとする。その際，地域の自然，高齢者や異年齢の子どもなどを含む人材，行事や公共施設などの地域の資源を積極的に活用し，園児が豊

かな生活体験を得られるように工夫するものとする。また，家庭との連携に当たっては，保護者との情報交換の機会を設けたり，保護者と園児との活動の機会を設けたりなどすることを通じて，保護者の乳幼児期の教育及び保育に関する理解が深まるよう配慮するものとする。

サ　地域や幼保連携型認定こども園の実態等により，幼保連携型認定こども園間に加え，幼稚園，保育所等の保育施設，小学校，中学校，高等学校及び特別支援学校などとの間の連携や交流を図るものとする。特に，小学校教育との円滑な接続のため，幼保連携型認定こども園の園児と小学校の児童との交流の機会を積極的に設けるようにするものとする。また，障害のある園児児童生徒との交流及び共同学習の機会を設け，共に尊重し合いながら協働して生活していく態度を育むよう努めるものとする。

（4）園児の理解に基づいた評価の実施

　園児一人一人の発達の理解に基づいた評価の実施に当たっては，次の事項に配慮するものとする。

ア　指導の過程を振り返りながら園児の理解を進め，園児一人一人のよさや可能性などを把握し，指導の改善に生かすようにすること。その際，他の園児との比較や一定の基準に対する達成度についての評定によって捉えるものではないことに留意すること。

イ　評価の妥当性や信頼性が高められるよう創意工夫を行い，組織的かつ計画的な取組を推進するとともに，次年度又は小学校等にその内容が適切に引き継がれるようにすること。

3　特別な配慮を必要とする園児への指導

（1）障害のある園児などへの指導

　障害のある園児などへの指導に当たっては，集団の中で生活することを通して全体的な発達を促していくことに配慮し，適切な環境の下で，障害のある園児が他の園児との生活を通して共に成長できるよう，特別支援学校などの助言又は援助を活用しつつ，個々の園児の障害の状態などに応じた指導内容や指導方法の工夫を組織的かつ計画的に行うものとする。また，家庭，地域及び医療や福祉，保健等の業務を行う関係機関との連携を図り，長期的な視点で園児への教育及び保育的支援を行うために，個別の教育及び保育支援計画を作成し活用することに努めるとともに，個々の園児の実態を的確に把握し，個別の指導計画を作成し活用することに努めるものとする。

（2）海外から帰国した園児や生活に必要な日本語の習得に困難のある園児の幼保連携型認定こども園の生活への適応

海外から帰国した園児や生活に必要な日本語の習得に困難のある園児については，安心して自己を発揮できるよう配慮するなど個々の園児の実態に応じ，指導内容や指導方法の工夫を組織的かつ計画的に行うものとする。

第3　幼保連携型認定こども園として特に配慮すべき事項

幼保連携型認定こども園における教育及び保育を行うに当たっては，次の事項について特に配慮しなければならない。

1　当該幼保連携型認定こども園に入園した年齢により集団生活の経験年数が異なる園児がいることに配慮する等，０歳から小学校就学前までの一貫した教育及び保育を園児の発達や学びの連続性を考慮して展開していくこと。特に満３歳以上については入園する園児が多いことや同一学年の園児で編制される学級の中で生活することなどを踏まえ，家庭や他の保育施設等との連携や引継ぎを円滑に行うとともに，環境の工夫をすること。

2　園児の一日の生活の連続性及びリズムの多様性に配慮するとともに，保護者の生活形態を反映した園児の在園時間の長短，入園時期や登園日数の違いを踏まえ，園児一人一人の状況に応じ，教育及び保育の内容やその展開について工夫をすること。特に入園及び年度当初においては，家庭との連携の下，園児一人一人の生活の仕方やリズムに十分に配慮して一日の自然な生活の流れをつくり出していくようにすること。

3　環境を通して行う教育及び保育の活動の充実を図るため，幼保連携型認定こども園における教育及び保育の環境の構成に当たっては，乳幼児期の特性及び保護者や地域の実態を踏まえ，次の事項に留意すること。

（1）０歳から小学校就学前までの様々な年齢の園児の発達の特性を踏まえ，満３歳未満の園児については特に健康，安全や発達の確保を十分に図るとともに，満３歳以上の園児については同一学年の園児で編制される学級による集団活動の中で遊びを中心とする園児の主体的な活動を通して発達や学びを促す経験が得られるよう工夫をすること。特に，満３歳以上の園児同士が共に育ち，学び合いながら，豊かな体験を積み重ねることができるよう工夫をすること。

（2）在園時間が異なる多様な園児がいることを踏まえ，園児の生活が安定するよう，家庭や地域，幼保連携型認定こども園における生活の連続性を確保するとともに，一日の生活のリズムを整えるよう工夫をすること。特に満３歳未満の園児については睡眠時間等の個人差に配慮するとともに，満３歳以上の園児については集中して遊ぶ場と家庭的な雰囲気の中でくつろぐ場との適切な調和等の工夫をすること。

（3）家庭や地域において異年齢の子どもと関わる機会が減少していることを踏まえ，満３歳以上の園児については，学級による集団活動とともに，満３歳未満の園児を含む異年齢の園児による活動を，園児の発達の状況にも配慮しつつ適切に組み合わせて設定するなどの工夫をすること。

（4）満３歳以上の園児については，特に長期的な休業中，園児が過ごす家庭や園などの生活の場が異なることを踏まえ，それぞれの多様な生活経験が長期的な休業などの終了後等の園生活に生かされるよう工夫をすること。

4　指導計画を作成する際には，この章に示す指導計画の作成上の留意事項を踏まえるとともに，次の事項にも特に配慮すること。

（1）園児の発達の個人差，入園した年齢の違いなどによる集団生活の経験年数の差，家庭環境等を踏まえ，園児一人一人の発達の特性や課題に十分留意すること。特に満３歳未満の園児については，大人への依存度が極めて高い等の特性があることから，個別的な対応を図ること。また，園児の集団生活への円滑な接続について，家庭等との連携及び協力を図る等十分留意すること。

（2）園児の発達の連続性を考慮した教育及び保育を展開する際には，次の事項に留意すること。

ア　満３歳未満の園児については，園児一人一人の生育歴，心身の発達，活動の実態等に即して，個別的な計画を作成すること。

イ　満３歳以上の園児については，個の成長と，園児相互の関係や協同的な活動が促されるよう考慮すること。

ウ　異年齢で構成されるグループ等での指導に当たっては，園児一人一人の生活や経験，発達の過程などを把握し，適切な指導や環境の構成ができるよう考慮すること。

（3）一日の生活のリズムや在園時間が異なる園児が共に過ごすことを踏まえ，活動と休息，緊張感と解放感等の調和を図るとともに，園児に不安や動揺を与えないようにする等の配慮を行うこと。

その際，担当の保育教諭等が替わる場合には，園児の様子等引継ぎを行い，十分な連携を図ること。

（4）午睡は生活のリズムを構成する重要な要素であり，安心して眠ることのできる安全な午睡環境を確保するとともに，在園時間が異なることや，睡眠時間は園児の発達の状況や個人によって差があることから，一律とならないよう配慮すること。

（5）長時間にわたる教育及び保育については，園児の発達の過程，生活のリズム及び心身の状態に十分配慮して，保育の内容や方法，職員の協力体制，家庭との連携などを指導計画に位置付けること。

5　生命の保持や情緒の安定を図るなど養護の行き届いた環境の下，幼保連携型認定こども園における教育及び保育を展開すること。

（1）園児一人一人が，快適にかつ健康で安全に過ごせるようにするとともに，その生理的欲求が十分に満たされ，健康増進が積極的に図られるようにするため，次の事項に留意すること。

ア　園児一人一人の平常の健康状態や発育及び発達の状態を的確に把握し，異常を感じる場合は，速やかに適切に対応すること。

イ　家庭との連携を密にし，学校医等との連携を図りながら，園児の疾病や事故防止に関する認識を深め，保健的で安全な環境の維持及び向上に努めること。

ウ　清潔で安全な環境を整え，適切な援助や応答的な関わりを通して，園児の生理的欲求を満たしていくこと。また，家庭と協力しながら，園児の発達の過程等に応じた適切な生活のリズムがつくられていくようにすること。

エ　園児の発達の過程等に応じて，適度な運動と休息をとることができるようにすること。また，食事，排泄，睡眠，衣類の着脱，身の回りを清潔にすることなどについて，園児が意欲的に生活できるよう適切に援助すること。

（2）園児一人一人が安定感をもって過ごし，自分の気持ちを安心して表すことができるようにするとともに，周囲から主体として受け止められ主体として育ち，自分を肯定する気持ちが育まれていくようにし，くつろいで共に過ごし，心身の疲れが癒やされるようにするため，次の事項に留意すること。

ア　園児一人一人の置かれている状態や発達の過程などを的確に把握し，園児の欲求を適切に満た

しながら，応答的な触れ合いや言葉掛けを行うこと。

イ　園児一人一人の気持ちを受容し，共感しながら，園児との継続的な信頼関係を築いていくこと。

ウ　保育教諭等との信頼関係を基盤に，園児一人一人が主体的に活動し，自発性や探索意欲などを高めるとともに，自分への自信をもつことができるよう成長の過程を見守り，適切に働き掛けること。

エ　園児一人一人の生活のリズム，発達の過程，在園時間などに応じて，活動内容のバランスや調和を図りながら，適切な食事や休息がとれるようにすること。

6　園児の健康及び安全は，園児の生命の保持と健やかな生活の基本であり，幼保連携型認定こども園の生活全体を通して健康や安全に関する管理や指導，食育の推進等に十分留意すること。

7　保護者に対する子育ての支援に当たっては，この章に示す幼保連携型認定こども園における教育及び保育の基本及び目標を踏まえ，子どもに対する学校としての教育及び児童福祉施設としての保育並びに保護者に対する子育ての支援について相互に有機的な連携が図られるようにすること。また，幼保連携型認定こども園の目的の達成に資するため，保護者が子どもの成長に気付き子育ての喜びが感じられるよう，幼保連携型認定こども園の特性を生かした子育ての支援に努めること。

第2章　ねらい及び内容並びに配慮事項

この章に示すねらいは，幼保連携型認定こども園の教育及び保育において育みたい資質・能力を園児の生活する姿から捉えたものであり，内容は，ねらいを達成するために指導する事項である。各視点や領域は，この時期の発達の特徴を踏まえ，教育及び保育のねらい及び内容を乳幼児の発達の側面から，乳児は三つの視点として，幼児は五つの領域としてまとめ，示したものである。内容の取扱いは，園児の発達を踏まえた指導を行うに当たって留意すべき事項である。

各視点や領域に示すねらいは，幼保連携型認定こども園における生活の全体を通じ，園児が様々な体験を積み重ねる中で相互に関連をもちながら次第に達成に向かうものであること，内容は，園児が環境に関わって展開する具体的な活動を通して総合的に指導されるものであることに留意しなければならない。

また，「幼児期の終わりまでに育ってほしい姿」が，ねらい及び内容に基づく活動全体を通して資質・能力

が育まれている園児の幼保連携型認定こども園修了時の具体的な姿であることを踏まえ，指導を行う際に考慮するものとする。

なお，特に必要な場合には，各視点や領域に示すねらいの趣旨に基づいて適切な，具体的な内容を工夫し，それを加えても差し支えないが，その場合には，それが第1章の第1に示す幼保連携型認定こども園の教育及び保育の基本及び目標を逸脱しないよう慎重に配慮する必要がある。

第1　乳児期の園児の保育に関するねらい及び内容

基本的事項

1　乳児期の発達については，視覚，聴覚などの感覚や，座る，はう，歩くなどの運動機能が著しく発達し，特定の大人との応答的な関わりを通じて，情緒的な絆(きずな)が形成されるといった特徴がある。これらの発達の特徴を踏まえて，乳児期の園児の保育は，愛情豊かに，応答的に行われることが特に必要である。

2　本項においては，この時期の発達の特徴を踏まえ，乳児期の園児の保育のねらい及び内容については，身体的発達に関する視点「健やかに伸び伸びと育つ」，社会的発達に関する視点「身近な人と気持ちが通じ合う」及び精神的発達に関する視点「身近なものと関わり感性が育つ」としてまとめ，示している。

ねらい及び内容

健やかに伸び伸びと育つ

〔健康な心と体を育て，自ら健康で安全な生活をつくり出す力の基盤を培う。〕

1　ねらい

（1）身体感覚が育ち，快適な環境に心地よさを感じる。

（2）伸び伸びと体を動かし，はう，歩くなどの運動をしようとする。

（3）食事，睡眠等の生活のリズムの感覚が芽生える。

2　内容

（1）保育教諭等の愛情豊かな受容の下で，生理的・心理的欲求を満たし，心地よく生活をする。

（2）一人一人の発育に応じて，はう，立つ，歩くなど，十分に体を動かす。

（3）個人差に応じて授乳を行い，離乳を進めていく中で，様々な食品に少しずつ慣れ，食べることを楽しむ。

（4）一人一人の生活のリズムに応じて，安全な環境の下で十分に午睡をする。

（5）おむつ交換や衣服の着脱などを通じて，清潔になることの心地よさを感じる。

3　内容の取扱い

上記の取扱いに当たっては，次の事項に留意する必要がある。

（1）心と体の健康は，相互に密接な関連があるものであることを踏まえ，温かい触れ合いの中で，心と体の発達を促すこと。特に，寝返り，お座り，はいはい，つかまり立ち，伝い歩きなど，発育に応じて，遊びの中で体を動かす機会を十分に確保し，自ら体を動かそうとする意欲が育つようにすること。

（2）健康な心と体を育てるためには望ましい食習慣の形成が重要であることを踏まえ，離乳食が完了期へと徐々に移行する中で，様々な食品に慣れるようにするとともに，和やかな雰囲気の中で食べる喜びや楽しさを味わい，進んで食べようとする気持ちが育つようにすること。なお，食物アレルギーのある園児への対応については，学校医等の指示や協力の下に適切に対応すること。

身近な人と気持ちが通じ合う

〔受容的・応答的な関わりの下で，何かを伝えようとする意欲や身近な大人との信頼関係を育て，人と関わる力の基盤を培う。〕

1　ねらい

（1）安心できる関係の下で，身近な人と共に過ごす喜びを感じる。

（2）体の動きや表情，発声等により，保育教諭等と気持ちを通わせようとする。

（3）身近な人と親しみ，関わりを深め，愛情や信頼感が芽生える。

2　内容

（1）園児からの働き掛けを踏まえた，応答的な触れ合いや言葉掛けによって，欲求が満たされ，安定感をもって過ごす。

（2）体の動きや表情，発声，喃(なん)語等を優しく受け止めてもらい，保育教諭等とのやり取りを楽しむ。

（3）生活や遊びの中で，自分の身近な人の存在に気付き，親しみの気持ちを表す。

（4）保育教諭等による語り掛けや歌い掛け，発声や喃(なん)語等への応答を通じて，言葉の理解や発語の意欲が育つ。

（5）温かく，受容的な関わりを通じて，自分を肯定する気持ちが芽生える。

3　内容の取扱い

上記の取扱いに当たっては、次の事項に留意する必要がある。

（1）保育教諭等との信頼関係に支えられて生活を確立していくことが人と関わる基盤となることを考慮して、園児の多様な感情を受け止め、温かく受容的・応答的に関わり、一人一人に応じた適切な援助を行うようにすること。

（2）身近な人に親しみをもって接し、自分の感情などを表し、それに相手が応答する言葉を聞くことを通して、次第に言葉が獲得されていくことを考慮して、楽しい雰囲気の中での保育教諭等との関わり合いを大切にし、ゆっくりと優しく話し掛けるなど、積極的に言葉のやり取りを楽しむことができるようにすること。

身近なものと関わり感性が育つ

〔身近な環境に興味や好奇心をもって関わり、感じたことや考えたことを表現する力の基盤を培う。〕

1　ねらい
（1）身の回りのものに親しみ、様々なものに興味や関心をもつ。
（2）見る、触れる、探索するなど、身近な環境に自分から関わろうとする。
（3）身体の諸感覚による認識が豊かになり、表情や手足、体の動き等で表現する。

2　内容
（1）身近な生活用具、玩具や絵本などが用意された中で、身の回りのものに対する興味や好奇心をもつ。
（2）生活や遊びの中で様々なものに触れ、音、形、色、手触りなどに気付き、感覚の働きを豊かにする。
（3）保育教諭等と一緒に様々な色彩や形のものや絵本などを見る。
（4）玩具や身の回りのものを、つまむ、つかむ、たたく、引っ張るなど、手や指を使って遊ぶ。
（5）保育教諭等のあやし遊びに機嫌よく応じたり、歌やリズムに合わせて手足や体を動かして楽しんだりする。

3　内容の取扱い
上記の取扱いに当たっては、次の事項に留意する必要がある。

（1）玩具などは、音質、形、色、大きさなど園児の発達状態に応じて適切なものを選び、その時々の園児の興味や関心を踏まえるなど、遊びを通して感覚の発達が促されるものとなるように工夫すること。なお、安全な環境の下で、園児が探索意

欲を満たして自由に遊べるよう、身の回りのものについては常に十分な点検を行うこと。

（2）乳児期においては、表情、発声、体の動きなどで、感情を表現することが多いことから、これらの表現しようとする意欲を積極的に受け止めて、園児が様々な活動を楽しむことを通して表現が豊かになるようにすること。

第2　満1歳以上満3歳未満の園児の保育に関するねらい及び内容

基本的事項

1　この時期においては、歩き始めから、歩く、走る、跳ぶなどへと、基本的な運動機能が次第に発達し、排泄の自立のための身体的機能も整うようになる。つまむ、めくるなどの指先の機能も発達し、食事、衣類の着脱なども、保育教諭等の援助の下で自分で行うようになる。発声も明瞭になり、語彙も増加し、自分の意思や欲求を言葉で表出できるようになる。このように自分でできることが増えてくる時期であることから、保育教諭等は、園児の生活の安定を図りながら、自分でしようとする気持ちを尊重し、温かく見守るとともに、愛情豊かに、応答的に関わることが必要である。

2　本項においては、この時期の発達の特徴を踏まえ、保育のねらい及び内容について、心身の健康に関する領域「健康」、人との関わりに関する領域「人間関係」、身近な環境との関わりに関する領域「環境」、言葉の獲得に関する領域「言葉」及び感性と表現に関する領域「表現」としてまとめ、示している。

ねらい及び内容

健康

〔健康な心と体を育て、自ら健康で安全な生活をつくり出す力を養う。〕

1　ねらい
（1）明るく伸び伸びと生活し、自分から体を動かすことを楽しむ。
（2）自分の体を十分に動かし、様々な動きをしようとする。
（3）健康、安全な生活に必要な習慣に気付き、自分でしてみようとする気持ちが育つ。

2　内容
（1）保育教諭等の愛情豊かな受容の下で、安定感をもって生活をする。
（2）食事や午睡、遊びと休息など、幼保連携型認定こども園における生活のリズムが形成される。

（3）走る，跳ぶ，登る，押す，引っ張るなど全身
　を使う遊びを楽しむ。
（4）様々な食品や調理形態に慣れ，ゆったりとし
　た雰囲気の中で食事や間食を楽しむ。
（5）身の回りを清潔に保つ心地よさを感じ，その
　習慣が少しずつ身に付く。
（6）保育教諭等の助けを借りながら，衣類の着脱
　を自分でしようとする。
（7）便器での排泄（せつ）に慣れ，自分で排泄（せつ）ができるよ
　うになる。
3　内容の取扱い
　　上記の取扱いに当たっては，次の事項に留意する
　必要がある。
（1）心と体の健康は，相互に密接な関連があるも
　のであることを踏まえ，園児の気持ちに配慮した
　温かい触れ合いの中で，心と体の発達を促すこと。
　特に，一人一人の発育に応じて，体を動かす機会
　を十分に確保し，自ら体を動かそうとする意欲が
　育つようにすること。
（2）健康な心と体を育てるためには望ましい食習
　慣の形成が重要であることを踏まえ，ゆったりと
　した雰囲気の中で食べる喜びや楽しさを味わい，
　進んで食べようとする気持ちが育つようにするこ
　と。なお，食物アレルギーのある園児への対応に
　ついては，学校医等の指示や協力の下に適切に対
　応すること。
（3）排泄（せつ）の習慣については，一人一人の排尿間隔（かく）
　等を踏まえ，おむつが汚れていないときに便器に
　座らせるなどにより，少しずつ慣れさせるように
　すること。
（4）食事，排泄（せつ），睡眠，衣類の着脱，身の回りを
　清潔にすることなど，生活に必要な基本的な習慣
　については，一人一人の状態に応じ，落ち着いた
　雰囲気の中で行うようにし，園児が自分でしよう
　とする気持ちを尊重すること。また，基本的な生
　活習慣の形成に当たっては，家庭での生活経験に
　配慮し，家庭との適切な連携の下で行うようにす
　ること。

人間関係
〔他の人々と親しみ，支え合って生活するために，自
立心を育て，人と関わる力を養う。〕
1　ねらい
（1）幼保連携型認定こども園での生活を楽しみ，
　身近な人と関わる心地よさを感じる。
（2）周囲の園児等への興味・関心が高まり，関わ
　りをもとうとする。

（3）幼保連携型認定こども園の生活の仕方に慣れ，
　きまりの大切さに気付く。
2　内容
（1）保育教諭等や周囲の園児等との安定した関係
　の中で，共に過ごす心地よさを感じる。
（2）保育教諭等の受容的・応答的な関わりの中で，
　欲求を適切に満たし，安定感をもって過ごす。
（3）身の回りに様々な人がいることに気付き，徐々
　に他の園児と関わりをもって遊ぶ。
（4）保育教諭等の仲立ちにより，他の園児との関
　わり方を少しずつ身につける。
（5）幼保連携型認定こども園の生活の仕方に慣れ，
　きまりがあることや，その大切さに気付く。
（6）生活や遊びの中で，年長児や保育教諭等の真
　似をしたり，ごっこ遊びを楽しんだりする。
3　内容の取扱い
　　上記の取扱いに当たっては，次の事項に留意する
　必要がある。
（1）保育教諭等との信頼関係に支えられて生活を
　確立するとともに，自分で何かをしようとする気
　持ちが旺盛になる時期であることに鑑み，そのよ
　うな園児の気持ちを尊重し，温かく見守るととも
　に，愛情豊かに，応答的に関わり，適切な援助を
　行うようにすること。
（2）思い通りにいかない場合等の園児の不安定な
　感情の表出については，保育教諭等が受容的に受
　け止めるとともに，そうした気持ちから立ち直る
　経験や感情をコントロールすることへの気付き等
　につなげていけるように援助すること。
（3）この時期は自己と他者との違いの認識がまだ
　十分ではないことから，園児の自我の育ちを見守
　るとともに，保育教諭等が仲立ちとなって，自分
　の気持ちを相手に伝えることや相手の気持ちに気
　付くことの大切さなど，友達の気持ちや友達との
　関わり方を丁寧に伝えていくこと。

環境
〔周囲の様々な環境に好奇心や探究心をもって関わ
り，それらを生活に取り入れていこうとする力を養
う。〕
1　ねらい
（1）身近な環境に親しみ，触れ合う中で，様々な
　ものに興味や関心をもつ。
（2）様々なものに関わる中で，発見を楽しんだり，
　考えたりしようとする。
（3）見る，聞く，触るなどの経験を通して，感覚
　の働きを豊かにする。

2　内容
（1）安全で活動しやすい環境での探索活動等を通して、見る、聞く、触れる、嗅ぐ、味わうなどの感覚の働きを豊かにする。
（2）玩具、絵本、遊具などに興味をもち、それらを使った遊びを楽しむ。
（3）身の回りの物に触れる中で、形、色、大きさ、量などの物の性質や仕組みに気付く。
（4）自分の物と人の物の区別や、場所的感覚など、環境を捉える感覚が育つ。
（5）身近な生き物に気付き、親しみをもつ。
（6）近隣の生活や季節の行事などに興味や関心をもつ。
3　内容の取扱い
上記の取扱いに当たっては、次の事項に留意する必要がある。
（1）玩具などは、音質、形、色、大きさなど園児の発達状態に応じて適切なものを選び、遊びを通して感覚の発達が促されるように工夫すること。
（2）身近な生き物との関わりについては、園児が命を感じ、生命の尊さに気付く経験へとつながるものであることから、そうした気付きを促すような関わりとなるようにすること。
（3）地域の生活や季節の行事などに触れる際には、社会とのつながりや地域社会の文化への気付きにつながるものとなることが望ましいこと。その際、幼保連携型認定こども園内外の行事や地域の人々との触れ合いなどを通して行うこと等も考慮すること。

言葉
〔経験したことや考えたことなどを自分なりの言葉で表現し、相手の話す言葉を聞こうとする意欲や態度を育て、言葉に対する感覚や言葉で表現する力を養う。〕
1　ねらい
（1）言葉遊びや言葉で表現する楽しさを感じる。
（2）人の言葉や話などを聞き、自分でも思ったことを伝えようとする。
（3）絵本や物語等に親しむとともに、言葉のやり取りを通じて身近な人と気持ちを通わせる。
2　内容
（1）保育教諭等の応答的な関わりや話し掛けにより、自ら言葉を使おうとする。
（2）生活に必要な簡単な言葉に気付き、聞き分ける。
（3）親しみをもって日常の挨拶に応じる。

（4）絵本や紙芝居を楽しみ、簡単な言葉を繰り返したり、模倣をしたりして遊ぶ。
（5）保育教諭等とごっこ遊びをする中で、言葉のやり取りを楽しむ。
（6）保育教諭等を仲立ちとして、生活や遊びの中で友達との言葉のやり取りを楽しむ。
（7）保育教諭等や友達の言葉や話に興味や関心をもって、聞いたり、話したりする。
3　内容の取扱い
上記の取扱いに当たっては、次の事項に留意する必要がある。
（1）身近な人に親しみをもって接し、自分の感情などを伝え、それに相手が応答し、その言葉を聞くことを通して、次第に言葉が獲得されていくものであることを考慮して、楽しい雰囲気の中で保育教諭等との言葉のやり取りができるようにすること。
（2）園児が自分の思いを言葉で伝えるとともに、他の園児の話などを聞くことを通して、次第に話を理解し、言葉による伝え合いができるようになるよう、気持ちや経験等の言語化を行うことを援助するなど、園児同士の関わりの仲立ちを行うようにすること。
（3）この時期は、片言から、二語文、ごっこ遊びでのやり取りができる程度へと、大きく言葉の習得が進む時期であることから、それぞれの園児の発達の状況に応じて、遊びや関わりの工夫など、保育の内容を適切に展開することが必要であること。

表現
〔感じたことや考えたことを自分なりに表現することを通して、豊かな感性や表現する力を養い、創造性を豊かにする。〕
1　ねらい
（1）身体の諸感覚の経験を豊かにし、様々な感覚を味わう。
（2）感じたことや考えたことなどを自分なりに表現しようとする。
（3）生活や遊びの様々な体験を通して、イメージや感性が豊かになる。
2　内容
（1）水、砂、土、紙、粘土など様々な素材に触れて楽しむ。
（2）音楽、リズムやそれに合わせた体の動きを楽しむ。
（3）生活の中で様々な音、形、色、手触り、動き、

味，香りなどに気付いたり，感じたりして楽しむ。
（4）歌を歌ったり，簡単な手遊びや全身を使う遊びを楽しんだりする。
（5）保育教諭等からの話や，生活や遊びの中での出来事を通して，イメージを豊かにする。
（6）生活や遊びの中で，興味のあることや経験したことなどを自分なりに表現する。

3　内容の取扱い

　　上記の取扱いに当たっては，次の事項に留意する必要がある。
（1）園児の表現は，遊びや生活の様々な場面で表出されているものであることから，それらを積極的に受け止め，様々な表現の仕方や感性を豊かにする経験となるようにすること。
（2）園児が試行錯誤しながら様々な表現を楽しむことや，自分の力でやり遂げる充実感などに気付くよう，温かく見守るとともに，適切に援助を行うようにすること。
（3）様々な感情の表現等を通じて，園児が自分の感情や気持ちに気付くようになる時期であることに鑑み，受容的な関わりの中で自信をもって表現をすることや，諦めずに続けた後の達成感等を感じられるような経験が蓄積されるようにすること。
（4）身近な自然や身の回りの事物に関わる中で，発見や心が動く経験が得られるよう，諸感覚を働かせることを楽しむ遊びや素材を用意するなど保育の環境を整えること。

第3　満3歳以上の園児の教育及び保育に関するねらい及び内容

基本的事項

1　この時期においては，運動機能の発達により，基本的な動作が一通りできるようになるとともに，基本的な生活習慣もほぼ自立できるようになる。理解する語彙数が急激に増加し，知的興味や関心も高まってくる。仲間と遊び，仲間の中の一人という自覚が生じ，集団的な遊びや協同的な活動も見られるようになる。これらの発達の特徴を踏まえて，この時期の教育及び保育においては，個の成長と集団としての活動の充実が図られるようにしなければならない。

2　本項においては，この時期の発達の特徴を踏まえ，教育及び保育のねらい及び内容について，心身の健康に関する領域「健康」，人との関わりに関する領域「人間関係」，身近な環境との関わりに関する領域「環境」，言葉の獲得に関する領域「言葉」

及び感性と表現に関する領域「表現」としてまとめ，示している。

ねらい及び内容

健康

〔健康な心と体を育て，自ら健康で安全な生活をつくり出す力を養う。〕

1　ねらい
（1）明るく伸び伸びと行動し，充実感を味わう。
（2）自分の体を十分に動かし，進んで運動しようとする。
（3）健康，安全な生活に必要な習慣や態度を身に付け，見通しをもって行動する。

2　内容
（1）保育教諭等や友達と触れ合い，安定感をもって行動する。
（2）いろいろな遊びの中で十分に体を動かす。
（3）進んで戸外で遊ぶ。
（4）様々な活動に親しみ，楽しんで取り組む。
（5）保育教諭等や友達と食べることを楽しみ，食べ物への興味や関心をもつ。
（6）健康な生活のリズムを身に付ける。
（7）身の回りを清潔にし，衣服の着脱，食事，排泄などの生活に必要な活動を自分でする。
（8）幼保連携型認定こども園における生活の仕方を知り，自分たちで生活の場を整えながら見通しをもって行動する。
（9）自分の健康に関心をもち，病気の予防などに必要な活動を進んで行う。
（10）危険な場所，危険な遊び方，災害時などの行動の仕方が分かり，安全に気を付けて行動する。

3　内容の取扱い

　　上記の取扱いに当たっては，次の事項に留意する必要がある。
（1）心と体の健康は，相互に密接な関連があるものであることを踏まえ，園児が保育教諭等や他の園児との温かい触れ合いの中で自己の存在感や充実感を味わうことなどを基盤として，しなやかな心と体の発達を促すこと。特に，十分に体を動かす気持ちよさを体験し，自ら体を動かそうとする意欲が育つようにすること。
（2）様々な遊びの中で，園児が興味や関心，能力に応じて全身を使って活動することにより，体を動かす楽しさを味わい，自分の体を大切にしようとする気持ちが育つようにすること。その際，多様な動きを経験する中で，体の動きを調整するようにすること。

（3）自然の中で伸び伸びと体を動かして遊ぶことにより，体の諸機能の発達が促されることに留意し，園児の興味や関心が戸外にも向くようにすること。その際，園児の動線に配慮した園庭や遊具の配置などを工夫すること。

（4）健康な心と体を育てるためには食育を通じた望ましい食習慣の形成が大切であることを踏まえ，園児の食生活の実情に配慮し，和やかな雰囲気の中で保育教諭等や他の園児と食べる喜びや楽しさを味わったり，様々な食べ物への興味や関心をもったりするなどし，食の大切さに気付き，進んで食べようとする気持ちが育つようにすること。

（5）基本的な生活習慣の形成に当たっては，家庭での生活経験に配慮し，園児の自立心を育て，園児が他の園児と関わりながら主体的な活動を展開する中で，生活に必要な習慣を身に付け，次第に見通しをもって行動できるようにすること。

（6）安全に関する指導に当たっては，情緒の安定を図り，遊びを通して安全についての構えを身に付け，危険な場所や事物などが分かり，安全についての理解を深めるようにすること。また，交通安全の習慣を身に付けるようにするとともに，避難訓練などを通して，災害などの緊急時に適切な行動がとれるようにすること。

人間関係
〔他の人々と親しみ，支え合って生活するために，自立心を育て，人と関わる力を養う。〕

1　ねらい
（1）幼保連携型認定こども園の生活を楽しみ，自分の力で行動することの充実感を味わう。
（2）身近な人と親しみ，関わりを深め，工夫したり，協力したりして一緒に活動する楽しさを味わい，愛情や信頼感をもつ。
（3）社会生活における望ましい習慣や態度を身に付ける。

2　内容
（1）保育教諭等や友達と共に過ごすことの喜びを味わう。
（2）自分で考え，自分で行動する。
（3）自分でできることは自分でする。
（4）いろいろな遊びを楽しみながら物事をやり遂げようとする気持ちをもつ。
（5）友達と積極的に関わりながら喜びや悲しみを共感し合う。
（6）自分の思ったことを相手に伝え，相手の思っ

ていることに気付く。
（7）友達のよさに気付き，一緒に活動する楽しさを味わう。
（8）友達と楽しく活動する中で，共通の目的を見いだし，工夫したり，協力したりなどする。
（9）よいことや悪いことがあることに気付き，考えながら行動する。
（10）友達との関わりを深め，思いやりをもつ。
（11）友達と楽しく生活する中できまりの大切さに気付き，守ろうとする。
（12）共同の遊具や用具を大切にし，皆で使う。
（13）高齢者をはじめ地域の人々などの自分の生活に関係の深いいろいろな人に親しみをもつ。

3　内容の取扱い
　　上記の取扱いに当たっては，次の事項に留意する必要がある。
（1）保育教諭等との信頼関係に支えられて自分自身の生活を確立していくことが人と関わる基盤となることを考慮し，園児が自ら周囲に働き掛けることにより多様な感情を体験し，試行錯誤しながら諦めずにやり遂げることの達成感や，前向きな見通しをもって自分の力で行うことの充実感を味わうことができるよう，園児の行動を見守りながら適切な援助を行うようにすること。
（2）一人一人を生かした集団を形成しながら人と関わる力を育てていくようにすること。その際，集団の生活の中で，園児が自己を発揮し，保育教諭等や他の園児に認められる体験をし，自分のよさや特徴に気付き，自信をもって行動できるようにすること。
（3）園児が互いに関わりを深め，協同して遊ぶようになるため，自ら行動する力を育てるようにするとともに，他の園児と試行錯誤しながら活動を展開する楽しさや共通の目的が実現する喜びを味わうことができるようにすること。
（4）道徳性の芽生えを培うに当たっては，基本的な生活習慣の形成を図るとともに，園児が他の園児との関わりの中で他人の存在に気付き，相手を尊重する気持ちをもって行動できるようにし，また，自然や身近な動植物に親しむことなどを通して豊かな心情が育つようにすること。特に，人に対する信頼感や思いやりの気持ちは，葛藤やつまずきをも体験し，それらを乗り越えることにより次第に芽生えてくることに配慮すること。
（5）集団の生活を通して，園児が人との関わりを深め，規範意識の芽生えが培われることを考慮し，園児が保育教諭等との信頼関係に支えられて自己

を発揮する中で，互いに思いを主張し，折り合い
を付ける体験をし，きまりの必要性などに気付き，
自分の気持ちを調整する力が育つようにするこ
と。
（6）高齢者をはじめ地域の人々などの自分の生活
に関係の深いいろいろな人と触れ合い，自分の感
情や意志を表現しながら共に楽しみ，共感し合う
体験を通して，これらの人々などに親しみをもち，
人と関わることの楽しさや人の役に立つ喜びを味
わうことができるようにすること。また，生活を
通して親や祖父母などの家族の愛情に気付き，家
族を大切にしようとする気持ちが育つようにする
こと。

環境

〔周囲の様々な環境に好奇心や探究心をもって関わ
り，それらを生活に取り入れていこうとする力を養
う。〕
1　ねらい
（1）身近な環境に親しみ，自然と触れ合う中で様々
な事象に興味や関心をもつ。
（2）身近な環境に自分から関わり，発見を楽しん
だり，考えたりし，それを生活に取り入れようと
する。
（3）身近な事象を見たり，考えたり，扱ったりす
る中で，物の性質や数量，文字などに対する感覚
を豊かにする。
2　内容
（1）自然に触れて生活し，その大きさ，美しさ，
不思議さなどに気付く。
（2）生活の中で，様々な物に触れ，その性質や仕
組みに興味や関心をもつ。
（3）季節により自然や人間の生活に変化のあるこ
とに気付く。
（4）自然などの身近な事象に関心をもち，取り入
れて遊ぶ。
（5）身近な動植物に親しみをもって接し，生命の
尊さに気付き，いたわったり，大切にしたりする。
（6）日常生活の中で，我が国や地域社会における
様々な文化や伝統に親しむ。
（7）身近な物を大切にする。
（8）身近な物や遊具に興味をもって関わり，自分
なりに比べたり，関連付けたりしながら考えたり，
試したりして工夫して遊ぶ。
（9）日常生活の中で数量や図形などに関心をもつ。
（10）日常生活の中で簡単な標識や文字などに関心
をもつ。

（11）生活に関係の深い情報や施設などに興味や関
心をもつ。
（12）幼保連携型認定こども園内外の行事において
国旗に親しむ。
3　内容の取扱い
　上記の取扱いに当たっては，次の事項に留意する
必要がある。
（1）園児が，遊びの中で周囲の環境と関わり，次
第に周囲の世界に好奇心を抱き，その意味や操作
の仕方に関心をもち，物事の法則性に気付き，自
分なりに考えることができるようになる過程を大
切にすること。また，他の園児の考えなどに触れ
て新しい考えを生み出す喜びや楽しさを味わい，
自分の考えをよりよいものにしようとする気持ち
が育つようにすること。
（2）幼児期において自然のもつ意味は大きく，自
然の大きさ，美しさ，不思議さなどに直接触れる
体験を通して，園児の心が安らぎ，豊かな感情，
好奇心，思考力，表現力の基礎が培われることを
踏まえ，園児が自然との関わりを深めることがで
きるよう工夫すること。
（3）身近な事象や動植物に対する感動を伝え合い，
共感し合うことなどを通して自分から関わろうと
する意欲を育てるとともに，様々な関わり方を通
してそれらに対する親しみや畏敬の念，生命を大
切にする気持ち，公共心，探究心などが養われる
ようにすること。
（4）文化や伝統に親しむ際には，正月や節句など
我が国の伝統的な行事，国歌，唱歌，わらべうた
や我が国の伝統的な遊びに親しんだり，異なる文
化に触れる活動に親しんだりすることを通じて，
社会とのつながりの意識や国際理解の意識の芽生
えなどが養われるようにすること。
（5）数量や文字などに関しては，日常生活の中で
園児自身の必要感に基づく体験を大切にし，数量
や文字などに関する興味や関心，感覚が養われる
ようにすること。

言葉

〔経験したことや考えたことなどを自分なりの言葉で
表現し，相手の話す言葉を聞こうとする意欲や態度
を育て，言葉に対する感覚や言葉で表現する力を養
う。〕
1　ねらい
（1）自分の気持ちを言葉で表現する楽しさを味わ
う。
（2）人の言葉や話などをよく聞き，自分の経験し

たことや考えたことを話し，伝え合う喜びを味わう。

（3）日常生活に必要な言葉が分かるようになるとともに，絵本や物語などに親しみ，言葉に対する感覚を豊かにし，保育教諭等や友達と心を通わせる。

2　内容

（1）保育教諭等や友達の言葉や話に興味や関心をもち，親しみをもって聞いたり，話したりする。

（2）したり，見たり，聞いたり，感じたり，考えたりなどしたことを自分なりに言葉で表現する。

（3）したいこと，してほしいことを言葉で表現したり，分からないことを尋ねたりする。

（4）人の話を注意して聞き，相手に分かるように話す。

（5）生活の中で必要な言葉が分かり，使う。

（6）親しみをもって日常の挨拶をする。

（7）生活の中で言葉の楽しさや美しさに気付く。

（8）いろいろな体験を通じてイメージや言葉を豊かにする。

（9）絵本や物語などに親しみ，興味をもって聞き，想像をする楽しさを味わう。

（10）日常生活の中で，文字などで伝える楽しさを味わう。

3　内容の取扱い

上記の取扱いに当たっては，次の事項に留意する必要がある。

（1）言葉は，身近な人に親しみをもって接し，自分の感情や意志などを伝え，それに相手が応答し，その言葉を聞くことを通して次第に獲得されていくものであることを考慮して，園児が保育教諭等や他の園児と関わることにより心を動かされるような体験をし，言葉を交わす喜びを味わえるようにすること。

（2）園児が自分の思いを言葉で伝えるとともに，保育教諭等や他の園児などの話を興味をもって注意して聞くことを通して次第に話を理解するようになっていき，言葉による伝え合いができるようにすること。

（3）絵本や物語などで，その内容と自分の経験とを結び付けたり，想像を巡らせたりするなど，楽しみを十分に味わうことによって，次第に豊かなイメージをもち，言葉に対する感覚が養われるようにすること。

（4）園児が生活の中で，言葉の響きやリズム，新しい言葉や表現などに触れ，これらを使う楽しさを味わえるようにすること。その際，絵本や物語

に親しんだり，言葉遊びなどをしたりすることを通して，言葉が豊かになるようにすること。

（5）園児が日常生活の中で，文字などを使いながら思ったことや考えたことを伝える喜びや楽しさを味わい，文字に対する興味や関心をもつようにすること。

表現

〔感じたことや考えたことを自分なりに表現することを通して，豊かな感性や表現する力を養い，創造性を豊かにする。〕

1　ねらい

（1）いろいろなものの美しさなどに対する豊かな感性をもつ。

（2）感じたことや考えたことを自分なりに表現して楽しむ。

（3）生活の中でイメージを豊かにし，様々な表現を楽しむ。

2　内容

（1）生活の中で様々な音，形，色，手触り，動きなどに気付いたり，感じたりするなどして楽しむ。

（2）生活の中で美しいものや心を動かす出来事に触れ，イメージを豊かにする。

（3）様々な出来事の中で，感動したことを伝え合う楽しさを味わう。

（4）感じたこと，考えたことなどを音や動きなどで表現したり，自由にかいたり，つくったりなどする。

（5）いろいろな素材に親しみ，工夫して遊ぶ。

（6）音楽に親しみ，歌を歌ったり，簡単なリズム楽器を使ったりなどする楽しさを味わう。

（7）かいたり，つくったりすることを楽しみ，遊びに使ったり，飾ったりなどする。

（8）自分のイメージを動きや言葉などで表現したり，演じて遊んだりするなどの楽しさを味わう。

3　内容の取扱い

上記の取扱いに当たっては，次の事項に留意する必要がある。

（1）豊かな感性は，身近な環境と十分に関わる中で美しいもの，優れたもの，心を動かす出来事などに出会い，そこから得た感動を他の園児や保育教諭等と共有し，様々に表現することなどを通して養われるようにすること。その際，風の音や雨の音，身近にある草や花の形や色など自然の中にある音，形，色などに気付くようにすること。

（2）幼児期の自己表現は素朴な形で行われることが多いので，保育教諭等はそのような表現を受容

270

し，園児自身の表現しようとする意欲を受け止め
て，園児が生活の中で園児らしい様々な表現を楽
しむことができるようにすること。
（3）生活経験や発達に応じ，自ら様々な表現を楽
しみ，表現する意欲を十分に発揮させることがで
きるように，遊具や用具などを整えたり，様々な
素材や表現の仕方に親しんだり，他の園児の表現
に触れられるよう配慮したりし，表現する過程を
大切にして自己表現を楽しめるように工夫するこ
と。

第4　教育及び保育の実施に関する配慮事項

1　満3歳未満の園児の保育の実施については，以
下の事項に配慮するものとする。
（1）乳児は疾病への抵抗力が弱く，心身の機能の
未熟さに伴う疾病の発生が多いことから，一人一
人の発育及び発達状態や健康状態についての適切
な判断に基づく保健的な対応を行うこと。また，
一人一人の園児の生育歴の違いに留意しつつ，欲
求を適切に満たし，特定の保育教諭等が応答的に
関わるように努めること。更に，乳児期の園児の
保育に関わる職員間の連携や学校医との連携を図
り，第3章に示す事項を踏まえ，適切に対応する
こと。栄養士及び看護師等が配置されている場合
は，その専門性を生かした対応を図ること。乳児
期の園児の保育においては特に，保護者との信頼
関係を築きながら保育を進めるとともに，保護者
からの相談に応じ支援に努めていくこと。なお，
担当の保育教諭等が替わる場合には，園児のそれ
までの生育歴や発達の過程に留意し，職員間で協
力して対応すること。
（2）満1歳以上満3歳未満の園児は，特に感染症
にかかりやすい時期であるので，体の状態，機嫌，
食欲などの日常の状態の観察を十分に行うととも
に，適切な判断に基づく保健的な対応を心掛ける
こと。また，探索活動が十分できるように，事故
防止に努めながら活動しやすい環境を整え，全身
を使う遊びなど様々な遊びを取り入れること。更
に，自我が形成され，園児が自分の感情や気持ち
に気付くようになる重要な時期であることに鑑
み，情緒の安定を図りながら，園児の自発的な活
動を尊重するとともに促していくこと。なお，担
当の保育教諭等が替わる場合には，園児のそれま
での経験や発達の過程に留意し，職員間で協力し
て対応すること。
2　幼保連携型認定こども園における教育及び保育
の全般において以下の事項に配慮するものとする。

（1）園児の心身の発達及び活動の実態などの個人
差を踏まえるとともに，一人一人の園児の気持ち
を受け止め，援助すること。
（2）園児の健康は，生理的・身体的な育ちととも
に，自主性や社会性，豊かな感性の育ちとがあい
まってもたらされることに留意すること。
（3）園児が自ら周囲に働き掛け，試行錯誤しつつ
自分の力で行う活動を見守りながら，適切に援助
すること。
（4）園児の入園時の教育及び保育に当たっては，
できるだけ個別的に対応し，園児が安定感を得て，
次第に幼保連携型認定こども園の生活になじんで
いくようにするとともに，既に入園している園児
に不安や動揺を与えないようにすること。
（5）園児の国籍や文化の違いを認め，互いに尊重
する心を育てるようにすること。
（6）園児の性差や個人差にも留意しつつ，性別な
どによる固定的な意識を植え付けることがないよ
うにすること。

第3章　健康及び安全

幼保連携型認定こども園における園児の健康及び安
全は，園児の生命の保持と健やかな生活の基本となる
ものであり，第1章及び第2章の関連する事項と併せ，
次に示す事項について適切に対応するものとする。そ
の際，養護教諭や看護師，栄養教諭や栄養士等が配置
されている場合には，学校医等と共に，これらの者が
それぞれの専門性を生かしながら，全職員が相互に連
携し，組織的かつ適切な対応を行うことができるよう
な体制整備や研修を行うことが必要である。

第1　健康支援

1　健康状態や発育及び発達の状態の把握
（1）園児の心身の状態に応じた教育及び保育を行
うために，園児の健康状態や発育及び発達の状態
について，定期的・継続的に，また，必要に応じ
て随時，把握すること。
（2）保護者からの情報とともに，登園時及び在園
時に園児の状態を観察し，何らかの疾病が疑われ
る状態や傷害が認められた場合には，保護者に連
絡するとともに，学校医と相談するなど適切な対
応を図ること。
（3）園児の心身の状態等を観察し，不適切な養育
の兆候が見られる場合には，市町村（特別区を含
む。以下同じ。）や関係機関と連携し，児童福祉
法第25条に基づき，適切な対応を図ること。ま
た，虐待が疑われる場合には，速やかに市町村又

は児童相談所に通告し，適切な対応を図ること。

2　健康増進
（1）認定こども園法第27条において準用する学校保健安全法（昭和33年法律第56号）第5条の学校保健計画を作成する際は，教育及び保育の内容並びに子育ての支援等に関する全体的な計画に位置づくものとし，全ての職員がそのねらいや内容を踏まえ，園児一人一人の健康の保持及び増進に努めていくこと。
（2）認定こども園法第27条において準用する学校保健安全法第13条第1項の健康診断を行ったときは，認定こども園法第27条において準用する学校保健安全法第14条の措置を行い，教育及び保育に活用するとともに，保護者が園児の状態を理解し，日常生活に活用できるようにすること。

3　疾病等への対応
（1）在園時に体調不良や傷害が発生した場合には，その園児の状態等に応じて，保護者に連絡するとともに，適宜，学校医やかかりつけ医等と相談し，適切な処置を行うこと。
（2）感染症やその他の疾病の発生予防に努め，その発生や疑いがある場合には必要に応じて学校医，市町村，保健所等に連絡し，その指示に従うとともに，保護者や全ての職員に連絡し，予防等について協力を求めること。また，感染症に関する幼保連携型認定こども園の対応方法等について，あらかじめ関係機関の協力を得ておくこと。
（3）アレルギー疾患を有する園児に関しては，保護者と連携し，医師の診断及び指示に基づき，適切な対応を行うこと。また，食物アレルギーに関して，関係機関と連携して，当該幼保連携型認定こども園の体制構築など，安全な環境の整備を行うこと。
（4）園児の疾病等の事態に備え，保健室の環境を整え，救急用の薬品，材料等を適切な管理の下に常備し，全ての職員が対応できるようにしておくこと。

第2　食育の推進
1　幼保連携型認定こども園における食育は，健康な生活の基本としての食を営む力の育成に向け，その基礎を培うことを目標とすること。
2　園児が生活と遊びの中で，意欲をもって食に関わる体験を積み重ね，食べることを楽しみ，食事を楽しみ合う園児に成長していくことを期待するものであること。
3　乳幼児期にふさわしい食生活が展開され，適切

な援助が行われるよう，教育及び保育の内容並びに子育ての支援等に関する全体的な計画に基づき，食事の提供を含む食育の計画を作成し，指導計画に位置付けるとともに，その評価及び改善に努めること。
4　園児が自らの感覚や体験を通して，自然の恵みとしての食材や食の循環・環境への意識，調理する人への感謝の気持ちが育つように，園児と調理員等との関わりや，調理室など食に関する環境に配慮すること。
5　保護者や地域の多様な関係者との連携及び協働の下で，食に関する取組が進められること。また，市町村の支援の下に，地域の関係機関等との日常的な連携を図り，必要な協力が得られるよう努めること。
6　体調不良，食物アレルギー，障害のある園児など，園児一人一人の心身の状態等に応じ，学校医，かかりつけ医等の指示や協力の下に適切に対応すること。

第3　環境及び衛生管理並びに安全管理
1　環境及び衛生管理
（1）認定こども園法第27条において準用する学校保健安全法第6条の学校環境衛生基準に基づき幼保連携型認定こども園の適切な環境の維持に努めるとともに，施設内外の設備，用具等の衛生管理に努めること。
（2）認定こども園法第27条において準用する学校保健安全法第6条の学校環境衛生基準に基づき幼保連携型認定こども園の施設内外の適切な環境の維持に努めるとともに，園児及び全職員が清潔を保つようにすること。また，職員は衛生知識の向上に努めること。

2　事故防止及び安全対策
（1）在園時の事故防止のために，園児の心身の状態等を踏まえつつ，認定こども園法第27条において準用する学校保健安全法第27条の学校安全計画の策定等を通じ，全職員の共通理解や体制づくりを図るとともに，家庭や地域の関係機関の協力の下に安全指導を行うこと。
（2）事故防止の取組を行う際には，特に，睡眠中，プール活動・水遊び中，食事中等の場面では重大事故が発生しやすいことを踏まえ，園児の主体的な活動を大切にしつつ，施設内外の環境の配慮や指導の工夫を行うなど，必要な対策を講じること。
（3）認定こども園法第27条において準用する学

校保健安全法第29条の危険等発生時対処要領に基づき，事故の発生に備えるとともに施設内外の危険箇所の点検や訓練を実施すること。また，外部からの不審者等の侵入防止のための措置や訓練など不測の事態に備え必要な対応を行うこと。更に，園児の精神保健面における対応に留意すること。

第4　災害への備え
1　施設・設備等の安全確保
(1) 認定こども園法第27条において準用する学校保健安全法第29条の危険等発生時対処要領に基づき，災害等の発生に備えるとともに，防火設備，避難経路等の安全性が確保されるよう，定期的にこれらの安全点検を行うこと。
(2) 備品，遊具等の配置，保管を適切に行い，日頃から，安全環境の整備に努めること。
2　災害発生時の対応体制及び避難への備え
(1) 火災や地震などの災害の発生に備え，認定こども園法第27条において準用する学校保健安全法第29条の危険等発生時対処要領を作成する際には，緊急時の対応の具体的内容及び手順，職員の役割分担，避難訓練計画等の事項を盛り込むこと。
(2) 定期的に避難訓練を実施するなど，必要な対応を図ること。
(3) 災害の発生時に，保護者等への連絡及び子どもの引渡しを円滑に行うため，日頃から保護者との密接な連携に努め，連絡体制や引渡し方法等について確認をしておくこと。
3　地域の関係機関等との連携
(1) 市町村の支援の下に，地域の関係機関との日常的な連携を図り，必要な協力が得られるよう努めること。
(2) 避難訓練については，地域の関係機関や保護者との連携の下に行うなど工夫すること。

第4章　子育ての支援
幼保連携型認定こども園における保護者に対する子育ての支援は，子どもの利益を最優先して行うものとし，第1章及び第2章等の関連する事項を踏まえ，子どもの育ちを家庭と連携して支援していくとともに，保護者及び地域が有する子育てを自ら実践する力の向上に資するよう，次の事項に留意するものとする。

第1　子育ての支援全般に関わる事項
1　保護者に対する子育ての支援を行う際には，各

地域や家庭の実態等を踏まえるとともに，保護者の気持ちを受け止め，相互の信頼関係を基本に，保護者の自己決定を尊重すること。
2　教育及び保育並びに子育ての支援に関する知識や技術など，保育教諭等の専門性や，園児が常に存在する環境など，幼保連携型認定こども園の特性を生かし，保護者が子どもの成長に気付き子育ての喜びを感じられるように努めること。
3　保護者に対する子育ての支援における地域の関係機関等との連携及び協働を図り，園全体の体制構築に努めること。
4　子どもの利益に反しない限りにおいて，保護者や子どものプライバシーを保護し，知り得た事柄の秘密を保持すること。

第2　幼保連携型認定こども園の園児の保護者に対する子育ての支援
1　日常の様々な機会を活用し，園児の日々の様子の伝達や収集，教育及び保育の意図の説明などを通じて，保護者との相互理解を図るよう努めること。
2　教育及び保育の活動に対する保護者の積極的な参加は，保護者の子育てを自ら実践する力の向上に寄与するだけでなく，地域社会における家庭や住民の子育てを自ら実践する力の向上及び子育ての経験の継承につながるきっかけとなる。これらのことから，保護者の参加を促すとともに，参加しやすいよう工夫すること。
3　保護者の生活形態が異なることを踏まえ，全ての保護者の相互理解が深まるように配慮すること。その際，保護者同士が子育てに対する新たな考えに出会い気付き合えるよう工夫すること。
4　保護者の就労と子育ての両立等を支援するため，保護者の多様化した教育及び保育の需要に応じて病児保育事業など多様な事業を実施する場合には，保護者の状況に配慮するとともに，園児の福祉が尊重されるよう努め，園児の生活の連続性を考慮すること。
5　地域の実態や保護者の要請により，教育を行う標準的な時間の終了後等に希望する園児を対象に一時預かり事業などとして行う活動については，保育教諭間及び家庭との連携を密にし，園児の心身の負担に配慮すること。その際，地域の実態や保護者の事情とともに園児の生活のリズムを踏まえつつ，必要に応じて，弾力的な運用を行うこと。
6　園児に障害や発達上の課題が見られる場合には，市町村や関係機関と連携及び協力を図りつつ，保

護者に対する個別の支援を行うよう努めること。

7　外国籍家庭など，特別な配慮を必要とする家庭
の場合には，状況等に応じて個別の支援を行うよ
う努めること。

8　保護者に育児不安等が見られる場合には，保護
者の希望に応じて個別の支援を行うよう努めるこ
と。

9　保護者に不適切な養育等が疑われる場合には，
市町村や関係機関と連携し，要保護児童対策地域
協議会で検討するなど適切な対応を図ること。ま
た，虐待が疑われる場合には，速やかに市町村又
は児童相談所に通告し，適切な対応を図ること。

第3　地域における子育て家庭の保護者等に対する支援

1　幼保連携型認定こども園において，認定こども
園法第2条第12項に規定する子育て支援事業を
実施する際には，当該幼保連携型認定こども園が
もつ地域性や専門性などを十分に考慮して当該地
域において必要と認められるものを適切に実施す
ること。また，地域の子どもに対する一時預かり
事業などの活動を行う際には，一人一人の子ども
の心身の状態などを考慮するとともに，教育及び
保育との関連に配慮するなど，柔軟に活動を展開
できるようにすること。

2　市町村の支援を得て，地域の関係機関等との積
極的な連携及び協働を図るとともに，子育ての支
援に関する地域の人材の積極的な活用を図るよう
努めること。また，地域の要保護児童への対応な
ど，地域の子どもを巡る諸課題に対し，要保護児
童対策地域協議会など関係機関等と連携及び協力
して取り組むよう努めること。

3　幼保連携型認定こども園は，地域の子どもが健
やかに育成される環境を提供し，保護者に対する
総合的な子育ての支援を推進するため，地域にお
ける乳幼児期の教育及び保育の中心的な役割を果
たすよう努めること。

索　引

幼児教育課程総論
岸井勇雄 著

1990年3月12日	第一版第 1 刷発行
1998年2月 7 日	第一版第11刷発行
1999年5月20日	第二版第 1 刷発行
2010年4月 1 日	第二版第13刷発行

あたらしい幼児教育課程総論

2011年4月20日	第一版第1刷発行
2016年4月1日	第一版第6刷発行
2021年2月5日	第二版第1刷発行
2022年3月31日	第二版第2刷発行
2023年3月31日	第二版第3刷発行

著　者　岸井勇雄・横山文樹
ＤＴＰ　稲垣園子
制作協力　株式会社レオプロダクト

発行者　宇野文博
発行所　株式会社 同文書院
　　　　〒112-0002
　　　　東京都文京区小石川5-24-3
　　　　TEL (03)3812-7777
　　　　FAX (03)3812-7792
　　　　振替　00100-4-1316
印刷・製本　図書印刷株式会社

ⓒ Isao Kishii, Fumiki Yokoyama., 2011
Printed in Japan ISBN978-4-8103-1495-3
●乱丁・落丁本はお取り替えいたします